JN203780

汽船の時代と航路案内

松浦 章
Matsuura Akira

北日本汽船会社「北日本 定期航路案内」(1937年)

清文堂

序

　古代から中国と海外諸国とを結ぶ海上交通路については多くの研究がされてきたが、海上交通路の研究は、古代に限定されるものではない。19世紀後半から汽船が恒常的に登場して中国と欧米などの諸国とを結んだ汽船の時代においても海上交通路について考えるべき課題が見られるのである。

　19世紀後半からアジアに欧米の汽船が恒常的に来航し、貿易のみならず人々の移動の交通手段としても大いに利用されるようになる。とくに中国の物産が、あるいは人々が汽船によって、これまでの未知の西欧やアメリカへと赴くことになる。

　そこで第1編第1章では人的、物的移動に貢献した汽船時代の中国における海上交通路について考えてみたい。

　1867年にアメリカの Pacific Mail Steamship Co.（PMSS Co.）はサンフランシスコから横浜を経由して香港に到る定期航路を開設した。その後まもなく横浜から神戸、下関、長崎を経由して上海に到る支線をも開設した。その航運事業に触発されて Occidental and Oriental Steamship Co.（O. & O. SS Co.）も1874年に、サンフランシスコから横浜あるいは上海を経由して香港への定期航路を開設する。ついでイギリスの統治下にあったカナダでは Canadian Pacific Steamship Co. が、1887年にカナダのバンクーバーから横浜から上海を経由して香港に到る定期航路を開設している。この1887年以降には、北アメリカから横浜・上海に寄港して香港に到る3会社の汽船定期航路があったのである。これらは上海からアメリカ大陸に渡航する重要な航路となり、中国人のアメリカ大陸への渡航を促進する重要な交通路となり、多くの中国人が北アメリカに移民する

契機ともなったのであった。さらに第1編第2章では、アメリカの Pacific Mail Steamship Co. と O. & O. Steamship Co. そしてカナダの Canadian Pacific Steamship Co. の3汽船会社の定期便を中国人旅客がどのように利用したのかを具体的に明らかにした。

　20世紀前半の時代における世界の交通で主力であったのが汽船の航運であった。世界中に各汽船会社の航路網が展開していた。そのような時代に日本と中国を結ぶ幹線航路と言われたのが日本と中国の最大港の一つである上海とを結ぶ航路であった。日本にとって日中の基幹航路と呼称されていたが、具体的な汽船の運航について具体的には周知されていない。第1編第3章は、1920年代頃までを中心に日中の基幹航路であった上海・日本間の航路の運航を中心に述べた。

　19世紀末から日本の汽船会社は中国への航路を拡大していったが、その際に乗客を勧誘する手段として「航路案内」という折り込みで1枚程度のものから、数頁になる冊子体の印刷物を配布していた。しかし時代とともにその多くは忘却の彼方に置き去りにされていた。ところが、それらの「航路案内」は、汽船会社が活躍した時代の重要な証拠である。そこで上海、天津、青島に関する航路案内について、中国と日本との文化交渉に重要な交通機関であったことのデータとして第2編第1章において述べている。

　第2編第2章では、日本郵船会社が発行した上海や青島への航路案内から、日本と中国を結んだ汽船航路の問題を述べている。

　中国の沿海都市に日本から最初の国際航路が成立したのは1875年の郵便汽船三菱会社の横浜・上海航路であった。その後、1885年に成立した日本郵船会社はその航路を継承し、さらに中国沿海部へと航路を拡張した。そこで第2編第3章では、上海航路について述べるものである。

　1885年（明治28）9月に設立された日本郵船会社は、日清戦争中に台湾に御用船を配船するが、台湾が日本の統治下にはいると陸軍省の命令を受けて、1886年（明治29）9月に3隻の汽船で神戸・基隆間に毎週1回の運航を開始した。航路の途中では、広島の宇品、九州の門司、長崎に寄港し、基隆に至る航

運であった。1897年（明治30）4月には台湾総督府の命令航路となり、汽船1隻が毎月2回の定期運航を行い、神戸・門司・基隆間に就航することになり、1899年（明治32）8月以降は自由船1隻が加わり、毎月4回の定期運航が行われている。その後、1923年（大正12）4月に日本郵船会社の近海部が、同社から分離され近海郵船会社として設立される。この間、1896年から1923年までの27年間にわたり日本郵船会社が運航していた記録の一端が同社の「台湾航路案内」である。そこで第2編第4章において、数少ない大正初期と1919年（大正8）の台湾航路の航路案内について述べた。

第3編では大阪商船会社に関係する汽船会社の航路案内について述べている。

大阪商船会社は、1884年（明治17）5月に大阪で創設され、大阪より西の瀬戸内海や九州への航路を中心に発展し、その後、朝鮮半島の釜山や仁川へと航路を拡大した。そして日清戦争後の1896年（明治29）5月に大阪台湾航路を開設し、漸次航路を拡大している。

昭和初期の大阪商船株式会社の「営業案内」の冒頭に、「吾社の現況」として「今日我國に於て我社の右に出づるものはなく、世界屈指の大汽船會社となりました」[1]と記し、大阪商船会社は40余年で150隻近い所有船舶を保有し、総トン数は50万屯に近い大船舶会社に成長した。しかし競業する日本郵船にくらべ、国内やアジアを中心とする航路が重点であった。その大阪商船会社の汽船が、太平洋を横断して北米航路を運航した経緯等について第1章において述べた。

この大阪商船会社が台湾航路の乗客を勧誘する一環として配布したのが「台湾航路案内」である。第2章では、これまでほとんど注目されていなかった大阪商船会社の「台湾航路案内」について述べた。

1875年（明治8）に京都で生まれた野村治一良は、1896年（明治29）に関西法律学校を卒業後、1897年（明治30）大阪朝日新聞社に入社し、1899年（明治32）に北京通信員となり、その後帰国し大阪商船会社に就職する。そして1921年（大正10）11月から1927年（昭和2）まで大阪商船会社の東洋課長として、ソビエト連邦汽船部との間に日本海航路の運営についての交渉を行なった。つ

いで1929年（昭和4）に大阪商船会社の子会社であった北日本汽船会社の社長となり、経営不振であった北日本会社の発展に尽力した。さらに10年後に、国策によって汽船会社の統廃合が行われ、1939年（昭和14）10月に新設された日本海汽船会社の社長に就任して終戦を迎えている。野村治一良は、以上のように25年余にわたり汽船による日本海航路の経営に尽力していたが、この間の野村治一良の事蹟は、これまで看過されてきた。そこで第3章において野村治一良を中心に日本海航路における汽船運航の問題について述べた。

第4編においては、日本郵船会社と大阪商船会社を社船と呼称するのに対して、社外船とされた中小の汽船会社の中国沿海や日本海において航行した足跡を航路案内などに依拠して述べている。

大阪の汽船航運業者であった原田十次郎によって設立された原田商会、原田商行、原田汽船会社は、大阪から瀬戸内海航路のみならず朝鮮半島や中国の青島への航路を運航していた。その会社は1894年から1943年までのおよそ50年にわたり、巨大社船である日本郵船会社や大阪商船会社に対抗して、日本から青島航路の定期運航を行っていたが、その存在についてはほとんど知られていない。そこで第1章では、原田汽船の青島航路運航を中心に述べた。

1887年（明治20）9月14日に、四国徳島において創業した有限責任阿波国共同汽船会社は、所有船阿津丸総屯数135屯の小型汽船一隻で阿波―摂津の航路を運航した。その後、1893年（明治26）6月に至り、阿波国共同汽船株式会社と改組し、翌1894年に起こった日清戦争の際、阿波国共同汽船株式会社の汽船も御用船として軍需物資の輸送に従事し、ついで同社は日露戦争の際にも軍需品の輸送に関係し、同社の所有汽船の第六共同丸、第七共同丸を陸軍に、第三共同丸を海軍に徴用された。日露戦争後に、同社は大連に根拠地を持って渤海湾や朝鮮半島沿海の航運事業に従事している。そこで第2章では、この阿波国共同汽船株式会社が海運事業を展開した東北沿海の航運状況について述べた。

明治以降における日本の近代化の中で、重要な産業の一つであったのが海運業であった。日本は明治末期から大正期にかけて世界の強国と肩を並べるほどの海運国に成長し、とりわけアジアを中心に世界各地に航跡を残している。そ

の海運国を担っていたのが社船と言われた巨大汽船会社であったが、その他に社外船と呼称された中小の汽船会社も多くあった。その社外船のひとつに、明治期に旧式帆船の廻漕業から漸次近代的汽船会社に成長し、社船に拮抗して日本海航路に定期航路を運航した嶋谷汽船会社があった。嶋谷汽船会社は乗客顧客のために航路案内を発行するのなどの足跡を残したが、これまでほとんど看過され注目されることはなかった。そこで第3章では、嶋谷汽船会社の足跡を探るとともに同社の発行した航路案内について述べた。

　太平洋のミクロネシア（Micronesia）地域に位置し、1979年に独立したミクロネシア連邦（Federated States of Micronesia）は、フィリピンの東のカロリン諸島に属する600余の島嶼からなり、東西に約3,200km、南北に約1,200kmにわたる国であるが、19世紀にはスペインからドイツ帝国の支配に入り、第一次世界大戦後は日本の支配下となり、1920年以降1945年まで日本の「委任統治領南洋諸島」として南洋庁の下に置かれていた。この「南洋群島」と日本とを結んだ日本の汽船会社があった。1912年（大正元）10月に南洋郵船組として成立し、1914年（大正3）9月に南洋郵船株式会社となり1935年まで運航されている。その後は、1935年7月に設立された南洋海運株式会社に吸収される。しかし、南洋郵船組、南洋郵船会社の歴史に関してはほとんど知られていない。そこで第4章では、数少ない記録と当時の新聞記事からその会社と航路案内によって再現を試みた。

　1894年に発生した甲午中日戦争（日清戦争）の後の"媾和條約、馬關條約、下關条約"によって日本国籍汽船の湖北省宜昌より四川省重慶までの長江上流、上海より蘇州、杭州への運河域への航行が認められ、日本汽船が中国の内河河川の一部を航行することが可能となった。しかし20世紀前半において日本の造船所で建造された平底型汽船が中国国内の内河などで使用されていたことは、これまでほとんど知られていない。そこで補論において、20世紀初に大阪の造船所で建造された汽船がどのように使われていたかを、建造から中国までの状況について述べた。

〔注〕

1）　大阪商船株式会社「営業案内」刊行年不明。両面 6 折、縦15.5cm ×横54.8cm の掌中版。

　　大阪商船株式会社の資本金が一億円となったのは、大正 9 年 7 月のことである（神田外茂夫編『大阪商船株式會社五十年史』大阪商船株式会社、1934年 6 月、第四編資本、第一章資本金、476頁）。大阪商船の所有船舶屯数は、大正12年末に132隻で42万3,000屯を越え、昭和 8 年末に130隻で53万1,000屯であることと、「大阪商船株式會社本社移轉」の記事中に「大阪支店は大正十四年十月五日より移轉營業して居ります」とあることから、この営業案内は昭和初期のものと思われる。

汽船の時代と航路案内

目　次

汽船の時代と航路案内

序章　アーカイヴズとしての航路案内

1　緒　言

　「航路案内」とは、船や航空機の航路を案内するものである。その歴史は古い。世界で最も古いと考えられるのが、紀元後40〜70年ころの作品とされる『エリュトゥラー海案内記』[1]であろう。同書は、アラビア半島とアフリカ大陸にはさまれた紅海沿海からアフリカ東岸をめぐり、アラビア半島の南端に位置するアデンに、そして北上してペルシャ湾頭から東へ赴き、インダス河口からインドの西沿海、そしてセイロン島ついでマレー半島へと案内が述べられている[2]。

　中国でも明代になると海路の針路を著した書籍が見られ、明初の成立と考えられる元時代の海運の航路を著した『海道經』[3]、鄭和の遠征の際の航路をまとめた『鄭和航海圖』[4]や明末のものと見られ中国を中心にインド洋からアジア海域まで記す「順風相送」や福建、広東から東南アジアや東アジア海域までの針路を記した「指南正法」[5]などが知られる。

　日本でも江戸初期の池田好運の『元和航海記』[6]は、長崎から澳門（マカオ）への航路、澳門から暹羅（シャム）への航路を述べ、1770年（明和7）の『増補日本汐路之記』は、大坂からの東回り航路、江戸から奥州への航路、下関から日本海への北国廻り航路、大坂から下関への瀬戸内海航路、下関から長崎への航路などを記している。1842年（天保13）版と1851年（嘉永4）版の美啓の『改正日本航路細見記』がある。同書は表題に「嶌々船着湊之地名、日和之見様、汐掛、浦邊之吾亞、満干之遅速、其外船中重法、不洩記焉」と記し、大坂に集まる諸国廻船の船着場、諸大名の船印を収める泰平諸侯御船、風雨日和の予知法、大坂から江戸を経て青森に至る東海船路道中、下関から日本海航路を

青森に至る北国廻り、京都から大坂へそして大坂から瀬戸内海を経て薩摩に至る西国船路道中などの海路と、長崎―大坂、西宮より京までの上りの陸路、ついで月の満欠、諸国の湊の潮位時刻、和磁石の図解とその利用法、航海・道中の心得などが述べられ、同書などを参考に1876年（明治9）の加藤祐一著『新増大日本航路細見記』[7]が誕生したとされる[8]。

このように航路案内には古い歴史があるが、近代以降の汽船の時代における航路案内についてはこれまで注目されることはなかった[9]。

そこで本章では、日本の汽船会社が発行した航路案内はどのようなものであったかを明らかにするとともに、航路案内のアーカイヴズとしての価値について記述したい。

2　日本の汽船会社による航路案内の歴史

航路案内は、19世紀以降の交通機関の発達とともに出版されるようになったようである。汽船会社が発行した草創期のものにアメリカのパシフィック・メール汽船会社の "*Sketch of the New Route to China and Japan by the Pacific Mail Steamship Co.'s Through Line of Steamships Between New York, Yokohama and Hong Kong, Etc.*," 1867[10]が知られる。この冊子は、Part I～IX から構成され、ヨーロッパからアメリカニューヨークへ、ニューヨークからアスピンウォール、アスピンウォール、地峡の横断、パナマ、パナマからサンフランシスコへ、サンフランシスコ、サンフランシスコから日本と中国へ、そして結語の部分からなる。基本的には各地の状況に関する説明であるが、冒頭に '*The Pacific Mail Steamship Co.'s Fleet of Steamers, And where employed*' として、ニューヨークとアスピンウォール、パナマとサンフランシスコ、サンフランシスコと中国の3航路に就航していた汽船名とその屯数、シリンダー、ピストン力が記され、サンフランシスコ・中国航路にはグレートリパブリック号、セレスティアル・エンパイア号、コロラド号、コスタリカ号、ハーマン号の名

があり、されに建造中の
3,800屯級の２隻が列記さ
れている[11]。この冊子が刊
行された時期は、明治直前
であった。その後に日本が
海外への汽船航路を保有す

日本郵船会社の横浜・上海間の汽船

るのは1875年（明治８）のことであるからかなり後のことである。

　日本の汽船会社が航路案内を刊行した最初のものは不明であるが、管見の限
り最も早期の一枚ものの「時刻表」が知られる。

　1875年に日本から上海への航路が郵便汽船三菱会社により開設され、その後
1885年（明治18）10月１日に開業した日本郵船会社[12]がその航路を継承してい
くことになる。その４年後の1889年（明治22）１月の神戸港から発着する日本
郵船会社の「神戸定期船発着一覧表」（縦37.8cm×横26.7cm）が知られる。

　同表は、「出港之部」と「入港之部」に分けて、1889年（明治22）１月１日
から31日まで、毎日神戸港より出港、同港へ入港した汽船名が行き先と来航地
が判明するように作成された一覧表である。たとえば上海行きの汽船は次の月
日に出港していた。

　　　明治22年１月３日　　木曜日　　午後６時　　馬關、長崎、上海　　　横濱丸

　　　　　１月10日　　木曜日　　午後６時　　馬關、長崎、上海　　　東京丸

　　　　　１月17日　　木曜日　　午後６時　　馬關、長崎、上海　　　西京丸

　　　　　１月24日　　木曜日　　午後６時　　馬關、長崎、上海　　　横濱丸

　　　　　１月31日　　木曜日　　午後６時　　馬關、長崎、上海　　　東京丸

　毎木曜日の午後６時に神戸から下関、長崎を経由して上海へ正確な定期運航
がなされていたのである。

　同航路を逆に日本へ帰航した船として、上海、長崎、馬関より神戸港に入港
した汽船として、２日の午前に東京丸が、９日に西京丸が、16日午前に横浜丸
が、23日の午前に東京丸が、30日の午前に西京丸が入港している。こちらの方
も正確に７日ごとに入港している。

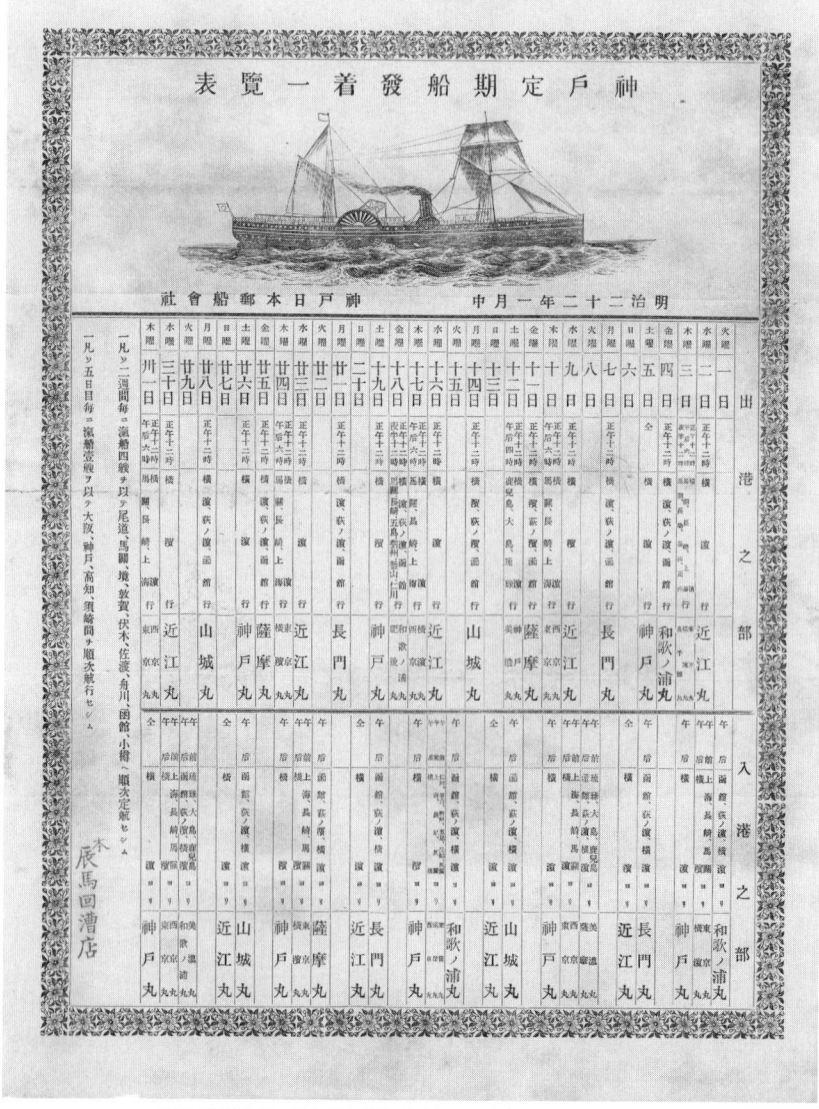

日本郵船会社「神戸定期船発着一覧表」(1899年(明治22))

　朝鮮半島へは、3日夜半12時に高千穂丸が馬関、長崎、釜山、元山へ、18日には肥後丸が、馬関、長崎、五島、対州、釜山、元山と運航されている。

　国内航路としては、近江丸が横浜と神戸とを往復していた。近江丸は2日に正午に横浜に向けて出港し、6日には神戸に入港、9日に横浜に向けて出港、13日に神戸港へ、16日には神戸から横浜へ、20日に神戸へ、23日には横浜へ、27日に神戸港へ、30日には横浜へと、神戸港を7日ごとに出港していたことがわかる。神戸と横浜との往復に4日間の間隔で航海し、神戸には3日間停留していたことが、この表から読み取ることが出来る。また神戸から北海道への航路として、神戸港から横浜そして「荻ノ濱」現在の宮城県石巻市の荻浜に帰港して函館にいたる航路を、ほぼ3日間隔で、和歌ノ浦丸、長門丸、薩摩丸、山城丸の4隻によって運航されていた。各船がほぼ14日間隔で神戸と函館を往復していた。12日午後4時に出港する美濃丸は鹿児島、大島、琉球へと運航されていることから1月1航海のみであったと思われる。

　日本の汽船会社が発行した航路案内と言える最初のものは、1896年（明治29）7月に出版された『日用百科全書第十四編　旅行案内』に収録された「凩船航路案内概略」であろう。同書には、第十二汽船航路案内概略として、

　　凩船にて、瀬戸内を航する人々の爲めに、左の航路を案内をなす。船客幸ひに参考すべし[13]。

とあり、高松から多度津、鞆津、尾道、竹原、瀬戸、呉、宇品、厳島、岩国、柳井津、徳山、三田尻、門司、赤間関[14]などの各地を簡単に紹介し、第十三として大阪商船会社乗客運賃表[15]、第十四汽船小荷物賃金[16]を収録している。ここでは大阪商船会社の瀬戸内海航路の寄港地についての説明を中心としている。たとえば高松の項目では、

　　大坂商船會社の船に乗て行けば、其大坂よりの海路は七十五海里、大凡七時間餘りにして達する勘定なり[17]。

とあり、多度津には「大阪から此處へは、九十四海里、先づ十時間にして達すべし」[18]と、鞆津には、「大崎から海路百十四海里、凡そ十一時間餘りにして達せらるべし」[19]（ママ）とあり、尾道は、「大阪より此處までは百二十七海里、凡そ三時（ママ）

間にして達すべし」[20]とある。竹原は、「大阪から百四十三海里、凡そ十五時間にして、到着すべきなり」[21]とあり、瀬戸は、「大坂(ママ)より此處まで百六十三海里、凡そ十七時間にして達すべし」[22]と、宇品は、「大阪より此處まで百七十六海里、凡そ十八時間にして達すべし」[23]とある。厳島までは、「大阪より此處まで百八十六海里、凡そ十九時間にして達すべし」[24]とある。岩國については、「大阪から此處まで百九十五海里、凡そ二十時間にして達すべし」[25]とあり、徳島には、「大坂(ママ)から此處まで二百五十二海里、凡そ二十六七時間にして達するを得べし」[26]とある。そして門司は、

> 門司は、九州東北の隅なる豊前國企救郡に在りて……近頃に至り、九州鐵道貫通し、ここに築港の業成るに及び、再び盛んなる港となりけり、土地は狭けれど、海水は深く、船舶の碇泊すること常に絶えず。實に西海道の咽喉にして、極めて繁栄の地なり。大坂から此處まで二百九十二海里、凡そ三十時間にして達すべし[27]。

と記しているように、19世紀末の大阪商船会社の汽船で大阪港から門司まで約30時間を要していたことがわかる。

大阪商船会社の最も古いと思われる1903年（明治36）の『大阪商船株式會社航路案内』[28]が知られる。航路概要、一瀬戸内海航路案内（5〜148頁）、二南海航路案内（149〜244頁）、三九州航路案内（245〜274頁）、四山陰航路案内（275〜316頁）、五臺灣航路案内（317〜348頁）、六南清航路案内（349〜364頁）、七韓國航路案内（365〜390頁）、八揚子江航路案内（391〜402頁）、九北清航路案内（403〜410頁）、大阪商船株式會社略沿革（411〜423頁）、附録として、汽船要目一覧表（1〜6頁）、小蒸氣船要目一覧（7頁）、各航路浬程表（8〜12頁）、各航路船客運賃表（13〜24頁）、大阪商船株式會社凛船發着一覧表（其一〜三）からなる。本書で最も詳細な航路案内は、瀬戸内航路案内である。大阪下関線が毎日1回、大阪から瀬戸内海を経て大分の各港に帰港して鹿児島の細島に至る大阪細島線が毎日1回、大阪から四国の宇和島に至る大阪宇和島線が毎日1回、宇品三津浜線が毎日2回、玉島多度津線が毎日2回、高松岡山線が毎月2回、大阪高松線が毎日1回運航されていた。神戸─下関間の山陽本線が開通す

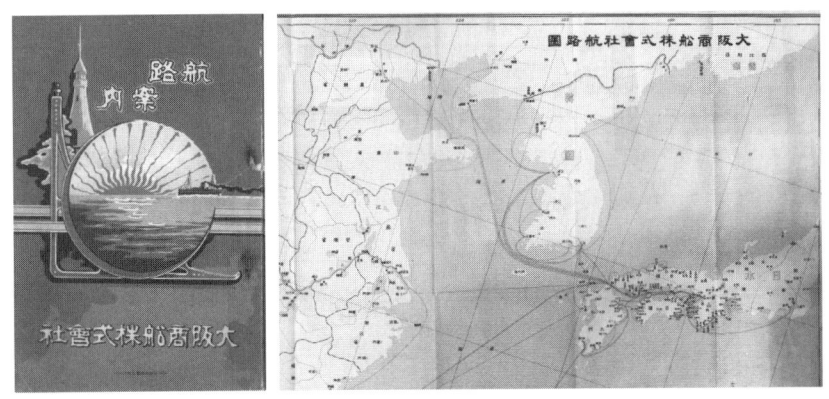

「大阪商船株式会社航路案内」(1903年(明治36))

るのが1906年（明治39）12月1日のこと[29]であるから、この案内が出版された当時は、瀬戸内海航路の汽船が最も迅速で便利な乗物であったろう。

　しかし山陽本線開通後も大阪商船会社の大阪・下関線は毎日定期運航されていたことが、『大阪朝日新聞』の出港広告からも知ることができる。

　1907年（明治40）1月に大阪商船会社から発行された『大阪商船株式會社航路案内』[30]（縦18.5×横12.4cm）が知られる。「我社の營業航路は本邦の西半より清韓沿岸の各港に亘りて、其線路數實に四十に達し、支店、出張所の數三十五、代理店の數百七十を數ふ。今此等各港間を往復せらるる旅客各位の爲めに御旅行の栞に供せんとて、乗船に關する諸項、各航路、各港の概略を纂めてこの冊子を成せり」と記して、全航路図（図参照）、絵葉書、口絵、添図、乗船案内、日本航路案内、台湾航路案内、韓国及浦鹽（ウラジオストク）航路案内、大連及北清航路案内、南清航路案内、揚子江航路案内、追加、各航路汽船定期発着表、各航路受客運賃表、通行税区分一覧内国航路直航浬程表の項目にそって収録されている。

　大阪商船会社が1909年（明治42）12月に刊行した「大阪下関航路案内」という、特定の航路に限定した航路案内がある。同書は54頁からなり、その最初の記述は次のようである。

　　　往航　毎日午後三時三〇分大阪、午後七時神戸を發し、坂手、高松、多

度津、鞆津、尾之道、糸崎、忠海、竹原、阿賀、音戸、呉、宇品、宮島、岩國、久賀、柳井、室津、三田尻を經て門司、下關行

復航　毎日午後三時下關、午後六時門司を發し、三田尻、室津、柳井、久賀、岩國、宮島、宇品、呉、音戸、阿賀、竹原、忠海、糸崎、尾之道、鞆津、多度津、高松、坂手（ママ）を經て神戸大阪行

凡そ名所として世の人にうたはるる景色には各それぞれに變りたる赴きあれど瀬戸内海ほど其景色美しく且ところどころ景色變りて面白きとことはあらず。陸は程よく海を隔てて陸と相對し、大島小島は程よく相連りて皆其形おなじからず、大きなる島、凡そ三百、小さきものに至りては數知れず、點々として鏡の如き海上に浮び、青き樹、黒き岩、白き砂、翠なる山之を飾り網引く舟、帆かけ舟の類、其間を往來するなど眞に繪を見るが如く、人は皆之を海上の公園と呼ぶ。而して本社の大阪下關航路の汽船は實に此の瀬戸内海の北岸に沿ひて或は島と島との間を縫ひ或は岬の鼻を廻りて最もよき景色を行くが故に遊覧船としては之に及ぶべきものなく、船客は到る處、心行くまで其絶景を樂しまるるを得べし、……[31]

大阪・下関航路は毎日大阪を午後3時半に、下関を午後3時に出港していた。

　実際の運航状況はどのようであったろうか。『大阪朝日新聞』1909年（明治42）12月に掲載された出港広告から上旬の状況を見てみたい。

　表1から明らかなように、大阪商船会社は、大阪から神戸を経て一路、瀬戸内海航路を各港に寄港して下関・門司に毎日定期運航していたことが確かめられる。その際の航路案内を、単に交通手段により移動として汽船を利用するのみならず、観光に汽船を利用する顧客を招聘する一手段として「大阪下関線航路案内」を刊行していたのであった。

　その傾向は、大正年間になるとさらに簡便な形で「航路案内」的な冊子が刊行される。その一例が1915年（大正4）7月、大阪商船会社「世界之公園　瀬戸内海地図」和楽路屋発行のもので、こちらは説明文がほとんどなく、瀬戸内海の地図を中心とするもので、大阪商船の汽船が停泊する港への航路が、瀬戸内海の地図に赤字で示している。

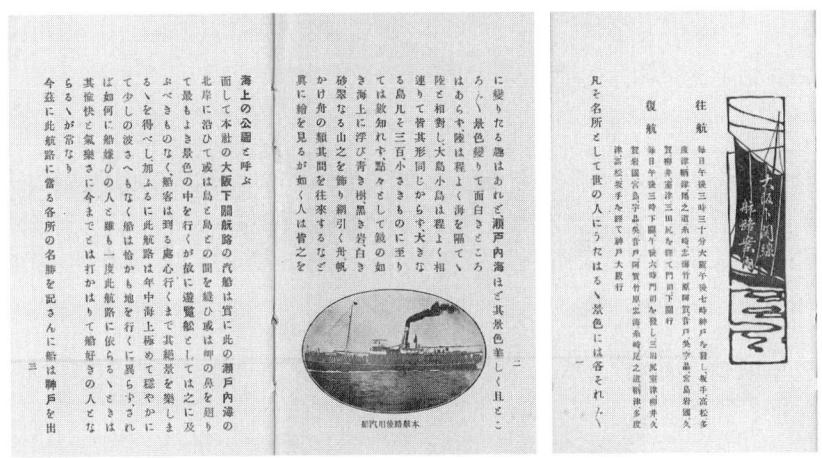

大阪商船会社「大阪下関航路案内」(1909年(明治42))

　その後、瀬戸内海航路に勇姿を馳せた大阪商船会社は大正末期から次々と航路案内の先駆的な出版物を刊行する。その一端をまとめたものが表3である。

　大阪港から瀬戸内海を経て別府、下関、門司に至る航路が描かれている。時代が降ると鳥瞰図的な地図から、正確な地図となる。1922年（大正11）5月大阪商船「むらさき丸」の案内に見られる15頁の「瀬戸内海航路図」などはその

表1　1909年(明治42) 1月大阪商船会社大阪・下関航路の大阪出港表

号　数	出 港 日	船　　　名	出港時刻	目 的 地
9635	1 月 3 日	武庫川丸		
9635	1 月 4 日	大井川丸		
9636	1 月 5 日	天竜川丸		
9637	1 月 6 日	姫 川 丸		
9638	1 月 7 日	利根川丸		
9640	1 月 8 日	大井川丸		
9640	1 月 9 日	扶 桑 丸		
9641	1 月10日	天龍川丸		
9642	1 月11日	姫 川 丸		
9643	1 月12日	武庫川丸		
9644	1 月13日	大井川丸		
9645	1 月14日	天龍川丸		
9646	1 月15日	姫 川 丸		
9647	1 月16日	武庫川丸		
9648	1 月17日	扶 桑 丸	午後 3 時半	神戸・阪手^(ママ)・高松・多度津・中国各港ヲ経、門司・下関
9649	1 月18日	大井川丸		
9651	1 月19日	姫 川 丸		
9651	1 月20日	利根川丸		
9652	1 月21日	武庫川丸		
9653	1 月22日	大井川丸		
9654	1 月23日	姫 川 丸		
9655	1 月24日	利根川丸		
9656	1 月25日	吉野川丸		
9657	1 月26日	武庫川丸		
9658	1 月27日	姫 川 丸		
9659	1 月28日	利根川丸		
9660	1 月29日	姫 川 丸		
9661	1 月30日	天龍川丸		
9662	1 月31日	大井川丸		
9663	2 月 1 日	武庫川丸		

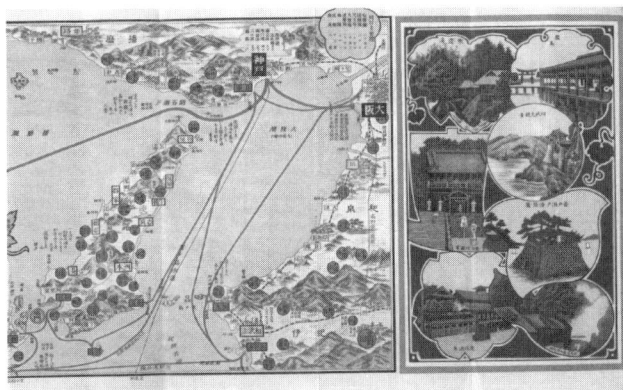
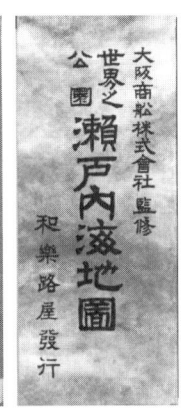
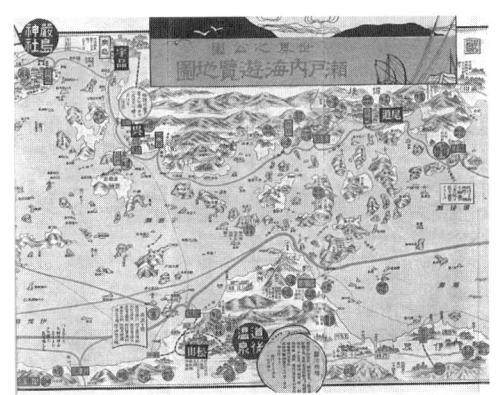
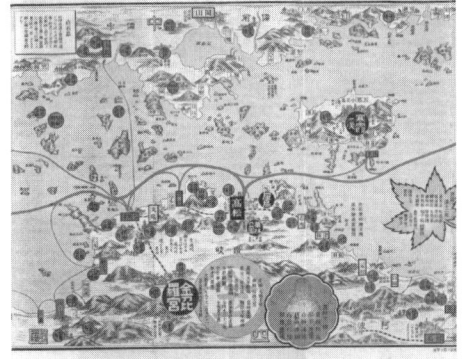
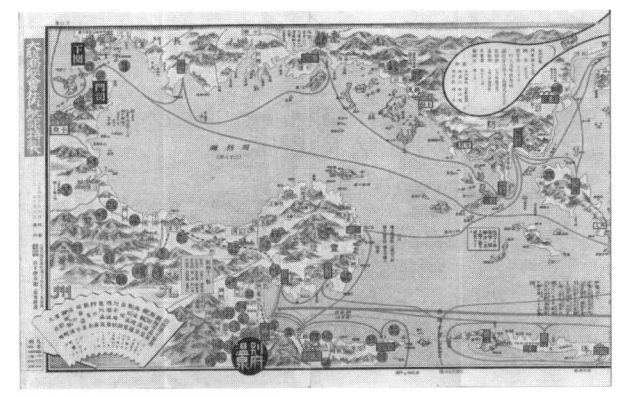

大阪商船会社「世界の公園　瀬戸内海地図」(1915年(大正4))

表2　1909年(明治42)12月上旬大阪商船会社大阪・下関航路の大阪出港表

号　数	出　港　日	船　　　名	出港時刻	目　的　地
9967	12月1日	吉野川丸		
9967	12月2日	大井川丸		
9968	12月3日	武庫川丸		
9969	12月4日	天竜川丸		
9970	12月5日	利根川丸		
9971	12月6日	緑　川　丸	午後3時半	神戸・阪手^(ママ)・高松・多度津・中国各港ヲ経、門司・下関
9972	12月7日	大井川丸		
9973	12月8日	武庫川丸		
9974	12月9日	利根川丸		
9975	12月10日	龍田川丸		
9976	12月11日	大井川丸		

表3　大阪商船会社の瀬戸内海航路に関するパンフレット一覧

タイトル	発行所	印刷所	折本頁数	発行年月
世界之公園　瀬戸内海地図	大阪商船	和楽路屋	16	191507
世界之公園　瀬戸内海地図	大阪商船	和楽路屋	16	191901
瀬戸内海航路案内	大阪商船			192208
瀬戸内海航路案内	大阪商船	浜田印行	12	192305
瀬戸内海図絵	大阪商船		18	192311
瀬戸内海名所巡り	大阪商船	浜田印行	20	192608
瀬戸内海名所巡り	大阪商船		18	192709
瀬戸内海	大阪商船	浜田印行	18,1	192812
瀬戸内海と紀州沿岸　遊覧日程と紀州沿岸	大阪商船	浜田印行	12	192903
宮島遊覧	大阪商船		8,1	192905
瀬戸内海図絵	大阪商船	浜田印行	18	193210
遊覧日程と費用（瀬戸内海と紀州沿岸）	大阪商船	浜田印行	12	193409
世界の公園　瀬戸内海御案内	大阪商船		12	不明
瀬戸内海航路図絵	大阪商船	森川印行	20	不明
瀬戸内海航路図絵	大阪商船		20	不明
The Inland Sea	Osaka Shosen Kaisha		36	不明

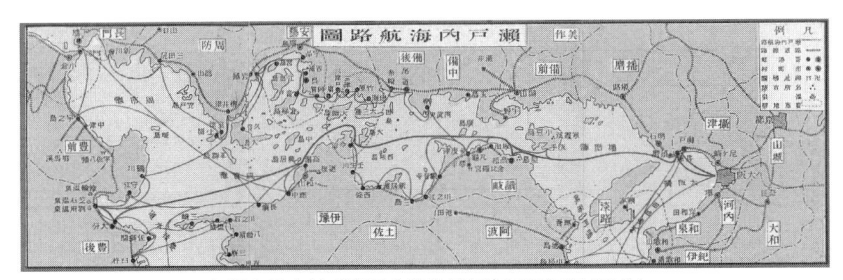

大阪商船会社「瀬戸内海航路図」(1922年(大正11))

典型と言える。

　このような形態で、多くの「航路案内」が発行されていた。大阪商船のみならず、他社も同様に発行している。

　四国の徳島を拠点に大阪との航路を運航した阿波国共同汽船の航路案内は四国の観光地を紹介する1930年（昭和5）4月の「阿波遊覧」（263頁参照）がある。大阪商船会社と阿波国共同汽船会社との共同によって刊行されたものである。

　さらに、1930年代の出版とおもわれる摂陽商船会社と阿波国共同汽船[32]の「阿波案内」（265・266頁）がある。また1936年（昭和11）8月の合名会社尼崎汽船部の次の「瀬戸内海航路案内」（次頁）なども正確な航路図になっている。

　尼崎汽船部は、1880年（明治13）2月に大阪市北区富島町に創業し、愛知県の沿海航路や大阪から讃岐、山陽方面そして九州への航路を運航していた[33]。1909年（明治42）の『神戸市要鑑』に「尼崎滊船部　営業主尼崎伊三郎　出張所　神戸、岡山、下關、門司、長崎」[34]と見え、明治期には朝鮮航路に進出し、1912年（明治45）3月に設立された朝鮮郵船会社の創立に協力したが、その後1942年（昭和17）5月に設立された関西汽船に統合されている[35]。

　以上20世紀初期の日本の汽船会社の国内航路、とりわけ瀬戸内海航路に関する航路案内について述べたが、次に国外との関係として中国、山東の青島への航路について述べたい。

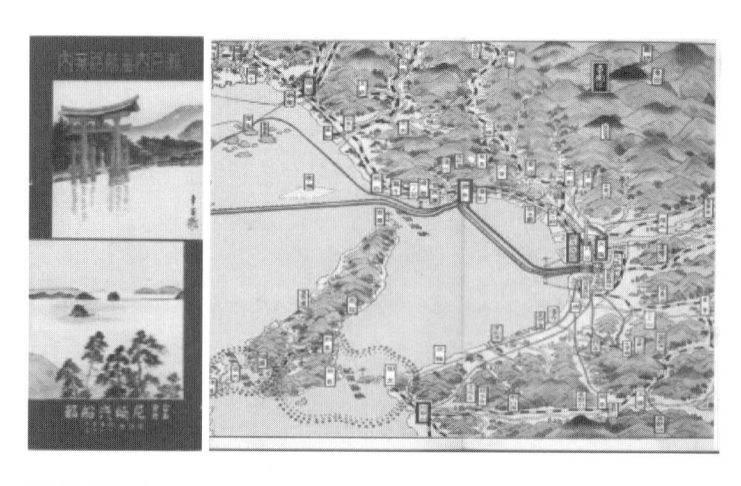

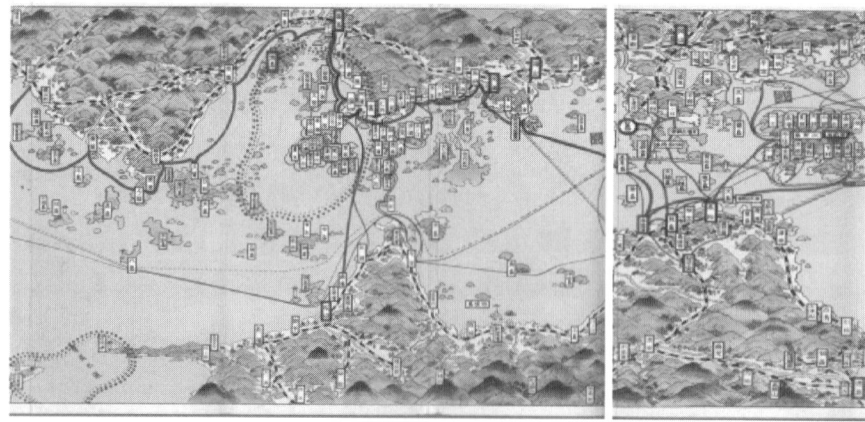

尼崎汽船部「瀬戸内海航路案内」(1936年(昭和11))

3 日本汽船会社の海外航路案内——青島航路を例として

　上記のような日本国内における航路案内に対して、海外への航路も漸次刊行されるようになり、大正年間から昭和前期にはさまざまな航路案内が刊行された[36]。

　そこで、日本からの海外航路として、第一次世界大戦後にドイツに代わって

表4　1918-1939年「青島航路案内」一覧

番号	発行年月日	航路案内名	会社名
①	1918年	「青島航路案内」	大阪商船会社
②	1925年頃	「青島航路案内」	原田汽船会社
③	1928年	「青島航路案内」	日本郵船会社
④	1932年	「青島航路案内」	大阪商船会社
⑤	1930年	「青島航路案内」	大阪商船会社
⑥	1933年	「青島航路案内」	大阪商船会社
⑦	1933年	「青島航路案内」	日本郵船会社
⑧	1936年	「青島航路案内」	大阪商船会社
⑨	1937年	「青島航路案内」	大阪商船会社
⑩	1939年頃	「青島航路案内」	東亜汽船会社
⑪	1939年頃	「青島航路案内」	東亜汽船会社

　占拠した中国の山東半島の青島への航路に関する航路案内に限定して、その趨勢を見てみたい。

　大阪青島航路は、大阪商船会社が、1914年（大正3）12月24日に大信丸を第一船として開始した。神戸・宇品（広島）・門司に寄港し毎週1航海で、1916年（大正5）1月からは毎月からは2航海としている[37]。このように大阪商船会社が1914年12月31日より開始した大阪青島航路は、大阪発、神戸、宇品、門司に経由し青島に至る航路を毎8日間隔で2,776屯の台北丸と1,609屯の宮島丸を運航開始した。

　日本郵船会社の青島航路について、『神戸又新日報』第10231号、1914年12月19日付の「郵船の青島定航」によると次のようにある。

　　日本郵船會社の新たに開始すべき青島航路は愈々明年一月六日大阪、七日神戸解纜の山東丸（二、〇三二噸）を以て二週一回の定期航をなす事に決定したるが、同船は一等船客二十九人、二等十六人、三等九十人の客室を有し、運賃は一等和食三十六圓、二等二十四圓、三等十二圓にて商船と同額なり。尚一、二両月中に於ける同航路發着豫定は左の如し。（以下略）

とあるように、日本郵船会社は、1915年（大正4）1月6日より、2,032屯の

山東丸によって毎2週1回の大阪から神戸、門司を経由して青島に至る定期運航を開始したのである。

『官報』第2199号、1919年（大正8）12月2日掲載の「告示」に見える鐵道院告示第119号には、

> 大正九年一月一日ヨリ院線ト山東鐵道線トノ間ニ日本郵船株式會社、大阪商船株式會社及原田汽船株式會社ノ青島航路ヲ介シテ左ノ各項ニ依リ旅客及手荷物ノ聯絡運輸ヲ開始ス。
>
> 大正八年　十二月二日　鐵道院總裁　床次竹二郎[38]

この告示からも明らかなように、1919年当時においても日本・青島航路を運航していたのは、日本郵船、大阪商船、原田汽船の3社であった。

この大阪青島航路の「青島航路案内」として知られる、大阪商船会社、ともに同航路を運航した日本郵船会社と大阪の社外船である原田汽船会社[39]、それに東亜海運会社の、管見の限りの4社の航路案内について順次述べたい。

①1918年の大阪商船会社の「青島航路案内」（縦16.9×横49.1cm）

1918年（大正7）12月発行の横長6折になる大阪商船会社の「青島航路案内」は簡易書簡になる形状である。既に1919年4月27日付の消印で使用されたものではあるが、「大阪青島線（大正七年十二月現在）」として、「使用船臺北丸毎月二回、十五日毎ニ一回大阪青島行」とある。大阪を午前8時に出港し、同日に神戸、翌日に広島の宇品、翌々日に門司に寄港して五日目の午後に青島に到着した。設備には、

> 内地青島間の定期航路を開始せしは、弊社を以て嚆矢とし、内地より之の地方に至る唯一交通幹線なり。……

と記し、連絡及運賃、定期発着表、関係支店代理店などを記載している。収録されている青島の地図も今日のものに比べると極めて簡単な概略図と言えるであろう。

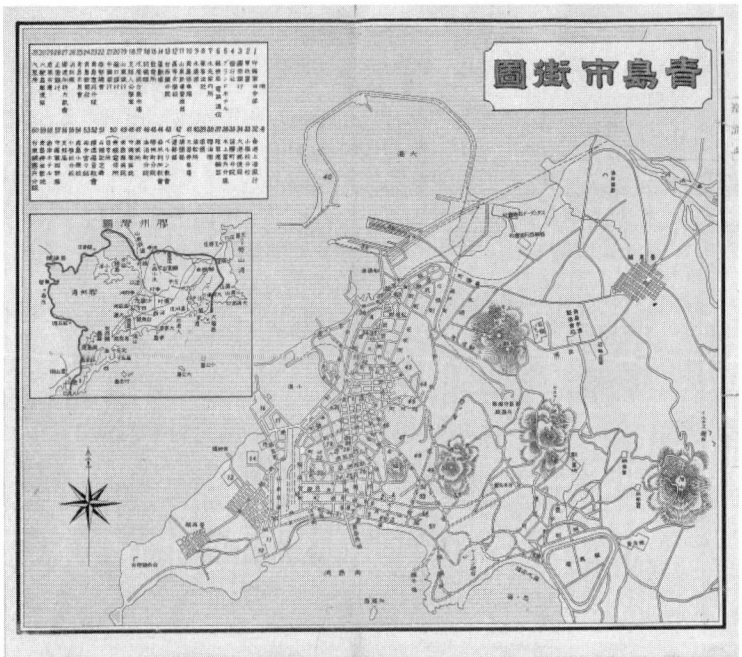

②原田汽船会社の「青島航路案内」

原田汽船の「青島航路案内」は、出版年代が不明であるが、昭和前期のものと思われる。その表紙は、青島の港付近を背景にする沿海に小型の中国帆船を描く、当時の青島の雰囲気を彷彿とさせる構図である。その内容は次のようにある。

沿革、気候、名所古蹟、我社と青島航路、使用汽船、航海日数と浬程、船客運賃と手荷物、観光団と宿舎、青島より海陸連絡、船車連絡、青島経由日支聯絡旅客及手小荷物運送、関係支店及代理店

以上の項目にわたって記している。この中で原田汽船会社の足跡を知る上で貴重な記録が、「我社と青島航路」の記述である。次のその部分を掲げてみたい。

門司から海上五百七十海里を僅かに二畫夜で渡航する事が出来まする青島と吾社とは関係淺からざる関係があります。吾社が青島の将来発展に着眼し微力を以て率先本航路を企図したのは實に遠く明治三十九年四月に定期航路を開きたるに始まります。當時は貿易も微々たるもので幾多の苦き経験を嘗めたる國運開発上、本航路は吾社に於て維持経営の必要あるを認め不撓不屈の精神を以て努力せし結果、遞信省より郵便物航運の下命あり、漸次輸出入貨物も膨張せし爲更に使用船を増加し、以て日支兩國人に多大の利便と交驩とを與へました。我軍占領後、吾社汽船も陸軍御用船として

就航する事となりましたから、吾社は飽迄素志を貫徹する目的にて青島に
支店を設置し、一層業務の改善を圖り國運發展の萬一に貢獻せんと致しま
した結果、新に大正十二年四月より政府の命令航路として定期就航する事
になりました。これ吾社が長き歳月の下に隠忍自重したると廣く一般人士
の愛顧御引立の賜なりと深く感謝する次第であります。

とある。原田汽船会社の前身である原田商行の時代から青島航路を運航してい
た。防衛省防衛研究所が所蔵する『陸軍省大日記』にその記録が残されている。
その1914年（大正3）の「青島航路開始並船腹借上の件」[40] に原田商行の社長
であった原田十次郎が申請した「青島的航海再開始ニ付、入出港特許願」によ
ると、

去ル明治三十九年四月ヨリ本年四月ヨリ本年七月迄引續キ神戸青島間定期
航海致來、……[41]

とあるように、航路案内にもある1906年（明治39）4月より、原田商行は青島
航路を運航したことは確かである。「青島航路開始並船腹借上の件」に付され
た同行の「自明治三十九年四月至大正三年七月　青嶋港輸出入貨物運送一覧
表」[42] によれば、1906年4月から1年間に北辰丸等を使用して21航海、1907年
（明治40）は21航海、1908年（明治41）は28航海、1909年（明治42）は20航海、
1910年（明治43）は22航海、1911年（明治44）は21航海、1911年（大正元）は26
航海、1912年（大正2）は35航海、1913年（大正3）7月まで34航海を行って
いる。

　以上のように、青島航路は原田汽船会社にとって重要な海外航路であった。

③1928年の日本郵船会社の「青島航路案内」

　1928年（昭和3）9月に印刷された日本郵船会社の「青島航路案内」の表紙絵は、青島の沿海を幾何文様で描いた図様で、海中に一艘の帆船が見られ、海岸沿いの家々は当時の日本では見られない色彩豊かな建築物を描くと言うエキゾチックなデザインである。裏表紙は「青島市街圖」である。大きさは縦22.7cm×横19.3cmで縦二つ折りになる。内容説明は就航船日光丸の船内設備から始まる。

　　當社の青島航路改善計劃の實現のよつて、昭和三年六月より春日丸に代つて本航路に就航することとなりました日光丸は、未だ嘗て當航路に見えざる設備優秀、速力快捷、噸數に於ては春日丸に超ゆること實に約二千噸の巨船で、本船の就航は本邦青島間來往客にとつて必らず多大の御便宜となることを疑いません。……

との説明で始まり、一等客室、二等客室、三等客室、其他の設備、冷蔵庫とある。ついで航海日時では、往航が、

　　第一日　午後大阪發、同日午後神戸着　第二日　神戸碇泊（上陸御随意）
　　第三日　午前十一時神戸發　第四日　午前門司着、同日午後一時門司發
　　第五日　船中　第六日　午前十時頃青島着

　復航は、

　　第一日　午前十一時青島發　第二日　船中　第三日　午前八時頃門司着、

同日正午門司發　第四日　午前宇品着、同日午後宇品發　第五日　午前七
時頃神戸着

第六日　午前神戸發、同日午前大阪着

とあるように、日光丸は12日の日程で大阪・青島間を往復した。その後の説明
は、船客運賃及浬程表、手荷物、手荷物積卸方に就て、青島、旅館、乗物料金、
青島を中心とする海陸聯絡、鐵道省線との聯絡、青島經日支聯絡旅客及手小荷
物運送、山東ところどころ、當社經營主要客船航路とあり、最後に日本郵船株
式会社の本店と船客切符発売所の社名と住所電話などが見られる。

④1932年の大阪商船会社の「青島航路案内」

1932年（昭和7）2月に
大阪商船株式会社が発行し
た6折り1枚ものである。
内容は次のようである。

青島、市街の位置・風
土及気候、定期船泰山
丸（一 等 室、二 等 室、
三 等 室）、航 海 日 数、
船室運賃、船車連絡、
青島旅館、車馬賃、高
雄天津線、運賃、各所
案内、青島市街図

から構成されている。最初
の「青島」では次のように
記述されている。

青島は支那山東半島の東南膠州湾に面し、今より三十年前までは、僻陬の
一漁村に過ぎなかつたが、獨逸の之を占領するや鋭意開發に努め、終に今
日見るが如き商業上東洋有数の海港となりました。申す迄もありませんが、

大正三年日獨戦争の結果日本の領有に轉じ、同十一年日本から支那へ還付されたのでありまして、東は東京、桑港、西はマルタ島、ジブラルタルを結ぶ一直線上に位してをります。西北約四百六十哩にある天津、北平へは膠濟津浦兩鐵道により二十餘時間にて達すべく西南は膠濟、津浦（濟南連絡）汴洛（徐州府連絡）及び京漢（鄭州連絡）鐵道によりて漢口と相呼應してゐます。尚津浦鐵道により浦口から船で揚子江を渡り對岸南京からは、滬寧鐵道によりまして上海に達することが出來ます。或は將來山東鐵道が延長して直接京漢線に連接することになれば、之れによりて、直に漢口に達することが出來一層便利になりますから、日本と支那の首府及び中部主要地域を連絡する點よりして要衝の地を占むること、青島の右に出づるものはありません。

　以上のように青島の地理的優位性を記述している。この青島への航海は、「航海日数」に、

本航路は逓信省の命令航路でありまして、神戸を午前に出帆し門司を經由し四日目の午前青島に到着致します。若し途中門司迄陸行を御望みの方は、東京、横濱、名古屋、京都、大阪、神戸の各支店及代理店にて船車連絡切符を發行致します。各地發着日時は左記の通りであります。

往航　第一日午前11時神戸發　第二日午後１時門司發
　　　第三日　航海中　第四日早朝青島着
復航　第一日午前11時青島發　第二日　航海中
　　　第三日早朝門司着　同日正午發
　　　第四日午前宇品着　同正午發　第五日早朝神戸着

このような航海日程で神戸・青島航路が運航されていた。この航路に就航していたのは泰山丸で、「定期船泰山丸」に、「使用船泰山丸は總噸數四千噸二本煙突を有する新式快速船でありまして、設備の優秀既に定評あり」とあるように、総屯数4,000屯の新式汽船であった。神戸・青島・神戸の航海に停泊時間を含め７日間を要していた。

　同案内の「定期船泰山丸」の項目には、

> 　我國から青島へ定航路を開始致しましたのは、實に弊社が嚆矢であります。
> 　使用船泰山丸は總噸數四千噸二本煙突を有する新式快速船でありまして、
> 　設備の優秀既に定評有り、……

と記すように、日本と青島を結ぶ定期航路は大阪商船会社に始まる。

⑤1930年の大阪商船会社の「青島航路案内」

　1930年（昭和5）5月の
「青島航路案内」は表紙が、
山東の寺院、おそらく泰山
の寺院を俯瞰した図を用い
て、当時の日本人には明ら
かに日本の寺院配置とは異
なる形式で、異国の風景を
彷彿とさせる構図になって
いる。その冊子の「航海日
数」では、

> 　本航路は遞信省の命令
> 航路でありまして、神
> 戸を午前に出帆し門司
> を經由し四日目の午前

青島に到着致します。若し途中門司まで陸行を御望みの方は、東京、横濱、
名古屋、京都、大阪、神戸の各支店及代理店にて船車連絡切符を發行致し
ます。各地發着日時は左記録の通りであります。

往　　　航			復　　　航		
第一日	午前十一時	神戸發	第一日	午前十一時	青島發
第二日	午後一時	門司發	第二日	航海中	
第三日	航海中		第三日	早朝門司着	同日正午發
第四日	早　朝	青島着	第四日	午前宇品着	同日正午發

第五日　早　　朝　神戸着

　この日程から、泰山丸は往航に４日間、復航は門司と宇品に寄港するため５日を要していた。

⑥1933年の大阪商船会社の「青島航路案内」

　1933年（昭和８）４月の「青島航路案内」の表紙は、大型汽船の横を航行する中国式帆船すなわちジャンクを模した構図のもので、「定期船泰山丸」の項目には、

> 我國から青島へ定期航路を開始致しましたのは、實に弊社が嚆矢であります。使用船泰山丸は總噸數四千噸二本煙突を有する新式快速船でありまして、設備の優秀既に定評があり……

と1930年（昭和５）版と同様である。

　同案内の「航海日数」では、

> 本航路は遞信省の命令航路でありまして、神戸を午前に出帆し門司を經由し四日目の午前青島に到着致します。各地發着日時は左記録の通りであります。

往　　　　　航		復　　　　　航	
神戸　第一日　午前十一時發		青島　第一日　午前十一時發	
門司　第二日　早朝着　午後一時發		門司　第三日　早朝着　正午發

青島　　第四日　早朝着　　　　　　廣島　　第四日　午前着　正午發

　　　　　　　　　　　　　　　　　神戸　　第五日　早朝着

とあり、1930年（昭和5）版と、往航は神戸発、門司寄港、青島着と同じであり、復航は所要時間は同様であるが、寄港地が宇品から広島に表記が変わっている。

⑦1933年の日本郵船会社の「青島航路案内」

日本郵船会社の1933年（昭和8）7月の「青島航路案内」の表紙は、近代的建築物である塔の図が上部にあり、下部は中国式帆船ジャンクの帆の部分を図案化した構図である。

　最初の記述は「就航船日光丸」で始まる。

　　當社經營の青島航路は設備優秀、則録快捷なる總噸數五千一百噸の日光丸を以て、大阪、神戸、門司、青島間に約二週間一回の定期を踐行せしめて居ります。廣島には復航の時に限り寄港いたします。日光丸は昭和三年六月以來本航路に就航しておりますが、就航に先ち當社は巨費を投じて特に本航路に適するやう、各等客室は勿論、その他の設備全般に亘って徹底に大改造改善を施しました上に、當社獨特の鄭重懇切なる船客待遇と佳良なる食膳の調理と相俟つて、本邦青島間來往客の間に嘖々たる好評を博して居りますことは、當社の甚だ欣快とする處であります。……

「寄港地及び航海日時」には、

　　往航　　第一日　　午前十時大阪發、同日午前中神戸著(ママ)

　　　　　　第二日　　午前十一時神戸發

　　　　　　第三日　　午前門司著、同日午後一時門司發

　　　　　　第四日　　船中

　　　　　　第五日　　午前九時頃青島著

　　復航　　第一日　　午前十一時青島發

　　　　　　第二日　　船中

　　　　　　第三日　　午前八時頃門司著、同日正午門司發

　　　　　　第四日　　午前廣島著、同日午後二時廣島發

　　　　　　第五日　　午前七時頃神戸著

　　　　　　第六日　　午前神戸發、同日午前大阪著

とあり、日本郵船の日光丸は、往航は大阪港から出港し、神戸、門司、青島に至った。復航は青島から門司、広島、神戸に寄港して大阪港に帰港している。このため往復11日を要している。神戸、門司、広島などでの碇泊時間が長いのは、貨物の積載、荷卸しに要したためと思われる。

⑧1936年の大阪商船会社の「青島航路案内」

　大阪商船会社の1936年（昭和11）7月の「青島航路案内」の表紙は、青島の光景を描き、馬車で海岸付近を進み、海岸とは反対には洋風の建物を描くなどの青島の異国情緒を彷彿とさせるものとなっている。現在でもその雰囲気を見ることが出来よう。参考に次頁の上右、下に2003年の青島の海岸線の写真を附した。

⑨1937年の大阪商船会社の「青島航路案内」

大阪商船会社の昭和12年（1937）7月の「青島航路案内」の表紙は、明らかに青島の一つの特徴である洋風建築を描いたものである。この「青島航路案内」は、青島の特色ある洋風建築を中心に左には青島沿海の状況を描いている。その内容は、青島航路と大阪商船、青島概観、発着時刻、船客運賃、御手荷物、内外航連絡、船車連絡、青島とその附近、青島視察案内からなる冊子体である。とくに中頁に発着時刻等があるのがこれまでのものとは異なり珍しい体裁となっている。

⑩1939年頃の東亜海運会社の「青島航路案内」

この案内の表紙は、左下に獅子の像を描いた極めてシンプルなもので、その発行年が不明であるが、「青島航路案内」として、

> 弊社は東亞新秩序建設に對應し、中華民國の發展に協力せんが爲、日本郵船、大阪商船、日清汽船及外數社の日華航路中華の航路を繼承し、昭和十四年八月に創立せられました。

> 我國より中華民國への海上交通も總て弊社の取扱ふ處となり、多數航路を經營してゐますが、日本と青島とを結ぶ當航路も其の一つであります。

と記し、使用船として日光丸総屯数5,100屯、泰山丸4,000屯、ばいかる丸5,300屯、原田丸4,100屯を使って運航していた。これについで、船客運賃、旅

行上の注意、青島案内、山東案内、東京済南間運賃比較などが収録されている。

⑪1939年以降の東亜海運会社の「青島航路案内」

この冊子も年代が不明であるが、表紙は青島の光景の写真を利用して構図としている。冊子には乗船御案内とあって、その最初に、青島航路と弊社とあり、上記の⑩の案内と同様に、

　當社は東亞新秩序建設に對應し、日支間航路統制の爲め從來諸社に於て經營の日本支那間の航路一切を繼承して昭和十四年八月創立せられました。本青島航路の使用船は既に船客に御馴染みの左記四隻で御

座います。

と記され、日光丸、泰山丸、ばいかる丸、原田丸の４隻の船名が掲げられている。ついで青島御案内、山東名所、青島寄航の當社線から構成されている。

4　小　結

　上記のように、19世紀後半から発達してきた汽船は、人的、物的輸送に大いに貢献してきた。その盛時は100年足らずの時代であったが、19〜20世紀の世界の文化交渉を考える際には重要な輸送機関であった。

　特にアジアのみならず、19世紀末から世界の海運国として君臨した日本の汽船会社は、20世紀になると様々な方法で顧客を勧誘した。その際のひとつが「航路案内」という一冊子であったが、今日ではほとんど顧みることなく残され、現在では、ほぼ忘却の彼方にある。しかし、残された「航路案内」から、それらを時間的基軸から見てみるとき、日本から山東の青島への航路案内を例に掲げたように、日本の近代的発展の姿や日本の対中国姿勢の一端を見ることができよう。

　これらの多くは、冊子体であったため、図書資料としての保存に適さなかったためか、今日では所蔵する機関は極めて少ない。しかし貴重なアーカイヴズであると言えるであろう。

〔注〕
１）　村川堅太郎訳『エリュトゥラー海案内記』生活社、1946年11月、序説14頁（全252、索引10頁）。
　　　村川堅太郎訳注『エリュトゥラー海案内』中央公論社、1993年10月、序説30頁（全310頁）。
２）　村川堅太郎訳『エリュトゥラー海案内記』75〜126頁。
　　　村川堅太郎訳注『エリュトゥラー海案内』101〜143頁（全310頁）。
３）　『百部叢書集成』所収。
４）　中外交通史籍叢刊『西洋番國志　鄭和航海圖　兩種海道針經』中華書局、2000年

4月、1〜45頁、所収。

5）　中外交通史籍叢刊、向達校注『兩種海道針經』中華書局、1961年9月所収。

6）　『海表叢書』第3巻、1928年所収。

7）　『新増大日本船路細見記』1980年2月、あき書房復刻版による。

8）　石橋一則「『増補大日本船路細見記（全）』について」、上記あき書房復刻版に附録される。

9）　2015年5月に、荒山雅彦監修『明治・大正の旅行　第1期　旅行案内集成』が刊行され、第4回配本として「海上旅行の案内書」全5巻が出版され、ツーリズム研究の重要な資料として注目されている。

10）　*Pacific Mail Steamship Co. ed "Sketch of the New Route to China and Japan by the Pacific Mail Steamship Co.'s Through Line of Steamships Between New York, Yokohama and Hong Kong, Etc,", San Francisco, 1867, pp. 1-104.*

11）　Ibid. p. 8 .

12）　日本郵船株式会社編『日本郵船株式會社五十年史』日本郵船株式会社、1935年12月、1頁。

13）　大橋又太郎編『日用百科全書第十四編　旅行案内』博文館、1896年（明治29）7月、64頁。国立国会図書館所蔵。

14）　同書、64〜77頁。

15）　同書、78〜82頁。

16）　同書、82〜86頁。

17）　同書、64頁。

18）　同書、66頁。

19）　同書、67頁。

20）　同書、68頁。

21）　同書、69頁。

22）　同書、70頁。

23）　同書、71頁。

24）　同書、71頁。

25）　同書、71〜72頁。

26）　同書、72〜73頁。

27）　同書、73〜74頁。

28）　原田和作『大阪商船株式會社航路案内』駸々堂、1903年（明治36）4月、424頁。国立国会図書館所蔵。

29）　日本国有鉄道編『国鉄歴史事典　日本国有鉄道百年史別巻』日本国有鉄道、1973年12月、6頁。

30）　竹内直哉編『大阪商船株式會社航路案内』大阪商船株式会社運輸部、1907年（明治40）1月、1〜156頁。

31)　大阪商船株式会社『大阪下關線航路案内』大阪商船株式会社内航部、1909年（明治42）12月20日、1〜3頁。

32)　本書第4編第2章。

33)　大阪市史編纂所編『大阪市史史料第19輯　大正期在阪官公署諸企業沿革調査』大阪市史料調査会、1986年9月、153〜154頁。

34)　山下直一編『神戸市要鑑』神戸市要鑑編纂事務所、1909年5月、266頁。国立国会図書館デジタル資料による。

35)　財団法人日本経営史研究所『創業百年史』大阪商船三井船舶株式会社、1985年7月、85、360頁。

36)　松浦章編著『近代日本の中国・台湾汽船「航路案内」―船舶データベースの一端―』関西大学アジア文化研究センター、2015年2月、1〜231頁。

　　　松浦章編著『北太平洋航路案内のアーカイヴズ―船舶データベースの一端―』関西大学アジア文化研究センター、2015年6月、1〜328頁。

37)　神田外茂夫編『大阪商船株式會社五十年史』273〜274頁。

38)　『官報』第2199号、1919年（大正8）12月2日、31頁。

39)　本書第4編第1章。

40)　「青島航路開始並船腹借上の件」レファレンスコード：C03024793400全27葉。

41)　同上、第12葉。

42)　同上、第19〜22葉。

第 1 編

汽船の時代と文化交渉の変容

第1章　近代中国における汽船時代の到来と
文化交渉の変容

1　緒　言

中国の沿海に蒸気汽船が出現した最初は、1835年（道光15）イギリス商人怡和洋行（ジャーディン・マジソン会社）の渣甸（*Jarden*）号であると言われる。その後、怡和洋行は1844年（道光24）に哥薩爾（*Corsair*）号を使って香港と広州の間の定期運航を行い、ついで

Lady Marrywood; P. & O. Steamship Navigation

1850年（道光30）には大英火輪船公司が瑪麗烏徳（*Lady Marrywood*）号をもちいて香港・上海間の航路を運航する[1]など中国沿海における汽船の運航が日々、増加していった。この当時の汽船について香港の華字新聞『遐邇貫珍』1853年第2号の「火船機制述畧」に次のような特徴を記している。

火船於天下、無處不到、造之者其數日増月盛、而中土無論官府士商、……中土海船、風水皆順、至速一時辰行不逾五十里、若風水倶逆、則咫尺難移、而急謀下碇矣。……惟西邦大火船、能附客數百人、由英國詣花旗國、經大洋計萬餘裡、無論風水順逆、波濤急緩、行十日即抵其境、其船堪装一萬五千至三萬担、當風恬浪靜、一時辰可行六十里至九十里、即逆風巨浪、亦行三十至六十里、似此行速而則準。……中土人皆名之曰火船、或曰火輪船、惟西邦人則名之曰水氣船、因以水氣能鼓之使行也[2]。

　新たに海洋、水上を航行する船舶として火船が登場し、中国の官民にかかわらず求められた。中国の海洋航行の帆船では順風であれば 1 時間に50里（約28.8km）を進めるが、逆風であればそれもままならない。しかし西方の火船は数百人を搭載し、イギリスからアメリカへ10日ほどで渡航できた。それらの船には 1 万5,000担から 3 万担の貨物を搭載でき、 1 時間に60里から90里、逆風でも30里から60里も進むことが可能であった。中国の人々はこの船舶を火船とも火輪船とも呼称したが、西方では水氣船と呼ばれていたと記している。

　このように、中国にも新しい交通革命が進展しつつあったのである。1842年の南京条約以降において欧米の汽船が中国大陸沿海、長江流域の漢口までの航路に進出し、時代は漸次汽船の時代に推移しつつあった。

　そのような時代の変化の草創期のものとして『遐邇貫珍』1855年第 1 号（総第18号）の佈告編に、「火船往來省城澳門香港告帖」として、汽船の定期航路の案内が見られる。

　　　茲者、香港司東藩火船公局之管事或啓白、自今年十月十二日起、每禮拜二、禮拜四、禮拜六、有火船來往港省、禮拜二、由港往省、船經澳門必抛泊一刻、然後直往、禮拜六、由省來港、經澳亦然、因每欲船快行到埠、而湖水長無時、故不能每日定實某時開行爲例、本局所以于開行之先一日、或聲明于新聞紙内、或別用方法、以白其開行時候于衆。○搭客水脚銀、一照舊例、船面遮帳甚便搭客○此船廣闊、能裝載粗重之貨、取銀亦極便宜、欲寄貨者、宜相面議。如有欲寄貨物、請火船暫泊金星門上貨亦可。

　　　咸豊　甲寅　十一月十三日　謹白[3]

とあるように、香港と広州の間であったが、毎週の火曜日、木曜日、土曜日と 3 回の定期運航が行われようとしていた。火曜日は香港から澳門（マカオ）を経由して広州へ、土曜日は広州からマカオを経由して香港へ赴く定期運航の草創期の広告と言えるであろう。

　その後、1872年に上海において中国の汽船会社である輪船招商局が設立された。

　古代から中国と海外諸国とを結ぶ海上シルクロード路についてはさまざまな

研究があるが、ここでは19世紀後半から汽船が恒常的に登場して中国と欧米などの諸国と結んだ汽船時代の海上航路について考えてみたい。

　新たな交通手段として登場した汽船交通が、どのようにアジア世界と西欧とを結びつけたのか、換言すれば19世紀後半は汽船による海上シルクロード路の時代といえるであろう。

2　清朝輪船招商局公司と日本郵船会社

　1872年当時の汽船の運航の実情に関して、『申報』第67号、1872年 7 月17日（清同治壬申（11年） 6 月12日）付に「論輪船來往滬漢事宜」として次の記事が見られる。

　　火輪船之上海漢口兩處往來者、近數年來、皆爲旗昌與公正兩家所壟斷、別家之船、不敢向此途問津、傲此生理如有行此兩處者、彼兩家必暫減水腳・客位等價目、必使人大虧本而后巳。故兩家歷數年之久、常獨擅其利。今其勢巳小變矣、約半年前馬立師洋行有一火船名漢洋、伊初立意、將此船往來滬漢各埠、同業者無不訝馬立師之膽大、而嗤其無識見。亦有議之者、謂彼旗昌與公正行之巳久數年來、厚利均沾、今別人尤而效之、雖與客商大爲有益、而其自爲謀必不能爲[4]。

　輪船すなわち汽船の出現は中国においても交通革命の第一歩となった。注目されたのが上海と長江中流域の漢口との往来に汽船が使われたのである。その汽船会社の多くは欧米の汽船であった。旗昌とは旗昌洋行でありアメリカのRussel & Co.であり[5]、公正とは公正輪船公司すなわちイギリスの Union Steam Navigation Co.であった[6]。この 2 社が上海と漢口を結ぶ航路を運航し多くの運賃収入を得ていたが、さらに馬立師洋行（McBain & Co.）が、中国名漢洋伊初立意と言う船名の汽船を用いて運航を開始したのであった。

　『申報』第2318号、1873年 2 月 8 日（清同治癸酉（12年） 1 月11日）付の「平安輪船新駛審波」によると、公正洋行は新船を用いて新たな航路を開設している。

　　公正洋行有平安輪船一隻、向駛福建等處、近因客貨稀少、改駛寗波、今已

　　試驗二次來往、附客之價甚廉、並聞此不過暫時之計、將來仍要駛行福州、

　　昨日聞九蘇輪船開往也。

　公正洋行は上海・漢口の長江航路のみならず沿海の航路を開拓し、上海から福建そして寧波へと汽船の航路を開きつつあった。

　19世紀末期において東アジア諸国の中で巨大な汽船会社を保有していたのは清朝中国と明治日本とであった。『東京横濱毎日新聞』第4530号、1886年（明治19）1月13日付の「清國招商局及び日本郵船會社」において、「亞西亞東方諸國の中、航海を業とする二大會社あり。一は清國招商局にして、一は日本の郵船會社なり」と指摘するように、19世紀後半の東アジアの中で巨大な汽船会社は、清朝中国の輪船招商局と「日本郵船會社の如きは近時東洋に有名なる會社にして、其資本金は一千一百万圓、此内政府の株に属す者二百六十万圓」[7]とされる日本の日本郵船会社であった。この両社すなわち輪船招商局は清国政府の、日本郵船会社は日本政府のそれぞれ支援、後援を受け巨大な海運会社として成長したのである。

　このように19世紀末において東アジアでも汽船による航運企業が出現し、これまで欧米の航運企業に寡占されていた状況を改変しつつあった。

　輪船招商局の創設に至る基本方針は、李鴻章の『李文忠公奏稿』巻二十、「試辦招商輪摺」1872年（同治11）11月23日付の奏摺[8]に見える。同奏摺において、1872年5月より輪船すなわち汽船の製造を試みるが、商船として相応しくなかったため、「招令華商領雇、必准其兼運漕糧」[9]と中国商人を招致して江南から北京への漕糧の輸送を行わせようとした。そこで招致した商人を「招商爲官商」[10]として政府の商人として、漕糧輸送を行わせたのである。従来は「江浙沙甯船隻」[11]とある江蘇や浙江の沙船や寧船などの帆船によって長江口から天津に向けて漕糧を輸送していたが、これらの帆船が減少していたため、汽船による輸送が急務となっていた。そこで「是南北合力、籌辦華商輪船、可期就緒、目前海運、固不致竭蹶、若從此中國輪船暢行、閩・滬各廠、造成商船」[12]と、中国の南北の力を合わせ政府の御用米輸送に尽力すれば、将来の中

国の航運事情に大いに貢献するものとして重視したのであった。

　こうして輪船招商局は1872年（同治11、明治5）10月に上海洋経浜永安街において開局の準備が開始され、11月にはイギリス、ドイツなどから4隻の汽船を購入し、その1隻の伊敦（Aden）号が初めての広東省の汕頭までの航海に就航した[13]。輪船招商公局が購入した外国船は、伊敦、永清、利運、福星との中国名を付けられた。とりわけ利運は上海と天津航路に、福星は厦門、汕頭の華南航路で、永清は鎮江や広東へ、伊敦は日本への航行実績のある船舶であった。これらの汽船を用いて鎮江、九江、漢口の長江の航路とそして沿海部の広東東北の汕頭、香港、福建省の福州や厦門、浙江省の寧波、渤海に面する天津や同じく山東の烟台などへの乗客輸送や貨物輸送に従事させる計画であった。そのためには各港に同局の分局を設ける予定を考えていた。1874年には輪船公司招商局と名称を改称し、1880年には民営会社に移行された。輪船招商局はアメリカ企業の旗昌洋行との間に買収、売却、買収を繰り返し、その事業を拡大していった中国最大の航運業であった。

　他方、招商局は創設直後から中国大陸沿海航路として上海から広東省の汕頭を結ぶ航路、さらに香港へと、そして上海から天津へとその航路を拡大し、内河航路として長江の沿江航路は上海から鎮江、九江などを経由して長江中流域の中心地である湖北省の漢口への航路を開設し、既設の英国系の怡和洋行、太古洋行の汽船航路と拮抗するようになるのである。輪船招商局はさらに日本への航路開設を企図していた。清末に設立された中国の巨大汽船会社の輪船招商局は、1873年（同治12、明治6）には伊敦（Aden）号、1877年（光緒3、明治10）には大有（Tahyew）号、1882年（光緒8、明治15）には懐遠（Hwaiyuen）号、そして1886年（光緒12、明治19）には2隻の海定（Hae-ting）号、致遠（Chi-yen）号を使用して日本への航行を試みたが、いずれも定期運航にはほど遠い断続的な航行であっことが知られている。さらに1886年の海定号、致遠号の来航に際しみられたように、日本側の抵抗にあい、想定していた運航状況には到らなかった[14]。

　この輪船招商局と日本郵船会社の二大海運会社は、それぞれ自国の海運業に

大きな影響を与えている。両社は自国の水運、海運のみならず、海外への航路の拡張を企図した。いち早く海外航路を開設したのは、日本郵船会社の前身のひとつにあたる三菱会社で、1875年1月に横浜と上海を結ぶ航路を開設した[15]。その後の日本郵船会社の遠洋定期航路の嚆矢となったのが、神戸・ボンベイ（Bombay, 印度）線の開設である。1893年（明治26）11月7日に第一船廣島丸がボンベイに向けて出港し、以後汽船4艘により3週間に1回の定期航路を運航する[16]。そして1892年（明治29）3月15日より横浜から神戸・下関・香港・コロンボ（Colombo）・ボンベイ、ポートサイド（Port Said, 埃及）等を経由してロンドン（London）、アントワープ（Antwerp）にいたる欧州航路を開設する。6艘の汽船を使い4週間に1回の定期航路であった[17]。

　日本郵船会社は創立30周年を記念して『創立満三十年記念帖』[18]を出版している。同書によれば、日本郵船会社の船舶所有総屯数は、創業時第一期の1886年（明治19）9月には6万7,000屯であったものが、1915年（大正4）9月第30期を迎え、42万8,000屯と30年でほぼ7倍に拡大している。航路では、中国大陸には天津、青島、上海、香港への寄港航路を運航していたのである。

3　汽船時代の海上航路による文化交渉

　汽船の登場によって、人的移動、物的流動が極めて迅速になったことは確かである。中国の長江航路に加え沿海航路に外国汽船が進出していたが、さらに中国から外国への汽船の航路が開設される。

　『申報』第8号、1872年5月10日（清同治壬申（11年）4月初4日）付の広告に上海を出港する汽船として、

　　今將初五出口各船列左

　　康保得基輪船　往英美國等處　美公司　晩開

　　亞燈挪輪船　　往香港新嘉坡英國等埠　上午十一點半鍾開[19]

と記されるように、上海から英国や米国（アメリカ）などへ香港、新加坡（シ

ンガポール）を経由し赴く汽船が登場してくるのである。

　中国国内でも汽船に搭乗する人々が増加していた。『滬報』第44号、1882年
7月7日（光緒8年5月22日）付の「華人附輪船記數」にその状況が見られる。

　　字林本報云、去年華人之搭坐輪船往來烟台・天津・牛庄・上海等處者、有
　　一萬八千七百二十九人、比之前年更爲加多、其乘坐行風船往來以上所稱處
　　者、不過四十八人。又有五百二十三人係坐行風船至俄人管轄之滿洲通商諸
　　海口。又有四百四十一人坐行風船回華。又有三十八人坐輪船回華、至其船
　　由燕台至廈門・汕頭・香港等處者共一百三十八隻、由此數處而回燕台者不
　　過一百二十六隻。……20)

『字林本報』からの引用ではあるが、1881年（光緒7）の1年間に烟台、天
津、牛荘、上海などの地で汽船に搭乗して往来した中国の人々が1万8,729人
であった。1880年の人数よりも増加していた。これに対して風船すなわち帆船
に搭乗してこれらの地を往来した人は僅かに48名であった。汽船搭乗者が
99.7％に対して帆船搭乗者は僅かに0.3％という状況が、中国の交通革命を象
徴していると言えるであろう。そして『滬報』第46号、1882年7月10日（光緒
8年5月25日）付の「論輪船搭客」において、先の風船について、

　　……以故搭坐沙船來往天津・牛庄等處者、終歲恒不過數十人、而陸路則王
　　家營以北、此往彼來絡繹不絶、其危坐於一車兩馬者、雖烈日當天、而不覺
　　其勞苦也。……21)

とあるように、上海など長江口から北の海域を得意とした沙船であった。沙船
に搭乗して上海から天津や牛荘などの地を往来する人々は数十人に過ぎなく
なっていたのである。しかし、なお陸路を車馬などを利用して往来する人々も
決して少なくはなかったのである。

　沿海地域でも汽船の登場が見られる。『滬報』第29号、1882年6月19日（光
緒8年5月初4日）付の「輪船往來温福」の記事から地方の汽船航運の様子が
知られる。

　　福州西報云、近有華商多人欲備一小火輪船來往福州・温州兩處、以便搭客
　　裝貨、并新茶、亦可從速轉運、其搭客之價、每人不過洋七角價廉而行速、

想人皆樂於従事也[22]。

福州と温州の間に小型汽船の航行が見られ、廉価で速いことで人気を得ていた。人の移動と物資の輸送に利用されるようになった典型的な事例であろう。

このように、時代は汽船の時代に推移しつつあったことは確かである。とりわけ遠洋を渡航するのに汽船が利用された。その典型的な事例を検討してみたい。

1)　汽船による人的移動──中国の人々がアメリカへ

中国の人々が恒常的に汽船を利用して太平洋を渡航するようになったことの証左として次の『申報』第1096号、1875年11月20日（光緒乙亥（1年）10月23日）付の「火船接往舊金山」が参考になろう。

> 啓者本内司、毎方公有兩次火船、從上海開行至横濱、另有別船、即接轉往舊金山、係萬昌公司火船、與阿克西騰得亞里形得公司火船、輪流同行、如半人搭各者、是上海至舊金山、毎位十六十五元此布。　英十一月二十日三菱公司李士啓[23]。

この広告は郵便汽船三菱会社が『申報』に掲載した広告であるが、横浜で乗り換えてアメリカのサンフランシスコに赴くことができた。従来の西回りより遙かに早くアメリカに到着することができたのである[24]。

郵便汽船三菱会社は、上海の黄浦路に借地して上海の拠点を設けている。『上海道契』巻30、「日冊道契」第2号、第3号に見られる。1877年（光緒3）7月付の契約文に、

> 大清欽命監督江南海關分巡蘇松太兵備道劉　爲給出租地契事照得接准　大日本國總領事品川忠道照會内開、今據三菱郵便濵船會社稟請在上海按和約所定界内租業戸萬昌火輪公司地一段永遠租三畝四分七厘六毫、北黄浦路、南黄浦河、東青浦路、西南潯路、毎畝給價照約定、憑據數目、其年租毎畝一千五百文、毎年預付銀號等因。……[25]

とあり、同契約書の日本語文、第3号（一）には、次のようにある。

> 大清欽命監督江南海關分巡蘇松太兵備道劉　地所貸渡契約證ヲ給與スル事、然者　大日本國總領事品川忠道ノ掛合書ヲ以テ達シ來ルニ、今般三菱郵便

濵船會社ヨリ願ヒ出ルニ両國ノ條約ニ随ヒ、上海ニ於テ境界ヲ定メアルニ
借地ノ内地主太平海郵便濵船會社ノ持地一區　三畝四分七厘六毫、北ハ黄
浦路、南ハ黄浦河、東ハ青浦路、西ハ南潯路、永遠借リ受ルニ付、今度一
畝ニ付　約定書ノ價ヲ渡シ、其年税一畝ニ付、一千五百文ハ毎年其税銀ヲ
差配スル所ニ先納可致段ヲ承ハレリ、依テ本道臺既ニ其貸地主太平洋郵便
濵船會社ニ申付ケ、其地所ヲ右借主ヘ貸シテ受用セシムルニ付テハ下ニ載
セル所ノ箇條ニ守ル可キ事[26]。

　この借地契約書に見られるように、すでに借地主であった太平洋郵便汽船会
社すなわち Pacific Mail Steamship Co. が上海で借地していた土地の一部に郵便
汽船三菱会社が借地することになったことがわかる。この土地は、後に日本郵
船会社が郵便汽船三菱会社の事業を継承した時点で、1885年（光緒11）10月付
により再び契約を交わしている。『上海道契』巻30、「日冊道契」第10号、第11
号に見られる。1885年（光緒11）10月付の契約文に、

大清欽命監督江南海關分巡蘇松太兵備道邵　爲給出租地契事照得接准　大
日本國總領事河上謹一照會内開、今據日本郵船會社稟請在上海按和約所定
界内租業戸三菱郵便濵船會社地一段永遠租三畝四分七厘六毫、北黄浦路、
南黄浦河、東青浦路、西南潯路、毎畝給價照約定、憑據數目、其年租毎畝
一千五百文、毎年預付銀號等因。……[27]

とあり、同契約書の日本語文、第11号（一）には、

大清欽命監督江南海關分巡蘇松太兵備道邵　地所貸渡契約證ヲ給與スル事、
然者　大日本國總領事河上謹一　ノ掛合書ヲ以テ達シ來ルニ、今般日本郵
船會社ヨリ願ヒ出ルニ両國ノ條約ニ随ヒ、上海ニ於テ境界ヲ定メアルニ借
地ノ内地主三菱郵便濵船會社ノ持地一區　三畝四分七厘六毫、北ハ黄浦路、
南ハ黄浦河、東ハ青浦路、西ハ南潯路、永遠借リ受ルニ付、今度一畝ニ付
約定書ノ價ヲ渡シ、其年税一畝ニ付、一千五百文ハ毎年其税銀ヲ差配スル
所ニ先納可致段ヲ承ハレリ、依テ本道臺既ニ其貸地主太平洋郵便濵船會社
ニ申付ケ、其地所ヲ右借主ヘ貸シテ受用セシムルニ付テハ下ニ載セル所ノ
箇條ニ守ル可キ事[28]。

と見えるように、郵便汽船三菱会社が上海で借地した土地を1885年（明治18）に同社を継承した日本郵船会社が引き続いて借地していたことが知られるのである。

1875年に郵便汽船三菱会社が横浜・上海航路を開設した当時の上海へ入港した汽船一覧を"*The North-China Herald*"の'Shipping Intelligence'から表5に示した。

表5の英文船名は、Tokio Maru は東京丸、Niigata Maru は新潟丸、Kanagawa Maru は金川丸、Takasago Maru は高砂丸であり、定期的に運航されていたことがわかる。11月以降になると Hiroshima Maru・廣島丸、Genkai Maru・玄海丸、Nagoya Maru・名護屋丸などが参入してきたことがわかる[29]。これらの船に乗船して横浜に到れば、アメリカの Pacific Mail Steamship Co.の汽船で太平洋を横断してサンフランシスコへ渡航できたのである。

『滬報』第36号。1882年6月28日（光緒8年5月13日）付の「天花盛行」に次のようにある。

> 本西報云、近接電音、知美屬舊金山於中歷三月十九日、到一火輪船名安爾土那内、有中國搭客九百人之多、詎知船上人患天花者、實繁有徒、即船夫水手等、亦有沾染、其間有華客三十六人、患痘最重、因另用一船、勒令載往左近地方醫院調治、以免傳染、不料該船中途遇風、忽遭傾覆淹斃一人、其餘幸皆得救云[30]。

中国からアメリカのサンフランシスコに渡航した際の汽船安爾土那号（1882年4月8日に香港からサンフランシスコに向けて出港した Russell & Co. の Altorowen 号か。"*Chima Mail*" No. 5841, Apr 6, 1882, No. 5842, Apr 8, 1882）に中国人乗客が900人もいた。この汽船の中に天然痘の患者がおり、汽船の乗組員のみならず、中国人乗客の36名も感染したのであったが、別の船で地方の病院に移され、大規模感染は免れたもののその際、船で移動中に大風に遭遇して遭難し、1名が溺死したとする記事である。1汽船に数百名の中国人船客が搭乗し、アメリカに渡航したのであった。

さらに上海の華字新聞『滬報』第49号、1882年7月13日（光緒8年5月28日）

表 5　1875年 2～12月上海入港の郵便汽船三菱会社の汽船名一覧

号数	月日	船　名	屯数	船長	来航地	来航月日	積荷
406	2.14	Tokio Maru	1146	Duun	Japan	2.09	General
407	2.18	Niigata Maru	1090	Walker	Nagasaki	2.16	General
408	2.25	Kanagawa Maru	749	Roper	Nagaasaki	2.23	General
409	3.04	Takasago Maru	1019	Ekstrand	Japan	3.02	General
410	3.12	Tokio Maru	1146	Duun	Nagasaki	3.09	General
411	3.18	Niigata Maru	1090	Walker	Nagasaki	3.16	General
412	3.27	Kanagawa Maru	749	Roper	Nagasaki, &c.	3.22	General
413	4.01	Takasago Maru	1019	Ekstrand	Japan	3.24	General
414	4.08	Tokio Maru	1146	Duun	Nagasaki	4.05	General
415	4.15	Niigata Maru	1090	Walker	Yokohama	4.07	General
416	4.28	Kanagawa Maru	749	Roper	Nagasaki	4.27	General
417	5.02	Tokio Maru	1146	Duun	N'saki, Hiogo, &c.		General
418	5.09	Niigata Maru	1090	Walker	Nagasaki, &c.	5.07	General
419	5.15	Takasago Maru	1019	Ekstrand	N'saki, Hiogo, &c.	5.13	General
420	5.23	Kanagawa Maru	749	Roper	Nagasaki, &c.		General
421	5.29	Tokio Maru	1146	Duun	N'saki, Hiogo, &c.		General
422	6.04	Niigata Maru	1090	Walker	Japan		General
423	6.13	Takasago Maru	1019	Ekstrand	N'saki, Hiogo, &c.		General
424	6.20	Kanagawa Maru	749	Allen Moore	Japan	6.12	General
425	6.26	Tokio Maru	1146	Duun	Japan		General
426	7.04	Niigata Maru	1090	Walker	N'saki, Hiogo, &c.	7.02	General
427	7.10	Takasago Maru	1019	Ekstrand	N'saki, Hiogo, &c.		General
428	7.17	Kanagawa Maru	749	Young	N'saki, Hiogo, &c.	7.15	General
429	7.24	Tokio Maru	1146	Duun	N'saki, Hiogo, &c.	7.22	General
430	7.31	Niigata Maru	1090	Walker	N'saki, Hiogo, &c.	7.24	General
431	8.08	Takasago Maru	1019	Ekstrand	N'saki, Hiogo, &c.	7.31	General
432	8.15	Kanagawa Maru	749	Young	N'saki, Hiogo, &c.	8.07	General
433	8.21	Tokio Maru	1146	Duun	N'saki, Hiogo, &c.	8.14	General
434	8.29	Niigata Maru	1090	Walker	N'saki, Hiogo, &c.		General
435	9.05	Takasago Maru	1019	Ekstrand	N'saki, Hiogo, &c.	9.03	General
436	9.11	Kanagawa Maru	749	Young	N'saki, Hiogo, &c.		General
437	9.18	Tokio Maru	1146	Duun	N'saki, Hiogo, &c.	9.16	General
438	9.25	Niigata Maru	1090	Walker	N'saki, Hiogo, &c.		General
439	10.03	Takasago Maru	1019	Ekstrand	N'saki, Hiogo, &c.	9.25	General
440	10.09	Tokio Maru	1146	Duun			General
444	11.04	Nagoya Maru	1914	Ekstrand	Nagasaki, &c.	11.02	General
445	11.10	Tokio Maru	1146	Duun	N'saki, Hiogo, &c.		General
446	11.18	Hiroshima Maru	1158	Furber	N'saki, Hiogo, &c.	11.16	General
447	11.25	Genkai Maru	1084	Conner	N'saki, Hiogo, &c.	11.22	General
448	12.04	Nagoya Maru	1914	Ekstrand	N'saki, Hiogo, &c.	11.26	General
449	12.09	Tokio Maru	1146	Duun	N'saki, Hiogo, &c.	12.01	General
450	12.16	Hiroshima Maru	1158	Furber	N'saki, Hiogo, &c.	12.14	General
451	12.24	Genkai Maru	1084	Conner	N'saki, Hiogo, &c.	12.22	General

付の「華人被拘」の記事から、数百名の中国人船客が香港からアメリカに渡航していることが知られる。

> 傳聞有一晏乍乞輪船由香港開往舊金山、船中載有華客八百餘名、既抵是處、盡爲美國官憲拘住其被拘縁故。……31)

香港からサンフランシスコに汽船で渡航した800余名の中国人がアメリカの官憲によって拘束されたとする記事である。アメリカ移民を希望した中国人が1隻の汽船に800余名も搭乗していたことが知られる記事である。

その後ほぼ40年後のことであるが、太平洋をわたった中国人の旅行記が『申報』に掲載されている。『申報』第14809号、1914年（中華民国3）5月4日付に掲載された「渡太平洋記（遊記一）」によれば、次のようにある。

> 兪慶恩鳳賓、余蓄志游學外洋數年、於兹矣、苦無資、以平日醫金所入鉄積而寸累之、至壬子夏、始得成行、八月十號、遂乘美公司蒙古利亞船。啓程往美國補習醫學、同行者、徐君廣德外、刁君信德、楊君奎侯优儷、朱君葆元、楊君魁麟、黄君錫恩、潘君文煥、均約翰學堂舊同學也。感情密切、有如兄弟携手談心、不覺長途之寂寞矣。

兪慶恩が同学の志とともに医学を学ぶためにアメリカへの留学を行ったのであった。それは「壬子夏」すなわち1912年（中華民国元）のことであった。

> 十二日舟泊日本之長崎、同人催一導者、游覽名勝、品茗於輙訪神社、見祈禱者拾級、而上脱鞋登殿、拍手葡萄喃喃誦經迷信、顔深耗光陰經濟、於無何有之郷、殆亦中下等人所不可缺之一階級也。余亦脱鞋步入殿中、瞻仰一周、而下離神社、往茂木。茂木者長崎名勝之一也、山徑崎嶇、巖谷聳伏、挽人力車者頗困憊。余等逢平原、則車、遇境坳、則步。及抵茂木、憩息半小時、飯於旅館、初嘗日本肴饌、別有風味、飯罷而返、是夜舟中裝煤運貨、中夜有聲、竟不得寐。

> 十四日抵神戸、謁楠公廟中藏大炮、自我旅順奪得之戰利品也。訪生田神社、社中亦有甲午戰爭時、奪去之砲彈、吾國人如欲一雪此恥、其力圖之。又觀布引雌瀧、有名之瀑布也。品茗於瀧前之亭、一飲長流、水蕩滌、塵俗幾許矣。尚有布引雄瀧、距雌減數里、遥未往、遂訪大佛於能福寺、佛高數丈、

佛腹空虚、背嵌玻璃、以導光入其中、廓乎有容四面小佛無數、香燭環列、移時始出、頗願有佛腹之量、而以佛心爲心也。時已過午腹枵思食、至一日本飯店食際、奎侯欲嘗桃、不知日語、遂秉筆書桃子二字、有同食之客日人也、自任繙譯來觀此紙、即書（牛若吾妹甚麗君呼一時間五十四錢）等字、同人爲之噴、飯日文（子）字作女子之稱、因之而誤會余等、携有英日會話一小册、閲悉日人稱桃爲（<ruby>馬馬<rt>mei xi</rt></ruby>）、以（馬馬）告之、乃怞怩而去。

十六日到橫濱、游伊勢山過太神宮、日本第一天皇曾居於此、登山四眺、全埠在望、晚至市場入書肆、購植物名彙一册日本地圖[32]。

　俞慶恩等は８月10日に長崎そして14日に神戸を出港して16日に横浜に到着している。到着後の港では珍しい日本の光景に出会った。その後の紀行は『申報』第14811号、1914年（中華民国３）５月６日付の「渡太平洋記（續游記一）俞慶恩鳳賓」に見える。

二十七日抵檀香山、十一天未見陸地、泊此島時、頗爲雀躍。舟甫繫纜、有教士麥立君登舟來詢、潘君文煥並聲明、係代表某君、到埠歡迎、即偕吾儕至密爾學校。留膳參觀時、適暑假校中、僅有職員數人。校屋外牆悉以山石砌成、屋中用板隔成小室、潔淨無塵埃。麥立君僱自動車一乘、專供余等往游相里、相里者高巖也。離校十英里、高一千三百英尺、巖下爲深谷、百年前酋長相戰於此、死者二千人、均墜入深谷、粉身碎骨而斃。至今枯骨狼藉、徒供游人之憑弔耳。柏里有紀念碑、余讀之而重有感焉。何則夏威夷羣島凡七、卓立太平洋中、爲航海家之休憩地、商人之貿易場、水線之憑藉所主、斯地者初皆土皇酋長、若能聯成一邦、可執太平洋之總鍵、而左右世界之商業、詎白人垂涎已久、於一八九三年奪其地、改民主、九十五年土人議恢復、旋即大敗、九十八年改隸美國、今則土人漸少、恐數十年後盡歸淘汰、而無噍類矣。考檀香山島係夏威夷羣島之一、游歷家名之爲太平洋中安樂窩、亦有以仙界比擬之者、蓋風景之美麗、氣候之溫和、水菓之富饒、此島可爲首屈一指。且土人和氣謙恭、歡迎來者、而錦繡江山、坐歸他族、國亡而種且滅、使我徒增無限悲慨也。麥立君殷勤備至、以素不相識之人、既到船迎候、給膳供車、復約翌日游覽之地、並託華崙君導引作伴、華崙君亦不爽約。二

　　十八晨登舟、相邀游水族館、五色鱗介、離離奇奇、詢爲大觀、并參觀波羅
　　蜜廠、專裝鐵罐、運至諸大陸、此爲檀島出産之大宗、廠中工人上中下三等、
　　社會均有、最可敬者學生輩、趁此暑假入廠作工、以兩月所得之工値給一年
　　之學費、年復一年直至畢業、自立自助之能力可謂高尚無匹矣、游畢麥立君
　　與華崙君、必欲送余等登舟、雖堅辭弗……九月三日下午、抵舊金山。自上
　　海至此計程二萬餘里、行二十四天、連對足日共二十五日也。乘長風、破萬
　　里浪、渡此絶大之太平洋、登臨新進之新大陸、誠壯游也、不可以無記、故
　　泚筆誌之如右（完）[33]。

　8月16日に横浜を出港して11日かけてハワイに到着した。ハワイでも幾人か
と交流しているが、観光地を見学し、ハワイの名産であるパイナップル缶詰工
場も見学している。パイナップル缶詰工場で働く学生達の季節労働にも関心を
寄せ、2ヶ月の季節労働で1年の学費を得られたなど、これからアメリカに向
かう中国留学生にとっては大変興味深いものであったようである。さらに9月
3日にサンフランシスコに到着した。上海を出発して25日目のことであった。
中国から太平洋を25日で渡航したことになる。

　これに対して、中国の民船で太平洋を渡航した記録が、『申報』第14372号、
1913年（中華民国2）2月22日付の「海外奇談」の「民船渡太平洋記　特」と
して掲載されている。

　　昨日上海接有電音、謂中國民船審波號、已行抵美國洛斯安其爾斯。船員皆
　　平安無恙。按該船前後在滬出發三次、其第一次乃在去年六月七日、船主爲
　　斯克君、船員共十二人、初行一二日、天氣晴明、衆皆歡悦、旋忽遭遇大風、
　　備歴艱苦、始免傾覆、然船員之落海與波臣爲伍者已有二人矣、而船之損傷
　　亦絶巨。不得已乃回滬修理、以爲再發之計。第二次出發、方期順風、直抵
　　彼岸。不意厄運疊至、甫出海口即爲風伯所阻、所幸未傷人口、差勝第一次
　　耳。於是復回滬、改換船具、期足抵禦烈風激浪、旋復爲第三次之出發。將
　　抵横濱、復遭困厄、幸能化險爲夷、爲某船瞥見、拖入港内、旋在靜岡再加
　　修理、乃於上年十二月二十三日由日啓程、横渡太平洋、飄泊驚濤怒浪之中、
　　歴五十八日之久始、抵洛斯安其爾斯[34]。

　中国の民船寧波号がアメリカのロサンゼルスを目指して太平洋を横断した。
二度の失敗の後に、三度目で成功している。渡航に失敗して日本の静岡県で修
理したりして、58日間をかけて成功した。乗員は12名の少数であったから、さ
ほど大きな船ではないが、中国式ジャンクでは帆走が唯一の移動方法であるこ
とから、先の兪慶恩が同学の志とともに汽船で25日間をかけて太平洋を渡った
ことに比較すれば、汽船はその半分の日数しか要しなかったことが知られるの
である。

2)　汽船による物的流動──中国茶葉が英国・米国へ

『申報』第896号、1875年 4 月 1 日（光緒乙亥（ 1 年） 2 月25日）付の「招商局
火船擬赴英京」によると、

> 相傳招商輪船局商俟新茶出時、或將富有輪船發往英京倫敦、以便交易此事、
> 若果係確實、刻爲中國火船赴泰而之創舉也、從此中國船旗可揚於西洋大海
> 矣[35]。

とあるように、招商局の富有輪船が新茶を積載してイギリスのロンドンに向け
て航海することが取り上げられている。

　これまで、中国茶葉は17世紀以降はイギリス東印度会社や西欧の東印度会社
などの大型帆船でヨーロッパへ運ばれ、19世紀の中頃は西欧の快速帆船（Clip-
pen）が活躍していた。時代の趨勢とともに、帆船から汽船へと推移してきた
のである。

　さらに汽船での中国から欧州までの航海日数に大きな変化が見られる。『申
報』第1430号、1876年12月20日（光緒丙子（ 2 年）11月初 5 日）付の「新造快
船」に、

> 凡火輪船自呉淞駛至英京倫敦、若四十二日內抵埠可稱快矣。今聞造船公司
> 名馬革加者、造竣一船、取名革憐士、將於二十七日可以駛到、蓋爲載運新
> 茶、欲遠出各船之先也、亦可見西人製造一道精益求精矣[36]。

とあり、当時の汽船で、上海の呉淞からロンドンまで42日ほどで到達が可能で
あった。イギリス東印度会社の大型帆船が 6 ヶ月をかけてロンドンから広州に

渡航した時代から、西欧の快速帆船が100日程で渡航し、汽船ではさらにその半分となり、地球の距離は漸次短くなってきたのである。それをさらに短縮して27日で中国と西欧を結ぶ汽船が出現したのである。

　とりわけ中国産品の中で西欧で希求されたのが中国茶葉で、新茶が最需要のものであった。『申報』第1593号、1877年7月5日（光緒丁丑（3年）5月25日）付の「新茶抵倫敦」に次の記事が見られる。

　　昨得外國信、知新茶第一號輪船已到倫敦、時英本月二號晚七點鐘、船係天
　　祥洋行之名朗騰卡斯者、計從漢口開行、僅三十九日十七點鐘而抵倫敦、亦
　　可謂神速矣、怡和船名掰來姆以掰者、雖同日開而現尚無耗[37]。

　上海に伝えられた連絡では、新茶を積載した「第一號輪船」が7月2日夜の7時にロンドンに到着したのであった。この船は「天祥洋行之名朗騰卡斯」であり、長江中流の漢口を出港して僅か39日間と17時間で「倫敦（ロンドン）」に到着したのであった。同時に出港した「怡和船名掰來姆以掰」号の消息が不明とされるように、驚異的な速度であったと言える。

　『申報』第2158号、1879年5月6日（光緒己卯（5年）閏3月16日）付の「茶舟入江」に、

　　外洋兩輪舟一名老騰卡蘇、一名克林哥、已由呉淞入江、聞克林哥係新造之
　　船、極爲靈快、論者謂從呉淞回英不過三十七日。査公司輪船、皆由倫敦坐
　　火車至意大利國或媽賽利思地方、然後登舟、然極速亦須四十日、今若此其
　　靈快、誠無比並矣[38]。

とあるように、上海からイギリスまで37日間で航行する船が、やはり新茶を積載して運航するなど注目される汽船が出現していた。

　上海の字林洋行の華字新聞『滬報』第7号、1882年5月25日（光緒8年4月初9日）付の「新茶出口」には、

　　前日怡得輪船、自滬出口、載有新茶七百十六頓、即鼓輪船前往英京倫敦地
　　方矣。

とあり、汽船によって中国の新茶がロンドンに運ばれた。

　『滬報』第60号、1882年7月26日（光緒8年6月12日）付の「福州茶事」によ

ると、福州からイギリスへの汽船で茶が運ばれた。

> 初二日、英船名愛飛堅者、由福州開往英京、載新茶一百九十萬零二千七百
> 磅。又有英船名愛月蘇者、是日開往美而邦地方亦載新茶三十六萬八千五百
> 磅云[39]。

イギリス船が福州から190万2,700磅、すなわち863屯もの新茶をロンドンまで、そして同日にイギリス船が「美而邦」すなわちアメリカに新茶36万8,500磅、すなわち167屯を福州から搬出したのであった。いずれも汽船による輸送であったことは確かであろう。

中国茶葉は汽船によってアメリカへも運ばれていた。『申報』第2018号、1878年11月20日（光緒 4 年10月26日）付の「緑茶滞銷」によれば、

> 昨有美國某大洋行郵來電信云、中國所産之緑茶、運往美國、毎年逐漸滞銷、
> 近來來按年、僅銷一千萬磅之數。故所積陳貨、甚多云云。上海茶商聞之想、
> 當各有戒心、毋任再行劇本也[40]。

とあるように、中国産の緑茶がアメリカへ輸送されている。

『申報』第3254号、1882年 5 月25日（光緒 8 年 4 月初 9 日）付の「新茶續至」に、

> 前日招商局之江孚輪船、由漢口來滬、帶有新茶六百零兩箱、怡和洋行之福
> 和輪船、亦帶新茶一百箱來滬、福和船之茶、則已裝入三菱公司輪船、載至
> 日本、再由日本換船運往美國。江孚船上之茶、則將裝入法國公司輪船、載
> 往外洋云[41]。

とある。長江の中流域の漢口において集荷された茶葉が、招商局輪船公司の汽船である江孚号によって、漢口から上海に新茶600箱が運ばれて来てきた。これはフランスの汽船で海外に輸出された。また怡和洋行すなわちジャーディン・マジソン会社の汽船の福和号が積載して来た100箱は、上海で積み替えられ日本の三菱公司すなわち郵便汽船三菱会社の汽船で日本に運ばれ、さらに日本でアメリカ行きの汽船に積み替えられてアメリカへ運ばれたとある。この茶葉をアメリカへ運んだのは Pacific Mail Steamship Co.の汽船であったと思われる。

『申報』第3290号、1882年 6 月30日（光緒 8 年 5 月15日）付の「巨艦復來」によると、

> 聞英國巨艦斯德林葢林葢斯德里、又將鼓輪來華、裝載綠茶運赴美國、該船大而且速、其獲利當必較他船爲捷也[42]。

とあり、イギリスの大型船が緑茶を積載してアメリカへ輸送していたことが知られる。

このように、中国産の茶葉が汽船によってイギリスやアメリカへ搬出されていたのである。

3 ）　汽船による情報伝達──世界の情報が中国へ

汽船は客運や物流のみにとどまらず、西欧の新知識も伝達した。西欧の新聞が汽船で運ばれてきたのである。それらの記事は、新しい情報をいち早く伝達する役割を担っていた。

香港で出版された華字新聞の『遐邇貫珍』1853年第 5 号、「近日雑報」に、「上海火輪郵船來信云」[43]とか、同紙1854年第 3 ／ 4 号の「近日雑報」の「正月二十二日上海到有火輪船信云」[44]などとあり、西方の新情報すなわち西欧で出版された新聞が汽船で中国にもたらされ、西方の新情報、新知識が伝達されたのである。

上海で刊行されていた華字新聞『上海新報』第45号、1862年 6 月24日（壬戌年・同治元年 5 月28日）の第一面の「新聞」には、

> 有火輪船由花旗來内云、北花旗人仍在前進其牛屋林司爲南花旗京都最要之地、已爲北花旗圍住所有該處棉花及火輪船隻均經南花旗自焚以免爲北花旗所燬也[45]。

とあり、上海に到着したアメリカ船からの情報として、アメリカにおける南北戦争の一端を報じている。北花旗がアメリカ合衆国であり、南花旗がアメリカ連合国で南部11州が結成した国家であった。

その後も、汽船が情報伝達の役割を担った。『申報』第3776号、1883年10月16日（光緒 9 年 9 月16日）付の「德使來華」に次の記事が見られる。

　　昨日英公司輪船自外洋來滬、帶來倫敦新聞紙云、德國駐華公使前已告假回

　　國、現在德廷、因中法之事難望和協、故命該公使啓節來華也[46]。

　1883年10月15日に上海へ到着したイギリス汽船からロンドンの新聞がもたら
され、ドイツ公使の来華を伝えた。

　『申報』第3783号、1883年11月2日（光緒9年10月初3日）付の「外洋消息」
によると、

　　英公司輪船帶來倫敦新聞言、中國近又在德國定造鐵甲船兩艘、實係大砲船、

　　非鐵甲船也。其船與德國炮船無異、運用較鐵甲船爲尤便、此次該廠造船之

　　人不惜工本、造成之後必較前更爲堅固、而且可以從速竣工也。又云定遠船

　　將次來華、故李丹崖欽使派官管帶現在船、尚未有行期、李欽使先命該管帶

　　官回華、以資另行差遣、該船雖尚無開輪的期、然以前所購辦船中應用食物、

　　李欽使命無庸發還、然則行期當亦不遠也[47]。

とあり、イギリス汽船がもたらしたロンドンの新聞から中国がドイツに2隻の
軍艦の建造を依頼したことが伝えられた。

　『申報』第4233号、1885年1月22日（光緒10年12月初7日）付の「英報譯要」
に次の記事がある。

　　昨日英公司輪船來滬、帶來倫敦新聞紙言、中法交爭一事、前由英國相臣爲

　　之居間排解、而迄未有成、殊爲可惜。法人以如何與中言和之、各欲告之、

　　英相轉告中朝、而中朝不能允從、中朝以如何與法言和、各欲告之、英轉告

　　法廷、而法廷亦不允。洎兩邊意見各執以致紊好尋仇、而又相持不决、甚無

　　謂也。自和議未成以後、中國駐英京之星使曾襲侯於十月廿三日往見英相、

　　法國駐英欽差亦於廿四日往見英相、皆晤談良久而後去、至其所談何事則外

　　人不得而知、而自是厥後、法人卽議增餉項、以决計與中國相從事矣[48]。

　1885年1月21日に上海に到着したイギリス汽船からロンドンの新聞がもたら
され、中国とフランスとの戦争にかかわる外交交渉の一端が伝えられている。

4　小　　結

　古代から永きにわたった帆船時代が歴史上席巻してきた。しかし19世紀になり帆船に替わる新しい交通手段として汽船が出現し、大型船が短期間になおかつ一度に多くの人々や大量の貨物の遠隔地移動を可能にしたのである。人と物が短期間の間に異文化地域に移動することが可能となり、さまざまな文化現象を発生させた。未知の文化が短期間の間に伝達され、多くの人々に新世界の文化現象を周知する機会が増幅された。

　人的移動においては移民という現象が受け入れ国の国情によって肯定的に、または否定的に扱われた場合や、それまで限定的であった病気の伝播など、これまで予想されなかった事態が進展した。

　物的流通では高価であった外国製品が大量に流入することで、一部の人々の間でのみ嗜好されていたものが庶民にまで広がると言う文化の大衆化に、汽船が果たした役割は計り知れないであろう[49]。

　情報伝達においては、帆船時代に較べ、汽船の世界への航行の拡大は、遙かに短時間で未知の世界の情報が伝達され、多くの人々に周知される機会が増えていったのである。

　上海で出版された『民国日報』第1号、1916年（中華民国5）1月22日付の出港広告によれば、1月22～25日までの出港予定の汽船の内、海外へ航行する予定のものは、1月22日には日本郵船会社の松山丸が日本へ、23日には日本郵船の諏訪丸が欧州へ、1月25日には日本郵船の筑前丸が日本へと航行することが知られるように、恒常的に海外と連なる汽船航路が運航されていた[50]。

　現代は航空機が世界を席巻している時代であるが、ほぼ100年以前の世界は汽船が世界を席巻し、海上航路の主役として活躍していたのである。

〔注〕

1）　"Journal of Occurences. Seizure of on English officer; Jandine Steamer; United States sloop of war, Vincennes; eunuchs; phiests of the Taou sect; the Chinese statesmen, Yuen Yuen and Hengan.", *The Chinese Repository*, Vol. 4, p. 436. 徐學禹「國營招商局之成長與發展」『國營招商局七十五周年紀年刊』國營招商局、1947年12月、1頁。

2）　松浦章・内田慶市・沈国威編著『遐邇貫珍の研究』関西大学出版部、2004年1月、703頁。

3）　同書、577〜578（141〜142）頁。

4）　『申報』上海書店影印、1983年1月、第1冊261頁。

5）　樊百川『中国輪船航運業的興起』中国社会科学出版社、2007年4月、「外資企業譯名表」506頁。

6）　樊百川『中国輪船航運業的興起』「外資企業譯名表」502頁。

7）　『東京横浜毎日新聞』第4530号、1886年（明治19）1月13日付「清國招商局及び日本郵船會社」。

8）　『李鴻章全集』海南出版社、1997年9月、第2冊（全9冊）713〜714頁。

9）　「奏稿」二十、三十二丁表、『李鴻章全集』第2冊、713頁。

10）　同書、713頁。

11）　同書、713頁。

12）　同書、713頁。

13）　張后銓主編『招商局史（近代部分）』人民交通出版社、1988年9月、29、33〜34、600頁。

14）　松浦章「輪船招商局汽船の日本航行」『近世東アジア海域の文化交渉』思文閣出版、2010年10月、112〜158頁。

15）　松浦章『近代日本中国台湾航路の研究』清文堂出版、2005年6月、33〜34頁。

16）　日本郵船株式会社編『日本郵船株式會社五十年史』日本郵船株式会社、1935年12月、117〜118頁。

17）　同書、137頁。

18）　日本郵船株式会社『創立滿三十年記念帖』日本郵船株式会社、1915年12月。

19）　『申報』上海書店影印、1983年1月、第2冊109頁。

20）　『滬報』第44号、1882年7月7日（光緒8年5月22日）付「華人附輪船記数」。

21）　同上、第46号、1882年7月10日（光緒8年5月25日）付「論輪船搭客」。

22）　同上、第29号、1882年6月19日（光緒8年5月初4日）付「輪船往來温福」。

23）　『申報』上海書店影印、1983年3月、第7冊491頁。

24）　松浦章「上海からアメリカへ—Pacific Mail Steamship 会社の上海定期航路の開設—」『汽船の時代〈近代東アジア海域〉』清文堂出版、2013年3月、77〜110頁。

25）　『上海道契』第30冊（全30冊）上海古籍出版社、2005年1月、12頁上段。

26）　同書、12頁下段。

27）　同書、11頁上段。

28）　同書、11頁下段。

29）　日本郵船株式会社編『七十年史』日本郵船株式会社、1956年 7 月、8 、11頁。

30）　『滬報』第36号、1882年 6 月28日（光緒 8 年 5 月13日）付「天花盛行」。

31）　同上、第49号、1882年 7 月13日（光緒 8 年 5 月28日）付「華人被拘」。

32）　『申報』上海書店影印、1982年12月、第128冊62頁。

33）　同書、第128冊95頁。

34）　同書、1982年11月、第120冊530頁。

35）　同書、1983年 2 月、第 6 冊289頁。

36）　同書、1983年 3 月、第 9 冊589頁。

37）　同書、1983年 4 月、第11冊13頁。

38）　同書、1983年 5 月、第14冊433頁。

39）　『滬報』第60号、1882年 7 月26日（光緒 8 年 6 月12日）付の「福州茶事」。

40）　『申報』上海書店影印、1983年 5 月、第13冊490頁。

41）　同書、1983年 7 月、第20冊693頁。

42）　同書、第20冊909頁。

43）　松浦章・内田慶市・沈国威編著『遐邇貫珍の研究』関西大学出版部、2004年 1 月、676頁。

44）　同書、654頁。

45）　『上海新報』第45号、1862年 6 月24日（壬戌年 5 月28日）。

46）　『申報』上海書店影印、1983年 8 月、第23冊645頁。

47）　同書、第23冊747頁。

48）　同書、1983年 9 月、第26冊125頁。

49）　松浦章・笹川慶子『東洋汽船と映画』関西大学出版部、2016年10月、第一編参照。

50）　『民國日報』第 1 分冊（全99冊）、人民出版社、1981年影印、9 頁。『民國日報』は1916年 1 月12日創刊後、1932年 2 月停刊、1945年10月復刊、1947年 1 月終刊となった（第 1 分冊の「影印者説明」による）。

第2章　19世紀末の北アメリカと上海間の定期航路

1　緒　　言

　19世紀末から20世紀前半にかけて欧米の汽船会社が、アジアとくに中国沿海、長江流域、太平洋航路等において活動を展開していた[1]。太平洋航路に関して北アメリカから中国への最初の北太平洋航路における定期航路を開いたのは、上海から横浜を経由してサンフランシスコ（舊金山）に赴くアメリカの太平洋郵船会社 Pacific Mail Steamship Co.（PMSS）[2]である[3]。太平洋郵船会社は、1867年にサンフランシスコ（舊金山）から日本の横浜を経由して香港に到る定期航路を開き、1871年には横浜から神戸・下関・長崎を経由して上海に到る支線を開設したことで、上海から横浜で乗り換えてサンフランシスコに至ることが容易になったのである[4]。それに続いて、1875年には東西輪船会社[5]Occidental and Oriental Steamship Co.（O&OSS）がサンフランシスコから横浜経由で香港に赴く航路を開き、そして1887年にカナダ（加拿大）のカナダ太平洋鉄道会社（加拿大太平洋鐵道會社、Canadian Pacific Railway Company）の汽船である Canadian Pacific Railway Company's Royal Mail Steam-ship Line（CPRMSS）[6]がカナダのバンクーバー（温哥華）から横浜・神戸・長崎・神戸・上海・厦門を経て香港に到る航路を開いたのである。それに対抗したのが日本郵船会社であった。日本郵船会社によって北太平洋航路に定期航路が開かれるのは1896年（明治29）のことである。日本郵船会社が、アメリカ北西部のワシントン州（華盛頓州）にあるシアトル（西雅圖）と結び、シアトルからグレート・ノーザン鉄道（大北鉄道会社、Great Northern Railway Co.）によりニューヨーク（紐約、New York）に到る行程を開くのである。それまでの1870年代から1896年までの四半世紀の間は、アメリカ、カナダの汽船会社が北太平洋航路

をほぼ寡占していた。

　そこで本章は、中国大陸から北アメリカに渡航した人々がどのようにアメリカやカナダの汽船に乗船していたかについて、定期航路が開設された初期を中心に述べてみたい。

2　Pacific Mail Steamship Company（PMSS Co.）の上海寄港
——アメリカ定期航路の運航

　北アメリカから日本の横浜そして香港への航路を開いた太平洋郵船会社（PMSS）は、まもなく横浜から上海への航路を開いた。どのように汽船を運航していたかは "The North-China Daily News" の毎号に掲載された出船情報から知ることができる。上海から日本への航路を開設した当初の1871年1〜4月の三ヶ月の航運表は次の表6になる。

　表6からも明らかなように、PMSS は、上海から日本への航路にオレゴニア（Oregonian）号、ゴールデン・エイジ（Golden Age）号、コスタリカ（Costa Rica）号、ニューヨーク（New York）号、アリエール（Ariel）号などの1,000屯級の汽船5隻を使って、上海から長崎、神戸を経由して横浜に航行していた。横浜から上海までは8日程度、長崎から上海へは3〜4日の航行日数であった。横浜で同社のアメリカ行きの汽船に乗り換えると十数日でサンフランシスコに到着し、アメリカ大陸横断の鉄道に乗ってニューヨークへは7日ほどで到着した。合計二十数日の旅程であった。アメリカに留学した容閎が1847年に渡った時期に比べれば3分の1の日数で渡米が可能となったのである[7]。

　その後、PMSS による横浜上海航路は、1875年1月に日本の郵便汽船三菱会社が上海航路を開設[8]するまで寡占状態であった。

表6　1871年1〜3月 Pacific Mail S. S. Co. の上海入港出港汽船名表[9]

Date	Ship's Name	A&D	Captain	Tons	From & Destination	Sailed	Cargo	N. C. D. N.. No.
18710105	Oregonian	A	Dearborn	1217	Nagasaki	105	Mails, &c.	2035
18710108	Oregonian	D	Dearborn	1217	N'saki, Hiogo. &c.		General	2037
18710110	Golden Age	A	Cobb	1158	Nagasaki	108	General	2039
18710114	Golden Age	D	Cobb	1158	N'saki, Hiogo. &c.		General	2043
18710118	Costa Rica	A	F. Williams	1084	Yokohama	110	General	2046
18710122	Costa Rica	D	F. Williams	1084	N'saki, Hiogo. &c.		General	2049
18710127	Oregonian	A	Dearborn	1217	Nagasaki	125	General	2054
18710131	Oregonian	D	Dearborn	1217	N'saki, Hiogo. &c.		General	2057
18710205	New York	A	Furber		Nagasaki	201	General	2061
18710212	New York	D	Furber	1173	N'saki, Hiogo. &c.		General	2067
18710212	Golden Age	A	Williams	1158	Japan		General	2067
18710218	Golden Age	D	Williams	1158	N'saki, Hiogo. &c.		General	2073
18710220	Costa Rica	A	F. Williams	1084	Japan		General	2073
18710126	Costa Rica	D	Burdett	1984	N'saki, Hiogo. &c.		General	2076
18710309	New York	A	Furber	1173	Nagasaki	307	Mails, &c.	2087
18710313	New York	D	Furber	1173	N'saki, Hiogo. &c.		General	2090
18710316	Ariel	A	Burdett		Nagasaki	314	General	2094
18710322	Ariel	D	Burdett		N'saki, Hiogo. &c.		General	2098
18710323	Golden Age	A	Williams	1158	Nagasaki	321	General	2099
18710330	Golden Age	D	Williams	1158	N'saki, Hiogo. &c.		General	2105
18710330	Oregonian	A	Dearborn	2500	Japan		General	2105
18710405	Oregonian	D	Dearborn	2500	N'saki, Hiogo. &c.		General	2110
18710406	New York	A	Furber	1173	Japan	404	Mails, &c.	2111
18710412	New York	D	Furber	1173	N'saki, Hiogo. &c.		General	2115

3　Occidental and Oriental Steamship Co.（O.&O. SS Co.）の北太平洋定期航路の運航

太平洋郵船会社すなわち Pacific Mail Steamship Co. についで北太平洋航路に定期航路を運航したのは東西輪船会社 Occidental and Oriental Steamship Co.（O&OSS）[10]、O. & O. 汽船会社であった。東西輪船会社は1874年に創設され1893年まで運航した。東西輪船会社が実際に横浜に寄港した北太平洋航路の開航当初の1875年の実績を次の表7に示した。

東西輪船会社は、ベルギー（*Belgic*）号とオーシャニック（*Oceanic*）号そしてゲーリック（*Gaelic*）号の3隻の2,000～3,000屯級の汽船を使い、往航はサンフランシスコから横浜に寄港して香港に到り、復航は香港から横浜に寄港してサンフランシスコにもどる航路を運航していた。サンフランシスコから横浜まで20～23日の、香港から横浜までは8～10日の日数で運航していたことが確認できる。

香港の英字紙 *"The China Mail"* [11], Vol. XXXIII, No. 4228, Jan. 17, 1877の記事に、

> In another column we publish a petition, signed by the leading merchants in California, in favour of a subsidy from the United States Government to the Occidental and Oriental Steamship Company for carrying the mails between America, China and Japan.

とあり、東西輪船会社は、アメリカ政府の補助金を得て、カリフォルニア州（California、加利福尼亞）の先進的な商人組織などの指示を受けてアメリカと中国と日本の間の通信伝達の業務を行っていたことが知られる。

"The China Mail", Vol. XXXIV, No. 4649, May 29, 1878 の 'Local and General' に、

> We have pleasure in noting the fact that Chinese crew of the O. & O. S. S.

表7　1875年 O.&O. SS Co. の横浜港入港・出港表

巻数	発行年月日	入出	到着・出港日	船名	船籍	船式	船長	屯数	来航地・目的地
VI. No. 28	18750710	A	18750709	Belgic	British	Steamer	Metcalfe	1,716	Hongkong
VI. No. 29	18750717	D	18750712	Belgic	British	Steamer	Metcalfe	1,716	San Francisco
VI. No. 32	18750807	A	18750803	Oceanic	British	Steamer	Jennings	2,700	San Francisco 0715
VI. No. 32	18750807	D	18750805	Oceanic	British	Steamer	Jennings	3,700	Hongkong
VI. No. 33	18750814	A	18750811	Gaelic	British	Steamer	Parsell	2,660	Hongkong 0802
VI. No. 34	18750821	D	18750815	Gaelic	British	Steamer	Parsell	2,660	San Francisco
VI. No. 37	18750911	A	18750908	Belgic	British	Steamer	Metcalfe	2,652	San Francisco 0816
VI. No. 37	18750911	A	18750908	Oceanic	British	Steamer	Jennings	3,700	Hongkong 0901
VI. No. 37	18750911	D	18750909	Belgic	British	Steamer	Metcalfe	2,652	San Francisco 0816
VI. No. 37	18750911	D	18750911	Oceanic	British	Steamer	Jennings	3,700	Hongkong 0901
VI. No. 38	18750918	D	18750911	Oceanic	British	Steamer	Jennings	5,050	San Francisco
VI. No. 41	18751009	A	18750909	Belgic	British	Steamer	Metcalfe	2,653	Hongkong 1001
VI. No. 42	18751016	D	18751013	Belgic	British	Steamer	Metcalfe	2,600	San Francisco
VI. No. 46	18751113	A	18751107	Oceanic	British	Steamer	Parsell	3,707	San Francisco 1016
VI. No. 46	18751113	A	18751110	Gaelic	British	Steamer	Kidley	2,563	Hongkong 1101
VI. No. 46	18751113	D	18751108	Oceanic	British	Steamer	Parsell	3,707	Hongkong
VI. No. 51	18751113	D	18751112	Gaelic	British	Steamer	Kidley	2,563	San Francisco
VI. No. 51	18751211	A	18751208	Oceanic	British	Steamer	Parsell	2,340	Hongkong 1201
VI. No. 51	18751211	D	18751210	Oceanic	British	Steamer	Parsell	3,650	San Francisco
VI. No. 51	18751218	A	18751216	Belgic	British	Steamer	Metcalfe	2,650	San Francisco 1116
VI. No. 51	18751218	D	18751217	Belgic	British	Steamer	Metcalfe	2,650	Hongkong
VII. No. 3	18760115	A	18750109	Belgic	British	Steamer	Metcalfe	2,652	Hongkong
VII. No. 3	18760115	A	18750110	Gaelic	British	Steamer	Kulley	2,652	San Francisco
VII. No. 3	18760115	D	18760111	Belgic	British	Steamer	Metcalfe	2,652	San Francisco
VII. No. 3	18760115	D	18760111	Gaelic	British	Steamer	Kidling	3,780	Hongkong
VII. No. 7	18760212	A	18760208	Oceanic	British	Steamer	Parsell	3,707	San Francisco
VII. No. 7	18760212	A	18760211	Gaelic	Brtish	Steamer	Kidley	2,630	Hongkong
VII. No. 7	18760212	D	18760210	Oceanic	British	Steamer	Parsell	3,707	Hongkong
VII. No. 7	18760212	D	18760212	Gaelic	British	Steamer	Kidley	2,630	San Francisco
VII. No. 11	18760311	A	18760307	Oceanic	British	Steamer	Parsell	3,720	Hongkong
VII. No. 11	18760311	A	18760311	Belgic	British	Steamer	Metcalfe	2,950	San Francisco
VII. No. 11	18760311	D	18760310	Oceanic	British	Steamer	Parsell	3,720	San Francsco
VII. No. 12	18760318	A	18760314	Escort	American	barque	Carver	630	Newcastle, N. S. W.
VII. No. 12	18760318	D	18760312	Belgic	British	Steamer	Metcalfe	2,760	Hongkong
VII. No. 15	18760408	A	18760405	Gaelic	British	Steamer	Kidley	2,652	San Francisco
VII. No. 15	18760408	D	18760406	Gaelic	British	Steamer	Kidley	2,652	Hongkong
VII. No. 16	18760415	A	18760409	Belgic	British	Steamer	Metcalfe	2,652	Hongkong
VII. No. 16	18760415	D	18760409	Escort	American	barque	Carver	630	for Manilla, Ballast, despached by Captain.
VII. No. 19	18760506	A	18760507	Oceani	British	Steamer	Parsell	3,707	San Francisco
VII. No. 20	18760513	A	18760509	Gaelic	British	Steamer	Kidley	1,712	Hongkong
VII. No. 20	18760513	D	18760507	Oceanic	British	Steamer	Parsell	3,707	Hongkong
VII. No. 20	18760513	D	18760511	Gaelic	British	Steamer	Kidley	2,626	San Francisco
VII. No. 24	18760610	A	18760607	Oceanic	British	Steamer	Parsell	3,707	Hongkong
VII. No. 24	18760610	A	18760607	Belgic	British	Steamer	Metcalfe	2,652	San Francisco
VII. No. 24	18760610	D	18760609	Belgic	British	Steamer	Metcalfe	2,652	Hongkong
VII. No. 24	18760610	D	18760610	Oceanic	British	Steamer	Parsell	3,707	San Francisco

本表は、"*Japan Weekly Mail*" 1875、1876年分から作成した。入出の AD は A は入港、D は出港を示す。来航地・目的地欄の数字は月日を示す。

Belgic subscribed the sum of $37 to the China Famine Relief Fund.

東西輪船会社のベルギー号の中国人乗組員が中国飢饉救済基金に37ドルの寄附をしている記事が掲載されているように、東西輪船会社には多くの中国人が船内で下級船員として働いていたことが知られる。

東西輪船会社より早く太平洋航路を開いた Pacific Mail Steamship Co. ともにサンフランシスコから横浜に寄港するアジアへの航路を1887年のカナダ汽船の登場まで寡占していた[12]。

4　Canadian Pacific Railway Company's Royal Mail Steamship Line（CPRMSS）の北太平洋定期航路の運航

香港の英字新聞の "*The Hong Kong Daily Press*" No. 9168, May 21, 1887 'Late Telegrams' によれば、ロンドン5月1日付の電報記事が掲載されている。

THE CANADIAN PACIFIC MAIL LINE TO CHINA, London, 1st May.

　In the House of Lords, Lord Marrowby referred to a proposal made by the Canadian Government to establish a line of mail steamers between Vancouver, China, and Japan, and advocated that an Imperial subsidy be granted, The Earl of Onslow in reply said the Government has under consideration a modified proposal for a monthly service on a subsidy of £60,000 of which Canada would pay a share.

英国上院が、カナダ政府による提案としてカナダのバンクーバーと中国、日本間を汽船による航路を確立するために補助金を拠出する方向に進んでいることを示唆している。

　これに関してカナダの汽船アビシニア（*Abyssinia*）号が香港に来港した記録が "*The China Mail*" No. 7411、May 17, 1887に見える。

　Vessel's Name: Abyssinia Captain: Marshall Frag. and Rig: Brith. Str. Tons:

2,354 Date of Arrival May 11 Consignees of Agents.: Adamson, Bell & Co. Remarks.: Ab'deen Dock

アビシニア号は 5 月11日に香港に来港した。そしてこのアビシニア号が郵便輸送を行っていたことが、同紙に掲載されている。

For KOBE & YOKOHAMA, -

Per S. S. Abyssinia, Wednesday, the 18th inst. Registry ceases at 2.15 p. m. Mail closes at 2.30 p. m. Paid Correspondence may then be posted in the moveable box on board the Packet.

For KOBE, YOKOHAMA, VANCOUVER (B. C.), CANADA, THE UNITED STATES. ---

Per Abyssinia, at 2.30 p. m., on Wednesday, the 18th inst., instead of as previously notified.

アビシニア号が神戸、横浜、バンクーバーとカナダ国内やアメリカへの郵便を受託する案内である。

"*The China Mail*" No. 7435, June 15,1887の 'Local and General' に次の記事が見られる。

MESSRS Adamson Bell & Co. the agents, have received a telegram advising the arrival of the steamer Abyssinia at Vancouver on the 13th inst, she having made the passage from Yokohama to Vancouver in 13 days, the Abyssinia left Hongkong for Kobe and Yokohama on the 18th May.

香港の代理店であるアダムソンベル会社（Adamson Bell & Co.）が、汽船アビシニア号から電報を受け取った記事である。まさに13日にバンクーバーからアビシニア号の到着を知らせる電報を受け取った。アビシニア号は横浜からバンクーバーまで13日間の航海で、アビシニア号は 5 月18日に香港を出港し、神戸、横浜へ向かうとするものである。

横浜で出版されていた "*The Japan Weekly Mail*" に1887年 5 ～ 6 月の Canadian Pacific の汽船の出入記録が残されているのは次の船であった。

"*The Japan Weekly Mail*", No. 22, vol. VII, May 28th, 1887, Latest Shipping

Arrivals: Abyssinia, British steamer, 2,300, A. Marshall. 27th May, ---Hongkong 18th and Kobe 26th May, Mail and General. C. & PMSS Co.

Passengers: Per British steamer Abyssinia, from Hongkong via Kobe[13].

"*The Japan Weekly Mail*", No. 23, vol. VII, June 4 th, 1887, Latest Shipping

Departure: Abyssinia, British steamer, 2,300, A. Marshall, 31th May. Vancouver 『. C., Mail and Gereral---C. & PMSS Co.

Passenger: Per British steamer, Abyssinia, for Vancouver, B. C[14].

"*The Japan Weekly Mail*", No. 25, vol. VII, Jun 18th, 1887, Latest Shipping

Arrivals: Parthia, British steamer, 2,035, Brough, 16th Jun, ---Kobe 15th June, General-----C. PMSS. Co.

Passenger: Per British steamer Parthia, from Hongkong, For Vancouver, 9 Chinese in second class, and 90 Chinese in steerage[15].

"*The Japan Weekly Mail*", No. 26 Vol. VII, June 25th, 1887, Latest Shipping

Departures: Parthia, British steamer, 2,035, Brough, 20th June. B. C., Mails and General, -----C. P. M. S. S. Co.

Passenger: Per British steamer Parthia, for Vancouver, B. C[16].

　1887年 5 月27日にアビシニア号、英国籍汽船、2,300屯、船長 A. マーシャルの船は、香港を 5 月18日に、神戸を 5 月26日に出港し、積荷は郵便と一般荷物であり、船会社は C. & PMSS Co. であった。Canadian Pacific Mail Steamship Co. の略称であること明らかである。乗客は香港から神戸からも搭乗していた。このアビシニア号は 5 月31日にバンクーバーに向けて出港している。この船が、日本の『加奈陀同胞發展史』に、「初航海が第一回の回航を終へて我が横濱港より晩香坡に歸港したるは、これ一八八七年六月十四日の事なりしなり」[17]とされる汽船のアビシニア号であろう。

　ついで 6 月16日にパルティア（*Parthia*）号、英国籍汽船、2,035屯、船長ブルーフの船が、神戸を 6 月15日に出港して到着した。積荷は一般貨物で、船会社は C. P. M. S. S. Co. であった。乗客は、香港からバンクーバーに向けて 9 名の中国人が二等船室に、三等船室には90名の中国人が搭乗していた。この船は

6 月20日にバンクーバーに向けて横浜を出港している。Canadian Pacific 汽船会社に搭乗して香港からバンクーバーに渡航した中国人は、おそらくカナダへの移民者であったことを思わせる記録である。

　1875年 7 月にサンフランシスコから横浜を経由して香港へ赴く定期航路を開設した東西輪船会社の汽船ベルギー号が、1875年 7 月 9 日に横浜へ到着するが、香港から596名の中国人が搭乗し、同号の同年 9 月 9 日の横浜到着時には326名の中国人が乗船していた[18]。これらの中国人は日本への観光や移民ではもちろんない、横浜で同社の汽船かあるいは Pacific Mail Steamship Co. の汽船で太平洋を渡航して北米大陸に移動する人々であった。このように、太平洋の定期航路は中国の人々に新しい世界を開いたのであった。もちろん日本人にとっても同様であった。北米大陸とりわけアメリカやカナダへの移民にも貢献した。Canadian Pacific の汽船も、日本からカナダのバンクーバー周辺への移民の移動にも大いに貢献し、そのアメリカ、カナダの汽船会社の汽船航路の定期航路に対抗したのが、後発の日本の東洋汽船会社や日本郵船会社そして大阪商船会社の北太平洋航路であった。

　上海で出版されていた英字新聞の *The North-China Herald and supreme consular gazette,* の1909年 1 年分から Canadian Pacific 汽船の出入記録を整理してみた。

　The North-China Herald and supreme consular gazette, の 'Shanghai Shipping Intelligence' によれば、Consignees や Dispatched by の欄には 'C P Ry Co.' とある。これは Canadian Pacific Railway Company's Royal Mail Steam-ship Line の略称と見られるから、同社の運航に間違いないと思われる。この表にみる Canadian Pacific 汽船会社の汽船は、エンプレス・オブ・チャイナ（*Empress of China*）号[19]、エンプレス・オブ・インディア（*Empress of India*）号、エンプレス・オブ・ジャパン（*Empress of Japan*）号、とグレンファル（*Glenfarg*）号そしてモントイーグル（*Monteagle*）号の 5 隻を使って、1909年 1 年間に、バンクーバー、日本、上海、香港の間に航路を四十数航海行なっていたことがわかる。8 〜 9 日毎に 1 隻がバンクーバーから日本、中国、香港

表8　1909年上海港出入の Canadian Pacific 汽船会社の船名一覧

号数	年月日	入出	船名	屯数	船長名	船籍	来港・目的地	積荷
2160	19081230	A	Emp of Japan	3039	Pybus	Br	Vancouver	Mails, etc
2160	19081230	D	Emp of Japan	3039	Pybus	Br	Hongkong	General
2163	19090119	A	Emp of Japan	3039	Pybus	Br	Hongkong	General
2164	19090119	D	Emp of Japan	3039	Pybus	Br	Vancouver	Mails, etc
2164	19090120	A	Emp of China	3046	Archibald	Br	Vancouver	Mails, etc
2164	19090120	D	Emp of China	2046	Archibald	Br	Hongkong	Original
2167	19090213	A	Monteagle	3953	Robinson	Br	Vancouver	Mails, etc
2167	19090214	D	Monteagle	3953	Davison	Br	Hongkong	General
2167	19090215	A	Emp of China	3046	Archibald	Br	Hongkong	
2167	19090216	D	Emp of China	2046	Archibald	Br	V'couver v Japan	General
2167	19090217	A	Emp of India	3032	Beetham	Br	Vancouver	Mails, etc
2168	19090217	D	Emp of India	3032	Beetham	Br	Hongkong	Original
2170	19090305	A	Monteagle	3953	Robinson	Br	Hongkong	General
2170	19090305	D	Monteagle	3953	Davison	Br	V'couver v Japan	Mails, etc
2171	19090316	A	Emp of India	3032	Beetham	Br	Hongkong	General
2171	19090316	A	Emp of Japan	3039	Pybus	Br	Vancouver	General
2171	19090316	D	Emp of India	3032	Beetham	Br	V'couver v Japan	Mails, etc
2171	19090316	D	Emp of Japan	3039	Pybus	Br	Hongkong	General
2171	19090317	A	Glenfarg	2350	Holman	Br	Vancouver	Mails, etc
2172	19090318	D	Glenfarg	2350	Holman	Br	Hongkong	Original
2175	19090413	A	Emp of China	2046	Archibald	Br	Vancouver	Mails, etc
2175	19090413	A	Emp of Japan	3039	Pybus	Br	Hongkong	General
2175	19090413	D	Emp of China	3046	Archibald	Br	Hongkong	General
2175	19090413	D	Emp of Japan	3039	Pybus	Br	Vancouver	Mails, etc
2178	19090430	A	Monteagle	3953	Robinson	Br	Vancouver	Mails, etc
2178	19090430	D	Monteagle	3953	Robinson	Br	Hongkong	
2179	19090511	A	Emp of China	2046	Archibald	Br	Hongkong	General
2179	19090511	A	Emp of India	3032	Beetham	Br	Vancouver	Mails, etc
2179	19090511	D	Emp of China	3046	Archibald	Br	V'couver v Japan	Mails, etc
2179	19090511	D	Emp of India	3032	Beetham	Br	Hongkong	Original
2180	19090514	A	Monteagle	3953	Robinson	Br	Hongkong	General
2180	19090514	D	Monteagle	3953	Robinson	Br	V'couver v Japan	Mails, etc
2181	19090525	A	Emp of India	3032	Beetham	Br	Hongkong	General
2181	19090526	D	Emp of India	3032	Beetham	Br	Vancouver	Mails, etc
2182	19090531	A	Emp of Japan	3039	Pybus	Br	Vancouver	Mails, etc
2182	19090601	D	Emp of Japan	3039	Pybus	Br	Hongkong	Original
2184	19090615	A	Emp of Japan	3039	Pybus	Br	Hongkong	Sugar
2184	19090615	D	Emp of Japan	3039	Pybus	Br	Vancouver	Mails, etc
2185	19090620	A	Emp of China	2046	Archibald	Br	Vancouver	Mails, etc
2185	19090621	D	Emp of China	3046	Archibald	Br	Hongkong	General
2187	19090703	A	Monteagle	3953	Robinson	Br	Vancouver	Mails, etc
2187	19090704	D	Monteagle	3953	Robinson	Br	Hongkong	General

2187	19090706	A	Emp of China	2046	Archibald	Br	Hongkong	General
2187	19090706	D	Emp of China	3046	Archibald	Br	Vancouver	Mails, etc
2188	19090712	A	Emp of India	3032	Beetham	Br	Vancouver	Mails, etc
2188	19090713	D	Emp of India	3032	Beetham	Br	Hongkong	General
2189	19090719	A	Monteagle	3953	Robinson	Br	Hongkong	General
2189	19090719	D	Monteagle	3953	Robinson	Br	Vancouver	Mails, etc
2190	19090727	A	Emp of India	3032	Beetham	Br	Hongkong	General
2190	19090727	D	Emp of India	3032	Beetham	Br	Vancouver	Mails, etc
2191	19090802	A	Emp of Japan	3039	Pybus	Br	Vancouver	General
2191	19090802	D	Emp of Japan	3039	Pybus	Br	Hongkong	Original
2193	19090816	A	Emp of Japan	3039	Pybus	Br	Hongkong	General
2193	19090817	D	Emp of Japan	3039	Pybus	Br	Vancouver	Mails, etc
2194	19090823	A	Emp of China	2046	Archibald	Br	Vancouver	Mails, etc
2194	19090823	D	Emp of China	2046	Archibald	Br	Hongkong	Original
2196	19090907	A	Emp of China	3046	Davison	Br	Hongkong	General
2196	19090907	D	Emp of China	2046	Davison	Br	America v Japan	General
2196	19090908	A	Monteagle	3953	Robinson	Br	Vancouver	Mails, etc
2197	19090908	D	Monteagle	3953	Robinson	Br	Hongkong	Original
2197	19090913	A	Emp of India	3032	Beetham	Br	Vancouver	
2197	19090914	D	Emp of India	3032	Beetham	Br	Hongkong	General
2198	19090922	A	Monteagle	3953	Robinson	Br	Hongkong	General
2199	19090922	D	Monteagle	3953	Robinson	Br	V'couver v J'an	Mails, etc
2199	19090928	A	Emp of India	3032	Beetham	Br	Hongkong	General
2199	19090928	D	Emp of India	3032	Beetham	Br	A'rica v Japan	Mails, etc
2200	19091004	A	Emp of China	2046	Davison	Br	Vancouver	Mails, etc
2200	19091004	D	Emp of Japan	3039	Pybus	Br	Hongkong	Original
2202	19091018	A	Emp of Japan	3039	Pybus	Br	Hongkong	General
2203	19091019	D	Emp of Japan	3039	Pybus	Br	A'rica v Japan	Mails, etc
2203	19091025	A	Emp of China	3029	Archibald	Br	Vancouver	Mails, etc
2023	19091025	D	Emp of China	2046	Davison	Br	Hongkong	General
2205	19091108	A	Emp of China	2046	Archibald	Br	Hongkong	
2205	19091109	D	Emp of China	3946	Archibald	Br	Am via Japan	General
2206	19091114	A	Monteagle	3953	Robinson	Br	Vancouver	Mails, etc
2206	19091114	D	Monteagle	3953	Robinson	Br	Hongkong	Original
2206	19091116	A	Emp of India	3032	Beetham	Br	Vancouver	Mails, etc
2206	19091116	D	Emp of India	3032	Beetham	Br	Hongkong	Original
2208	19091125	A	Monteagle	3953	Robinson	Br	Hongkong	General
2208	19091125	D	Monteagle	3953	Robinson	Br	Am via Japan	Mails, etc
2209	19091206	A	Emp of Japan	3039	Pybus	Br	Vancouver	Mails, etc
2029	19091207	A	Emp of India	3023	Beetham	Br	Hongkong	General
2019	19091207	D	Emp of India	3032	Beetham	Br	A'rica v Japan	Mails, etc

本表は、" *The North-China Herald and supreme consular gazette*, 1909年一年分から作成した。
入出：A が入港で、D が出港を示す。

への定期航路を運航していたのであった。

『東京朝日新聞』第6566号、明治37年（1904）11月3日付の第二面に「横濱倫敦間二十三日」の記事が見られる。

　　去る九月三日横濱を出帆せし加奈陀郵船エンプレスオフインデヤ號に搭載せる郵便物は二十三日目にて同月二十六日倫敦に着したり。日英郵便開始以來の速達なり。

とある。1904年9月3日に横浜港を出港したエンプレス・オブ・インディア号に積み込まれた郵便物が、北アメリカに到着後、おそらく Canadian Pacific Railway 会社の列車によって大西洋岸に運ばれ、大西洋を汽船で運ばれ、23日目にロンドンに到着すると言うこれまでに類を見ない時間で到達したことを明記している。日本と英国の間の通信の時間が短縮されつつあったのである。

5　アメリカ・カナダの汽船で北太平洋航路を渡航した中国人

　上海を出港した PMSS の汽船は横浜に到着し、横浜で PMSS のサンフランシスコ行きに乗り換えていた。そこで1870年1月22日に横浜で創刊された週刊紙 *Japan Weekly Mail* の記録から探ってみたい。同紙には "Shipping Intelligence" には船舶の 'Arrivals' 入港と 'Departures' 出港、'Passengers' 船客に関する記事がみられる[20]。その船舶情報から、PMSS 会社の汽船に限定して搭乗者の判明するものを整理したのが次の表9である。

　PMSS 会社の汽船は、1870年1月20日に横浜港に入港した2,000トンのニューヨーク号から12月31日に同様に横浜に入港した2,000トンのコスタリカ号まで1年間に129隻が出入している[21]。2.8日毎に1隻が横浜港を出入りした計算になる。極めて旺盛な航運活動である。

　Japan Weekly Mail に見られる "Shipping Intelligence" の「船客情報」の1870年1月20日に記事から上海港から横浜港に入港したニューヨーク号には、サンフランシスコに向けて複数の欧米人の他に、' 8 Chinsese'[22] と8名の中国

表9　1870年1～12月横浜入港出港 Pacific Mail S. S. Co. 汽船の搭乗者表

No	Date	A&D	Ship Name	Captain	Tone	Where, Cargo, Chinese Passengers
I- 1	120	A	New York	Furber	2,000	Shanghai, Nagasaki and Hiogo General , 8 （For San Francisco）
I- 6	224	A	America	Doane	4,454	San Francisco, Passenger 78 （in the steerage） From San Fracisco for Hongkong
I- 8	310	D	Costa Rica	Williams	2,000	Hiogo, Nagasaki and Shanghai Passenger2 （For Shanghai）
I-10	320	A	America			Hongkong 15 （From Hongkong） in the steerage
I-10	320	A	New York			Sanghai, 3 （From Shanghai）
I-11	330	A	Costa Rica	Williams	2,500	Shanghai via Southern Ports Passenger 5 （From Higo）
I-14	420	A	Golden Age	Cobb	2,500	Shanghai via Southern Ports 8 （For San Francisco） in the steerage
I-18	520	A	Golden Age	Cobb	2,000	Shanghai via Southern Ports, 91 For Yokohama
I-19	525	D	China	Doane	3,836	Hongkong, 143 （in steerage） From San Francisco For Yokohama
I-21	607	D	New York	Furber	2,000	Shanghai via Southern Ports, 7 （in te steerage）
I-22	615	D	Ariel	Burditt	1,736	Kagosima, （750 Japanese）
I-23	618	A	China	Doane	3,000	Hongkong, 17 （in Steerage） From Hongkong For Yokohama, 561 （in Steerage） For San Francisco
I-24	626	D	Golden Age	Cobb	1,800	Shanghai via Southern Ports, 8 （in the steerage）, for Shanghai via Southern Ports
I-24	626	D	Japan	Freeman	3,500	Hongkong, 6（in the steerage）For Hongkong
I-26	716	D	Oregonian	Dearborn	2,500	Shanghai via Southern Ports, 4 （in the steerage） for Shanghai
I-27	719	A	Golden Age	Cobb	2,000	Shanghai via Inland Sea, 12 for Yokohama
I-28	726	D	Golden Age	Cobb	2,000	Shanghai, 3 for Shanghai
I-32	827	D	Great Republic	Doane	4,000	Hongkong, 280 （in the steerage） For Hongkong
I-35	915	D	Oregonian	Dearborn	2,500	Shanghai via Southern Ports, 11 （in the steerage） For Shanghai

I-36	920	A	Great Republic	Doane	3,500	Hongkong, 8 (in steerage) for Yokhama
I-36	921	A	Golden Age	Cobb	2,000	Shanghai via Southern Ports, 6 for Yokohama
I-36	923	D	Great Republic	Doane	3,500	San Francisco, 100 (in the Steerage) from Hongkong, for San Francisco (p. 458), For San Francisco394 (in the steerage) (p. 474)
I-37	926	D	China			Hongkong, 5 (in the steerage)
I-37	926	D	Golden Age			Hiogo, Nagasaki and Shanghai4 (in the steerage) for Shanghai
I-39	1008	D	New York	Furber	2,000	Shanghai via Southern Ports. Passenger 17 (in the Steerage), for Shanghai
I-40	1017	A	Costa Rica	Williams	2,000	Hiogo, Nagasaki, Passenger2 (in the steerage), for Yokohama
I-40	1021	A	Golden Age	Cobb		Shanghai, Passenger 7 for Yokama 3 for San Francisco
I-42	1029	D	Costa Rica	Williams	2,000	Shanghai, 9 for Shanghai
I-42	1102	D	New York	Furber	2,000	Shanghai via Inland Sea, 4 for Shanghai
I-44	1112	D	Oregonian	Dearborn	2,500	Shanghai via Inland Sea, 6 (in the steerage) for Shanghai
I-44	1116	A	Costa Rica	Williams	2,000	Shanghai via Inland Sea, 3 (in steerage) for Yokohama
I-45	1120	D	Aden	Andrews	816	Hongkong, 4 (in the steerage) for Hongkong
I-45	1126	D	Japan	Warsaw	3,500	San Francisco, Passenger3 (in the Steerage) for San Francisco (p. 585)
I-46	1129	D	New York	Furber	2,000	Shanghai via Inland Sea, 4 for Shanghai
I-48	1212	D	Costa Rica	Williams	2,000	Shanghai via Southern Ports, 2 for Hiogo, 8 for Shanghai
I-49	1220	A	America	Doane	3,500	Hongkong, 9 for Yokohama, 105 for San Francisco
I-50	1229	A	Great Republic	Freeman	3,000	San Francisco, 8 for Hongkong
I-50	1230	D	Ariel	Burditt		Hakodate
I-50	1230	D	Oregonian	Dearborn		Shanghai via Southern Ports, 8 (in the sterrage) for Shanghai
I-50	1231	A	Costa Rica	Williams	2,000	Shanghai via Inland Sea, 8 (in the sterrage) fromShanghai for Yokohama

人が乗船していた。明らかに上海から横浜経由で PMSS 会社の汽船に搭乗してサンフランシスコに渡航したことがわかる。

　同年6月18日に横浜に入港した3,000トンのチャイナ号は、香港を6月11日に出港して8日かけて到着した。同船には香港からサンフランシスコに渡航する '561 Chinese in Steerages[23]' と561名の中国人が三等船室に搭乗していた。彼らの目的地はサンフランシスコであったため、香港から乗船したと考えられ、おそらく広東省出身の移民希望者で占められていたと思われる。

　同様に香港から9月12日に出港し、9月20日に横浜に入港したグレート・リパブリック（*Great Republic*）号には、香港からサンフランシスコに向かう '100 Chinese in the Steerage'[24] と100名の中国人が三等船室に搭乗していた、そして同船が3日後の9月23日に横浜からサンフランシスコにむけて出港するが、その時には '394 Chinese, and 2 Japanese in the steerage'[25] と394名の中国人が三等船室に搭乗していた。この394名は香港から乗船してサンフランシスコに向かったものではなく、おそらく上海から別の船で横浜に来航し、横浜でグレート・リパブリック号に乗船したものと思われる。

　横浜とサンフランシスコの航行時間はどれほどであったろうか。船舶情報から見ると、チャイナ号は、1870年1月1日にサンフランシスコを出港して1月30日に横浜に到着した。サンフランシスコ・横浜間30日を要している[26]。5月23日に横浜港に到着した同じチャイナ号は、サンフランシスコを4月30日に出港し、24日をかけて横浜港に到着している[27]。また6月24日に横浜港に入港した3,000トンのジャパン号は6月1日の午後3時にサンフランシスコを出港し、24日かけて横浜に到着している[28]。この2例のみであるが、横浜・サンフランシスコ間の航行日数は24日ほどであったようである。

　上海・横浜間は4月20日に横浜港へ入港したゴールデン・エイジ号は、上海を4月12日午前8時に出港し、長崎には4月14日午前7時に寄港し、4月16日に長崎を出港し、兵庫には4月17日の午後5時20分に到着し、兵庫から出港して20日に横浜に到着している。長崎、兵庫での停泊時間を含むが、9日間を要している[29]。

　上海・長崎間が460海里、さらに兵庫に寄港して横浜まではその倍ほどになるであろうが、香港・横浜間は2,967海里で、こちらは途中の寄港地が無いため、距離は 3 倍ほどおおいが乗船時間には大差がなかったようである。

　Pacific Mail Steamship Co. についで北太平洋の定期航路を開いた東西輪船会社が横浜に寄港した際に、同社の汽船に搭乗していた中国人の乗客数を示したものが次の表10である。

　1875年 7 月12日に横浜から出港した東西輪船会社のベルギー号には香港からサンフランシスコに向かう596名の中国人が三等船室に乗船していた。同年 9 月11日に出港したオーシャニック号にもサンフランシスコへの中国人乗客が三等船室に163名が乗船している。1876年 2 月11日に横浜を出港したゲーリック号がサンフランシスコへ553名の三等船室の中国人乗客を搭乗させている。1876年 4 月 9 日に出港した Belgic 号は香港からサンフランシスコへ向かう597名の中国人乗客を三等船室に搭乗させていた。 5 月11日に出港したゲーリック号にはサンフランシスコに向かう中国人乗客が三等船室に598名乗船している。

　1875年 7 月からほぼ 1 年後の1876年 6 月までに、この 5 隻で2,507名の中国人乗客が香港からサンフランシスコに赴いた。他の汽船の中国人乗客数を合わせると3,438名となる。これに対してサンフランシスコから香港へ戻った中国人は1,124名であり、これは単なる観光旅行の人数ではない。移民者といえることは歴然であろう。

　さらにアメリカの 2 汽船会社とカナダの汽船会社が北太平洋航路を保有するとその移動の動向はどのようになったかを “The Japan Mail” の ‘Passenger’ の記事から抽出したものが次の表11である。

　PMSS の汽船シティー・オブ・ニューヨーク（City of New York）号で1887年 5 月に三等船室に乗船した699名の中国人がサンフランシスコにむかった。1887年 6 月には CPRMSS の汽船パルティア号に搭乗した二等船室の 9 名の中国人と90名の中国人がカナダのバンクーバーに向かっている。

　逆に1887年 5 月に PMSS の汽船シティ・オブ・ペキン（City of Peking）号に搭乗した123名の中国人が、サンフランシスコから香港に赴いている。1887年

表10　1875年 O.&O.SSCo. の汽船の横浜港入港・出港表

巻数	発行年月日	入出	到着・出港日	船名	船籍	船式	船長	屯数	来航地・目的地
VI. No. 29	18750717	D	18750712	Belgic	British	Steamer	Metcalfe	1,716	From Hongkong for San Francisco 596 Chinese in the steerage. (p. 601)
VI. No. 37	18750911	D	18750911	Oceanic	British	Steamer	Jennings	3,700	From Hongkong 0901 163 Chinese in the steerage. (p. 796)
VI. No. 42	18751016	D	18751013	Belgic	British	Steamer	Metcalfe	2,600	From Hongkong for San Francisco 326 Chinese in the steerage. (p. 908)
VI. No. 51	18751218	D	18751217	Belgic	British	Steamer	Metcalfe	2,650	From San Francisco for Hongkong 908 Chinese for Hongkong. (p. 1132)
VII. No. 3	18760115	D	18760111	Belgic	British	Steamer	Metcalfe	2,652	For San Francisco 596 Chinese in the steerage. (p. 68)
VII. No. 7	18760212	A	18760211	Gaelic	British	Steamer	Kidley	2,630	From Hongkong, for San Francisco 553 Chinese in the steerage (p. 155)
VII. No. 11	18760311	A	18760311	Belgic	British	Steamer	Melcalfe	2,950	From San Francisco, for Hongkong 97Chinese in the steerage. (p. 240)
VII. No. 11	18760311	D	18760310	Oceanic	British	Steamer	Parsell	3,720	For San Francsco, 8 Chinese (p. 240)
VII. No. 15	18760408	D	18760406	Gaelic	British	Steamer	Kidley	2,652	For Hongkong, 56 Chinese in the steerage. (p. 318)
VII. No. 16	18760415	A	18760409	Belgic	British	Steamer	Metcalfe	2,652	From Hongkong, for San Francisco 597 Chinese in the steerage. (p. 340)
VII. No. 20	18760513	D	18760511	Gaelic	British	Steamer	Kidley	2,626	For San Francisco, 598 Chinese in steerage (p. 432)
VII. No. 24	18760610	A	18760607	Belgic	British	Steamer	Metcalfe	2,652	From San Francisco, 63 Chinese in the steerage. (p. 523)
VII. No. 24	18760610	D	18760610	Oceanic	British	Steamer	Parsell	3,707	For San Francisco, 1 Chinese in the steerage. (p. 523)

本表は、"*Japan Weekly Mail*" 1875、1876年分から作成した。入出の AD は A は入港、D は出港を示す。来航地・目的地欄の数字は月日を示す。

表11　1887(光緒13、明治20)年 5 〜12月
横浜経由 PMSS・O&OSS・CPMSS 汽船搭乗の中国人乗客数

船名（会社名）	屯数	従一地　到一地	中国人乗客数	年月日：出典
City of Peking (PMSS)	4,000	From San Francisco for Hongkong	123 Chinsese in steerage	18870507, Vol. 40., p. 454
City of New York (PMSS)	4,000	From Hongkong for San Francisco	699 Chinese in steerage	18870507, Vol. 40., p. 478
Oceanic (O&OSS)	3,107	From San Francisco for Honkong	172 Chinese in steerage	18870602, Vol. 40., p. 550
San Pablo (O&OSS)	2,113	From Hongkong	For San Francisco: 611 Chinese in steer.	18870607, Vo. 40., p. 574
City of Rio de Janeiro（PMSS)	2,500	From San Francisco for Hongkong	For Hongkong: 84 Chinese in steerage	18870612/14 Vol. 40., p. 598
Parthia (CPRMSS)	2,035	From Hongkong for Vancouver, B. C.	9 Chinese in sec. class, and 90 in steer.	18870616, Vol. 40., p598
Oceanic (O&OSS)	3,707	From Hongkong for San Francisco	460 Chinese in steerage	18870626 Vol. VIII, p. 22
City of Rio Janeiro（PMSS)	2,500	From Hongkong for San Francisco	100 Chinese in steerage	18870706 p. 46
Port Augusta (CPRMSS)	2,300	From Kobe for Yokohama	23 Chinese in steerage	18870713 p. 70
Parthia (CPRMSS)	2,035	From Vancouver, B. C.	19 Chinese in steerage	18870727 p. 118
Belgic (O&OSS)	2,695	From Hongkong for San Francisco	315 Chinese in steerage	18870810 p. 166
Abyssinia (CPRMSS)	2,300	For Vancouver, B. C.	1 Chinese in steerage	18870818 p. 190
Port Augusta (CPRMSS)	1,858	From Vancouver, B. C.	15 Chinese in steerage	18870822 p. 214
San Pablo (O&OSS)	4,046	From Hongkong for San Francisco	200 Chinese in steerage	18870825 p. 214
City of Sydney (PMSS)	1,965	From Hongkong	1 Chinese in steerage	18870906 p. 262
Parthia (CPRMSS)	2,035	From Vancouver, B. C.	40 Chinese in steer. in transit for Hongkong	18870915 p. 290
Port Victor (CPRMSS)	1,827	For Vancouver, B. C.	15 Chinese in steerage	18870914 p. 290
Abyssinia (CPRMSS)	2,300	From Vancouver, B. C.	52 Chinese in steerage	18870924 p. 338
City of Rio Janeiro（PMSS)	1,900	From Hongkong for San Francisco	154 Chinese in steerage	18870930 p. 338
Parthia (CPRMSS)	2,035	From Hongkong for Vancouver, B. C.	28 Chinese in steerage	18871018 p. 410
Belgic (O&OSS)	2,695	For San Francisco from Hongkong	2 Chinese in steerage	18871029 p. 434
Port Victor (CPRMSS)	1,827	From Vancouver B. C. for Hongkong	169 Chinese in steerage	18871028 p. 434
City of Rio de Janeiro（PMSS)	2,500	From San Francisco for Hongkong	393 Chinese in steer. for Hongkong	18871118 p. 506
Parthia (CPRMSS)	2,035	From Vancouver, B. C. for Hongkong	330 Chinese in steerage	18871201 p. 554
Batavia (CPRMSS)	1,661	From Kobe for Vancouver B. C.	206 Chinese in steerage	18871208 p. 578
Oceanic (O&OSS)	3,107	From Hongkong for San Francisco	225 Chinese in steerage	18871208 p. 578

Abyssinia (CPRMSS)	2,300	From Vancouver, B. C. for Hongkong	118 Chinese in steerage	18871221 p. 626
City of Rio de Janeiro (PMSS)	2,500	From Hongkong for San Francisco	91 Chinese in steerage	18871220 p. 626
Parthia (CPMSS)	2,035	From Hongkong for Vancouver	8 Chinese in seco., 25 in steerage	18880104 No. 1 p. 18
Batavia (CPMSS)	1,661	From Vancouver B. C. for Hongkong	140 Chinese in steerage for H. K.	18880123 p. 90
City of Peking (PMSS)	4,000	From Hongkong for San Francisco	206 Chinese in steerage	18880128 p. 114
Oceanic (O&OSS)	3,107	From San Francisco For Hongkong	237 Chinese in steerage	18880204 p. 138
City of Rio de Janeiro (PMSS)	2,000	From San Francisco for Hongkong	156 Chinese in steerage	18880219 p. 186
Parthia (CPMSS)	2,035	From Vancouver B. C. for Hongkong	24 Chinese in steerage	18880220 p. 186
Oceanic (O&OSS)	3,107	From Hongkong for San Francisco	59 Chinese in steerage	18880228 p. 210
City of New York (PMSS)	1,964	From San Francisco For Hongkong	68 Chinese in steerage	18880309 p. 234
Batavia (CPMSS)	1,661	From Hongkong	11 Chinese in steerage	18880225 p. 234
City of Rio de Janeiro (PMSS)	1,950	From Hongkong for San Francisco	217 Chinese in steerage	18880310 p. 258
Batavia (CPMSS)	1,661	For Vancouver B. C.	In Cabin 11Chinese, 9 Chinese in steerage	18880310 p. 258
Abysssina (CPMSS)	2,300	From Vancouver, B. C. for Hongkong	38 Chinese in steerage	18880323 p. 306
Parthia (CPMSS)	2,035	From Hongkong for Vancouver B. C.	For Victoria, B. C.; 33 Chinese in steerage. For Seattle; 18 Chinese in steerage. For Portland; 56 Chinese in steerage. For San Francisco; 113 Chinese in steerage	18880323 p. 306
City of Peking (PMSS)	4,000	From San Francisco for Hongkong	237 Chinese in steerage	18880407 p. 354
City of Sydney (PMSS)	4,000	From San Francisco for Hongkong	52 Chinese in steerage	18880419 p. 378
Abysssinia (CPMSS)	2,300	From Hongkong for Vancouver, B. C.	For Vancouver, B. C. ; 231 in steerage For San Francisco; 256 Chinese in steer.	18880423 p. 402
Batavia (CPMSS)	1,661	From Vancouver, B. C.	14 Chinese in steerage	18880425 p. 402
City of Sydney (PMSS)	3,016	From Hongkong for San Francisco	For San Francisco; 700 Chinese in steer.	18880509 p. 450
Oceanic (O&OSS)	3,808	From Hongkong for San Francisco	1,061 Chinese in steerage	18880516 p. 474
Parthia (CPMSS)	2,035	From Vancouver, B. C. for Hongkong	For Hongkong 24 Chinese in steerage	18880516 p. 474
Batavia (CPMSS)	1,661	From Hongkong	674 Chinese insteerage	18880523 p. 498
Zambes (CPMSS)	1,564	From Hongkong for Vancourver B. C.	From H. K. 663 Chinese in steerage	18880526 p. 498, 522
Abyssinia (CPMMSS)	2,300	From Vancouver B. C. for H. K.	For Hongkong 257 Chinese in steerage	18880615 p. 594
City of Peking (PMSS)	4,900	From San Francisco for Hongkong	121 Chinese in sterrage	18880620 p. 594
Parthia (CPMSS)		From Hongkong for Vancouver	For Vancouver B. C.; 116 Chinese in steerage. For San Francosico; 394 Chinese in steer.	18880621 p. 594

6月に東西輪船会社の汽船オーシャニック号で172名の中国人がサンフランシスコから香港へ渡っている。

　これらの中国人乗船者を整理したものが次の表12である。それをもとに作成したのが次頁の図である。

　このように1870〜1880年代において多くの中国人がPMSS、O&OSS、CPMSSの汽船に搭乗して北太平洋航路を渡航していたことは明らかである。

6　小　　結

　上述のように19世紀後半の60年代から90年代にかけてアメリカやカナダの汽船会社が北太平洋に定期航路を開設すると多くの中国人が、アメリカのPMSS会社やO&OSS会社、カナダのCPRMSS会社の汽船を利用して北太平洋航路を渡航し、北アメリカを目指した。『中西聞見録』第22号、1874年5月（同治13年4月）に掲載された「美國金山」に、

> 中國閩粤兩省附近海隅、其民習於水、多恃航海貿遷爲業、而遠徙外洋以謀生計者亦復不少、如婆羅洲、噶羅巴、新嘉坡、奧大利亞、呂宋、古巴、秘魯等處、在在有之、其最衆者、莫如美國之金山、查金山一省居大洋東岸、爲美國西界、……至華人居斯土、亦始於道光二十八年、閩粤五六人、附海舶至金門、……迄今約有七十萬、華人居六七萬、……且華人之赴金山、皆出自情願、不因美國招買、而華人到彼、亦得自主、別無管束、或赴山採金、或備工耕田、或自置田畝而種植、或開設鋪肆而貿易、均無阻碍、……金門美國人、設有火輪公司、毎月派二船來華載客旅、並往來運貨物、自金山抵日本計二十日、日本抵上海又十日、以方向準之金山與中國東西適相直、而航天萬里、曾不逾月、可謂迅速。……[30]

と記されるように、1848年（道光28）に福建や広東からの5、6名が海を渡って金門（サンフランシスコ）に到ったのが初期の事情であったが、それが二十数年後には6万人から7万人に達した。彼等がアメリカに渡ったのは自己の希

表12　1887年5〜1888年6月北太平洋航路を利用した中国人乗客数

PMSS Co.		O&OSS Co.		CPRMSS Co.	
サンフランシスコへ渡航	中国へ帰国	サンフランシスコへ渡航	中国へ帰国	バンクーバーへ渡航	中国へ帰国
2,163人	1,234人	2,933人	409人	2,863人	1,200人

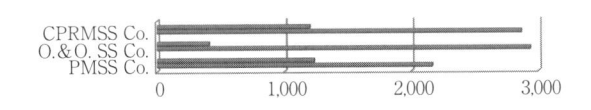

	PMSS Co.	O&OSS Co.	CPRMSS Co.
■中国へ帰国	1,234人	409人	1,200人
■太平洋を渡航	2,163人	2,933人	2,863人

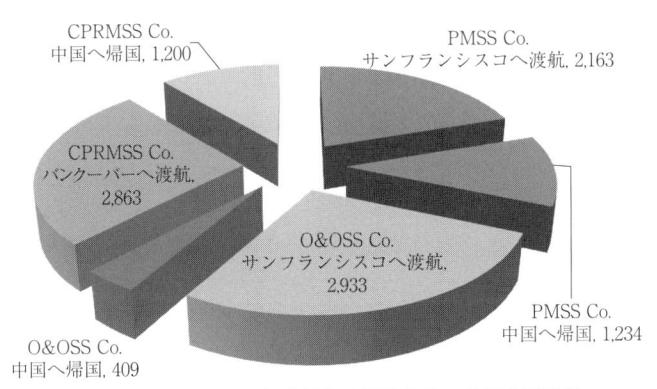

汽船会社別1887-1888年渡航北太平洋航路の中国人乗船数

望であり、人身売買などの理由でなく、彼等は金山や農業などの分野の労働者そして商店の経営などに従事した。この人々の渡航を促進したのが、サンフランシスコで開設された汽船会社であり、毎月2船が旅客や貨物を搭載する運航を開始した。サンフランシスコから日本へ20日、日本から上海へは10日と、サンフランシスコから上海へは30日の旅程で渡航することが可能となったのである。

　さらに8年後の1882年7月13日（光緒8年5月28日）付の『滬報』（字林洋行）第49号の「華人被拘」に、

　　乞輪船、由香港開往美國舊金山船中、載有華客八百餘名、既抵是處。

と、香港からアメリカ行きの1隻の汽船に800余名の中国人旅客が乗船していたとされる。同年7月13日（光緒8年6月初4日）付の『滬報』第53号の「西報論華傭」には次のように見られる。

　　舊金山報云、華人目下至者雖衆、然終不敷用、其製造洋布・棉花、及捲煙
　　等類各大廠、皆四處找尋中國工人有火輪車三公司已修書、至中國數地方請
　　人到彼車路傭工、又有一火輪車公司之董事欲用華工一千人、於諸鐵路上、
　　隨時修整遍出招貼、謂能找得如數者、每一華人謝銀餅十元、總計可得謝銀
　　一萬元如此、重利可居留心者固属不少、然於諸省華人所聚之地而竟不能得
　　其數、蓋華人之在美者無一偸安懶惰之人各人皆有事業所以難尋也。至僕人
　　一等諸紳富家皆用華人營中兵官用者更多、工錢則每月由二十、二十五至三
　　十元不等、近來葡萄園内、又将用華人耕種、此時尚且此儌他日令行之後、
　　華工不准入美正不知作何辦理、按所謂令行者、蓋美國議院議禁華傭之新令、
　　将於六十日後頒行也。

　アメリカに渡った中国の人々は、工場、鉄道建設、農業などの分野の労働者などさまざまな職業に就労していた。それらはいずれも身体的に過酷で厳しい仕事であったのである。

　これら多くの中国人労働者が上記のアメリカ、カナダの汽船会社の汽船に搭乗して北太平洋航路を渡航したのであった。

〔注〕

1) Kwang-Ching Liu, *"Anglo-American Steamship Rivalry in China 1862-1874,"* Harvard U. P., 1962.

2) 黄光域編『近代中国専名翻譯詞典』（四川人民出版社、2001年12月）では、「花旗輪船公司」または「大美国火船輪船公司」とされる（270頁）。

3) 松浦章「太平洋郵船公司従上海到美国的定期航班」『近代中国』第22輯、上海社会科学院出版社、2013年12月、101〜119頁。

4) 同上、102〜104頁。

5) 黄光域編『近代中国専名翻譯詞典』四川人民出版社、2001年12月、261頁。樊百川『中国輪船航運業的興起』（四川人民出版社、1985年10月）は、「東西洋輪船公司」とする（662頁）。

6) 黄光域編『近代中国専名翻譯詞典』は「昌興火輪船公司」（39頁）と漢訳されている。

7) 松浦章『汽船の時代〈近代東アジア海域〉』清文堂出版、2013年3月、77頁。

8) 松浦章『近代日本中国台湾航路の研究』清文堂出版、2005年6月、32〜39頁。

9) "The North-China Daily News", Vol. VIII., No. 2035〜No. 2115.

10) John Haskell Kemble, The Big Four at Sea: The History of the Occidental and Oriental Steamship Company, Huntington Library Quarterly, Vol. 3(3), pp. 339-357, 1940. Rene De La Pedraja, *"A Historical Dictionary of the U. S. Merchant Marine and Shipping Industry; Since the Introduction of Steam."* London, 1944, p. 450.

11) 本章で使用した香港の新聞は「香港公共圖書館多媒體資訊系統」によった。

12) 日本郵船株式会社編『日本郵船株式會社五十年史』日本郵船株式会社、1935年12月、143〜144頁。

13) *"The Japan Weekly Mail"*, No. 22, vol. VII, May 28th, 1887, p. 526.

14) *"The Japan Weekly Mail"*, No. 23, vol. VII, June 4th, 1887, p. 550.

15) *"The Japan Weekly Mail"*, No. 25, vol. VII, Jun 18th, 1887, p. 598.

16) *"The Japan Weekly Mail"*, No. 26 Vol. VII, June 25th, 1887, p. 622.

17) 大陸日報編輯局編纂『加奈陀同胞發展史』大陸日報社、1909年5月、52〜53頁。『カナダ移民資料』第1巻（全5巻）、不二出版、1995年4月、41頁による。

18) *"The Japan Weekly Mail"* Vol. VL, No. 28, 41, p. 601, 907.

19) Empress of China（1891-1911）, Empress of India（1891-1914）, Empress of Japan（1891-1922）, Monteagle（1903-26）, George Musk. *"Canadian Pacific, The Story of the Famous Shipping Line,"* Canadian Pacific Steamships Ltd., 1981, pp. 129-132, 241-242.

20) *"The Japan Weekly Mail, A Political, Commercial, and Literary Journal"*, Reprint Series I: 1870-1899, Part 1 : 1870-1874, Vol. 1 : January to June 1870, In Association with Yokohama Archives of History,

Ibid. Vol. 1 : July to December 1870.

21)　松浦章『汽船の時代〈近代東アジア海域〉』清文堂出版、86〜96頁。

22)　"*The Japan Weekly Mail, A Political, Commercial, and Literary Journal*", p. 11.

23)　Ibid. Vol. 1, p. 293.

24)　Ibid. Vol. 2, p. 458.

25)　Ibid. Vol. 2., p. 474.

26)　松浦章『汽船の時代〈近代東アジア海域〉』87頁。

27)　同書、89頁。

28)　同書、89頁。

29)　同書、88頁。

30)　『中西聞見録』南京古舊書店、1992年6月、第3冊（全4冊）183〜186頁。

第3章　20世紀初期の日中幹線航路の展開

1　緒　　言

　19世紀末に上海で創刊された新聞である『同文滬報』第6321号、1900年2月22日付に掲載された「東報選譯」に「擬擴輪船表」として当時の上海と日本を結ぶ汽船航路に関する記事が掲載されている。

　　第一　橫濱到上海輪路　寄港地　神戸・下関・長崎　航海回數　毎禮拜二
　　回　輪船　六艘各總噸數三千噸以上、速力平常千三百海里、最多之時十六
　　海里　輪船之種類　載客船　此輪船則支那沿海輪路中最緊要之幹路、而長
　　江輪路、北清輪路、南清路等已接續之。又今將有使美國輪路新金山輪路等
　　接續之。又將來可使歐洲輪路接續此等、各輪路於上海現郵船會社爲三菱公
　　司之輪船出入上海、毎禮拜一回以爲未足、故將來當爲毎禮拜二回也。

とあるように、横浜と上海を結ぶ定期航路に関して述べられている。横浜と上海には毎週2回の汽船による定期便が運航されていた。横浜から上海へ赴くと、上海と長江中流域の漢口を結ぶ長江航路へ、さらに上海から「北清輪路」とされた、山東の青島や華北の天津そして遼東半島の大連、さらに渤海沿海の営口などへの航路に接続していたのであった。この基幹となる横浜・上海航路が中国沿海における「最緊要之幹路」とされるほどであったのである。

　それでは、この日本と中国を結ぶ幹線航路がどのように運航されていたかについて述べてみたい[1]。

2　日本からの汽船航路——上海航路の開始

　日本を代表する汽船会社の一つであった日本郵船会社の社史である『日本郵船株式會社五十年史』に、日本郵船会社の前身に当たる三菱会社に対して、日本政府は1875年（明治8）に、日本における最初の海外への定期航路の開設を命じたことが見られる。

> 　征臺の役に購入せる船舶十三艘を擧げて三菱會社に委託したる一方、之をして太平洋郵船會社に對抗せしめん爲め、明治八年一月十八日上海航路開始を同社に命ぜり。依て同社は受託船中、東京丸・新潟丸・金川丸・及び高砂丸の四艘を以て、直ちに横濱・上海間に毎週一回の定期航海を開設せり。實に本邦に於ける海外定期航路の權輿とす2)。

と記されるように、1875年（明治8）より、横浜・上海間の定期航路が三菱会社の郵便汽船三菱会社によって運航されることになった。そのことは日本政府から三菱会社に下付された「第一命令書」に見られ、「今般本邦海運ノ事業ヲ擴張セシムヘキ目的ヲ以テ別紙船名簿ニ記載スル東京丸外十二隻ノ汽船及ヒ之ニ屬ズル諸器械トモ無代償ニテ其社へ下渡シ、且ツ其運航費助成金トシテ一ヶ年二十五萬圓ヲ給與候ニ付、左ノ箇條ノ通リ可相心得事」として、十七條にわたる命令書が、時の驛遞頭であった前島密の名によって1875年（明治8）9月15日付で出された3)。

　この命令書を受けた三菱汽船会社は、1875年9月18日付にて、郵便汽船三菱会社と改称している4)。この運航経費は1876年（明治9）9月15日付で出された「第二命令書」に、郵便汽船三菱会社に対して年額25万円の運航費助成金が給付されたが、この内20万円が上海航路に、残りの5万円は東京から西日本への航路などの国内航路に対してであった5)。このことからも、いかに日本政府が上海航路を重視していたかが知られる。

　その後、この航路は1885年（明治18）9月29日に創立した日本郵船会社に引

き継がれていく。1885年 9 月29日付にて農商務卿より下付された「命令書」[6]
の第八條に、

　　横濱神戸下ノ關長崎上海間　每週一回

　　米國郵船ト接續ノ爲メ出帆日ヲ伸縮スル事アリ[7]

と見られるように、横浜から神戸、下関、長崎に寄港して上海に到る定期航路
は每週 1 便が規定のものとなっていた。そしてこの横浜・上海航路は「當時政
府當局竝に當社に於て最も本線に重きを措き之が維持確保に努めたる一班を見
るべし」[8]とされるように、日本政府にとっても日本郵船会社にとっても横浜
上海航路は最重要な航路であった。

　1885年（明治18）10月 1 日に開業した日本郵船会社[9]の翌年1886年（明治19）
1 月 6 日付の『神戸又新日報』[10]第492号の広告欄に「日本郵船會社滊船出帆廣
告」が見られる。

　　横濱丸　馬關長崎上海行　1 月 8 日夜12時

　同紙第498号、1886年 1 月13日付の広告欄に「日本郵船會社滊船出帆廣告」に、

　　薩摩丸　馬關長崎上海行　1 月15日夜12時

　同紙第503号、1886年 1 月19日付の広告欄に「日本郵船會社滊船出帆廣告」に、

　　名護屋丸　馬關長崎上海行　1 月22日夜12時

　同紙第509号、1886年 1 月26日付の広告欄に「日本郵船會社滊船出帆廣告」に、

　　廣島丸　馬關長崎上海行　1 月29日午后 4 時ニ繰上ケ。

　同紙第513号、1886年 1 月30日付の広告欄に「日本郵船會社滊船出帆廣告」に、

　　横濱丸　馬關長崎上海行　2 月 5 日夜12時

1886年（明治19）1 月は 8 日、15日、22日、29日と 7 日毎の定刻に運航されて
いたことがわかる。

　日本郵船株式会社創立 4 年後の1889年（明治22）1 月の神戸港から発着する
日本郵船会社の「神戸定期船発着一覧表」（縦37.8cm × 横26.7cm、前掲 6 頁）
がある。

　上海行きの汽船は次の月日に出港していた。

　　1889年 1 月 3 日　木曜日　午後 6 時　馬関、長崎、上海　横濱丸

　1月10日　木曜日　午後6時　馬関、長崎、上海　　東京丸

　1月17日　木曜日　午後6時　馬関、長崎、上海　　西京丸

　1月24日　木曜日　午後6時　馬関、長崎、上海　　横濱丸

　1月31日　木曜日　午後6時　馬関、長崎、上海　　東京丸

　この「神戸定期船発着一覧表」からも明らかなように、毎木曜日の午後6時に神戸から下関、長崎を経由して上海へ正確に定期運航が行われていたことがわかる。

　1900年（明治33）になると『神戸又新日報』の広告欄に掲載された「日本郵船株式會社發船廣告」になると、汽船名での行き先表示が、行き先ごとの表示にかわる。同紙第4877号、1900年1月1日付の広告では、

　　上海行　下關長崎上海行

　　　　1月6日午前10時

　　　神戸丸　噸數2,901　船長スウエーン

とあるような表示に変化する。

3　20世紀前半における日本から上海への基幹航路

　20世紀にはいると日本郵船会社は他の外国汽船会社に対抗するために、上海航路を充実させて行く。1906年（明治39）以前の状況は毎週1回の定期運航であったが、1906年以降は毎週2回、1年に104回の運航を行うようになった[11]。

　1907年（明治40）1月6日（日曜日）付の『神戸又新日報』第7365号に掲載された「日本郵船株式會社發船廣告」には次のようにある。

　　●上海行　門司長崎上海行

　　1月9日午前10時　山城丸　噸數2,580　　船長野村英二

　　1月12日午前10時　春日丸　噸數3,872　　船長スウエーン

　　1月16日午前10時　小倉丸　噸數2,596　　船長山内嘉徳

　　1月19日午前10時　弘濟丸　噸數3,635　　船長岸安吉

と表示されるようになり、神戸から1月9日（水曜日）、12日（土曜日）、16日（水曜日）、19日（土曜日）と、毎週2便の上海行が運航されていたことがわかる。

そして1909年（明治42）6月には、あらたに神戸・上海間に1年に16回以上の「定期自由船」の運航を行っている[12]。『神戸又新日報』第8425号、1910年（明治43）1月3日付の「日本郵船株式會社發船廣告」には次のようにある。

●上海行　門司長崎上海行

　　1月1日午前10時（門司發2日午後3時）

　　　　　　　　博愛丸　噸數2,636　船長　入澤寅吉

　　1月4日午前10時（門司發5日後3時）

　　　　　　　　筑後丸　噸數2,562　船長フエーゲン

　　1月8日午前10時（門司發9日後3時）

　　　　　　　　筑前丸　噸數2,578　船長和田正太郎

　　長崎上海行

　　1月6日午後4時（長崎發8日未明）

　　　　　　　　山口丸　噸數3,331　船長清水生重

とあるように、3〜4日間隔で横浜・神戸・門司・長崎から上海への定期便が運航され、また長崎から上海への直行便も運航されていた。

『神戸又新日報』第9504号、1913年（大正2）1月1日付の「日本郵船株式會社出帆廣告」によると、

●上海行　門司、長崎、上海行

　　1月4日午前10時（門司發翌日午前3時）

　　　　　　　　筑後丸　噸數2,563　船長佐藤敬三

　　1月7日午前10時（門司發翌日午前3時）

　　　　　　　　筑前丸　噸數2,578　船長谷口元吉

　　1月11日午前10時（門司發翌日午前3時）

　　　　　　　　春日丸　噸數3,816　船長鈴木金五郎

　　1月14日午前10時（門司發翌日午前3時）

山城丸　噸數3,606　船長野間市馬

と見られ、3〜4日間隔で上海行が運航されていたことが知られる。

　当時の上海航路に関して『福岡日日新聞』第10760号、1913年（大正2）11月27日付の「上海航路の好況」と言う記事を掲げて次のように論評している。

　　久しく騒乱の余波を受け輸入手控え勝なりしと、長江沿岸一帯に豊作にて
　　一般農民の購買力増進せる結果、郵船会社の横浜上海間定期航路は、昨今
　　開始以来の殷盛を極め、単に阪神両地のみ出廻りにて上海揚の貨物日々一
　　千一二百噸の多きに達し、現今定期船六隻の外、欧洲航路十一隻、米国航
　　路六隻、孟買航路七隻都合廿四隻をそれぞれ往復共上海に寄港せしめ、全
　　力を挙げて輸送に努めつゝあるも、尚ほ船腹不足の感あり。郵船会社は止
　　むなく、過般松山丸を神戸発臨時船として上海に差し向け、引続き廿七日
　　の山東丸（二千三十二噸）を同様臨時船として差し立つる事に確定せり。
　　尚ほ従来北支那定期航路として使用し来し営口丸も来月八日最終航を了へ、
　　神戸に入港すべきを以て、十三四日頃是亦臨時船として上海に向け出帆せ
　　しむべしと云う。

　日本郵船会社は、1913年（大正2）11月当時、横浜・上海間の定期便に6隻の汽船を投入していた。その他に、上海に寄港する汽船が、欧州航路の11隻、米国航路の6隻、ボンベイ航路の7隻と合計24隻が寄港する状況であったが、それでも船腹が不足する状況で、不定期便を導入して船腹不足を補強することを企図していたと報じられている。

　ついで『大阪毎日新聞』第11121号、1914年（大正3）7月17日付の「大阪上海航開始」でも、報じている。

　　日本郵舩会社は、予て大阪上海航路を開始すべく調査中なりしが、愈々来
　　る二十二日臨時船として同航路を開始することとなれり。同社は日本対上
　　海路は隔日出帆位とし、彼我の連絡を速かならしめんとの理想を有し、大
　　阪上海航路に対しても将来二隻以上の船舶を使用し、定期発航を実施する
　　筈にて起案中の由なるが、同航第一船は博愛丸にして、十九日神戸に帰着。
　　二十一日大阪に回航し、二十二日大阪、二十三日神戸出帆。横浜神戸線同

様長崎に寄港すべく、名称は臨時船となり居れるも、事実は定期に発航すべく、当分同船一隻を以て就航すべきも近く月三回の定期となす筈なりと。

日本郵船株式会社は新たに、大阪上海航路の運航を企図していた。日本と上海との運航を隔日運航へと便数を増加させる計画であった。大阪・上海間に2隻の汽船を投入して毎月3回の定期運航の方向に進める予定であった。『大阪朝日新聞』第11804号、1914年（大正3）12月12日付の社説である「対支貿易発展の好機」として、

> ……今日の日支両国間の貿易関係は既に渠成りて水の至るを待つものと言うべく、其の曙光は既に之を最近の商情に看取するを得べし。従来十一月以後は支那貿易の所謂霜枯れ時なるに拘らず、近来銀貨相場の恢復は俄に対支貿易の振興を来たし、現に上海航路の如きに在貨輻湊の為、従来の航路船にては船脚の不足を告ぐるに至り、郵船会社の如きは臨時船増発の計画さえありと伝えらる。亦以て支那貿易の前途が如何に有望に展開しつつあるかを知るに足るべし。抑も我が国の貿易が隣邦支那の大市場を以て最大の得意地となさざるべからざるは今更論ずるまでもなし。其の土地の広き人民の衆多なる悉く支那が経済的消化力の大なるを示すものにして、現に約十一二億万両の貿易額を有す。而して其の内我が日本が占むる貿易額は十中の一に過ぎずして、其の余は英国を始め欧米列強の占むる所なり。……

との記事を掲げ、上海航路の繁忙さに関して、日本と中国との貿易額の増大が上海航路において船腹不足の状況を呈していたのである。

『中外商業新報』1915年（大正4）4月4日付の「近海航路と郵船　上海航路の改善」には、「定期航路の発端」として、

> 日本郵船の上海航路は、日本人の手にて経営せる海外定期航路の発端たるの歴史を有し、明治の初め三菱会社にて草創せる時代より横浜上海間の定期を践行せるものにて、旧命令は其精神を承け、横浜上海間を五隻にて毎週二回一ケ年百四回航海し、外に補助航海として神戸上海間を一隻にて二週一回、一ケ年十八回航海し、横浜上海間本線の使用船が釜掃除又は入渠

　　等の場合に於ける代船としなり。又一面には坂神地方と上海方面との荷物〔ママ〕
　　輸送の機関たりしが、今回の新命令は、横浜上海線は旧の如く五隻なるも、
　　神戸上海間は二隻を使用して、毎週一回一ケ年五十二回の定期となし、且
　　此神戸上海線を上海航路の本線と為し、従来の横浜上海間を附属の航路に
　　改定されり。

とあるように、これまで運航されてきた関東の京浜地区と上海を結ぶ横浜上海
線の定期航路は付属航路とされ、関西の阪神地区と上海を結ぶ神戸上海線の定
期航路が主役となる時代の変化を示している。

　ついで「上海航路の発展」には、

　　斯の如く神戸上海線が主となり、横浜の方従となる姿となりし所以は、従
　　前本航路に於て重きを置かれたる京浜よりの船客は、近来多くは汽車にて
　　神戸に至り、若くは他の遠洋航路にて上海へ渡航あるの便開け、郵便物の
　　如きも亦皆門司或は長崎迄陸送し、初めて船に積移すこととなり。横浜を
　　起点と為すべき旧時の主要原因は自然消失し、単に貨物出入の関係を留む
　　ることとなり来れると共に、阪神地方と上海地方との交通貿易の発達に伴
　　い、益同方面航海の頻繁を必要とするの結果にして、自然神上間定期船は、
　　一意速達を主とし為に、長崎寄港を省略して門司より上海へ直航すること
　　とし、随て少くとも一日の早着を来すこととなり。又航海度数の上より見
　　るも、従前に比し一ケ年間に三十四回の増加を来すに至りたり。今同社の
　　船繰を聞くに左の如し。

　　　　神戸上海線　八幡丸（三八一七噸）春日丸（三八一六噸）
　　　　横浜上海線　近江丸（三五八二噸）山城丸（三四一七噸）
　　　　　　　　　　博愛丸（二六三六噸）筑前丸（二五七八噸）
　　　　　　　　　　筑後丸（二五六三噸）

尚此神戸上海線は、其実大阪上海線と云うと同じく、事実上殆ど毎航大阪
へ進航する筈なるを以て、大阪より上海へ直航の便開け、大阪と上海方面
との通商上多大の便宜を来したる次第なり。之を要するに今度の改正命令
に依り、上海線は前命令百二十二回の発船数増して、百五十六回となり、

使用船六艘のもの増して七艘となり。外に一艘の代船を備うることとなれ

る次第にして、此航路の為には一大進歩と謂うべきなり。

と述べるように、日本国内の鉄道発達も関係していた。1889年（明治22）7月
1日に東海道本線の新橋・神戸間が全通し、1913年（大正2）8月1日には東
海道本線の全線複線化が完了[13]するなど、東京・神戸間の鉄道交通が完備した
ことで、横浜神戸間の旅客による汽船利用が減少していたことも関係するであ
ろう。

このように上海航路が大きく変化するのが、1915年（大正4）以降のことで
ある。日本政府の命令によって、日本郵船会社の上海航路は次のようになった。

神戸上海線（命令本線）

　　寄港地　　　大阪・門司（往復共）

　　航海度数　　一週一回・年五十二回（従来二週一回）

　　使用船　二艘、八幡丸（三千四百九十二噸）・春日丸（三千四百八十噸）

　　　　　　（従来一隻）

横濱上海線（命令附属線）

　　寄港地　　　神戸・門司・長崎

　　航海度数　　一週二回・年百四回

　　使用船　五艘、博愛丸（二千六百三十六噸）・山城丸（三千六百六噸）近

　　　　　　江丸（三千五百八十二噸）・筑前丸（二千五百七十八噸）・筑後丸

　　　　　　（二千五百六十三噸）[14]

この2航路を基軸にして、1919年（大正8）2月には、横浜名古屋上海線
を開設している。

横濱名古屋上海線

　　寄港地　　　往航　名古屋・神戸・門司　復航　長崎又は門司・名古屋

　　航海度数　　毎月一回又は二回。

　　使用船　一艘、和歌浦丸（二千四一噸）[15]

1915年以降において日本郵船会社の神戸上海線、横浜上海線の汽船が、上海
港には毎週3隻が入港する状況になるのである。日中間の交流が極めて活発化

していった。

　その一端を『申報』第1507号、1915年（中華民国4年）3月6日付の上海から出港する日本郵船会社の汽船広告[16]に見ることが出来る。

　その内容は次のようである。上図を右から左に内容を記した。

　　　日本郵船會社

　　啓者本公司筑後丸輪船準於三月十三日、即禮拜六、上午九鐘、開往日本等埠、小包收到禮拜五、客票賣到前晚五時止、倘蒙各寶號如欲裝貨搭輪者、務祈早臨爲幸。

　　　　郵船株式會社啓

　　　日本郵船社會社

　　啓者本公司筑前丸輪船、准於于三月六日、即禮拜六、下一時半、開往日本等埠、小包收到禮五、客票賣到午前十二時時止、倘蒙各寶號、如欲裝貨搭輪者、務祈早臨爲幸。

　　　　郵船株式會社啓

　　　日本郵船社會社

　　啓者本公司近江丸輪船、准於于三月九日、即禮拜二、上午五鐘、開往日本等埠、小包收到禮一、客票賣到前晚五時時止、倘蒙各寶號、如欲裝貨搭輪者、務祈早臨爲幸。

　　　　郵船株式會社啓

　日本郵船会社は『申報』の同日の同紙面に3件の広告を掲示した。いずれも上海から日本へ行く汽船の出港日を告知する内容である。

　「筑前丸輪船、准於于三月六日、即禮拜六、下一時半、開往日本等埠」、「近江丸輪船、准於于三月九日、即禮拜二、上午五鐘、開往日本等埠」、「筑後丸輪船準於三月十三日、即禮拜六、上午九鐘、開往日本等埠」と1915年3月6日の

13：30に筑前丸が、3月9日の5：00に近江丸が、3月13日の9：00に筑後丸が上海港を出発して日本に航行する案内である。3〜4日間隔で、上海から日本へ赴く定期汽船があり、日中間の往来に要する時間がさらに短縮される可能性が高くなってきたことを象徴する広告掲示と言えるであろう。

『報知新聞』1916年（大正5）1月5日付の「日支鉄道連絡　木下運輸局長談」によれば、「日支両国の接近」として、

> 日支両国の国際関係は、一両年来頻発した面白からざる問題の為めに稍々円滑の欠くの観あるは頗る慨嘆すべき事柄である、事外交上に関しては相手方たる支那政府当局者の意見主張もあることであるから必ずしも吾人の希望する如く諸般の問題が円満に解決せない場合もあることは蓋し已むを得ない次第である、併し彼我両国の地理的形状から見れば彼は広漠四百万方哩に亘る農産国であって其外に鉱産林産畜産等も亦頗る豊富であるから我日本が其製造工業の原料や年々増加しつつある人口に対する食糧の供給を受くるには最近且最便の邦土である、又支那の側から観ても諸種の製造品の供給を仰ぐには我日本よりするが最も安価でもあり便利でもある、加之同文同種の民族であるから精神的方面に於ても趣味嗜好其他の点の相互了解容易である、是等の事情から察しても東亜の二大邦国が克く善隣の誼を保ち国民的関係就中交通貿易の親近を図ることは吾人の衷心より希望して已まざる所である。

ついで「両国の交通機関」としても談話記事は続く。

> 斯の如く両国民の連結は相互の利益であるが之を事実の上に益々実現せしむるには両国間に於て各有無相通じ窮達相助け互に相信じ相倚りて文運の進歩に提携協同すること必要である而して是等の連鎖となるべきものは即ち交通機関に外ならない、従来両国間の交通は大阪商船、日本郵船、其他の汽船会社の天津太沽に達する北支那航路或は中部支那即ち楊子江地方の関門に達する上海航路其他の汽船便に依りて漸次長足の進歩を為し来った、然るに支那の如き大陸国に於ては海港に至る運送に止まらず内地の生産中心地又は大市場に達する直通連絡の便を開始するに非ざれば到底交通貿易

　　上の諸問題を解決することは能きないと思う、此の見地からして日支間各
　　鉄道に於ては日本内地は固より鮮満の各主要都市と支那の北京、天津、漢
　　口、南京、上海、済南其他五都市との間に朝鮮、満洲の鉄道経由を以て両
　　三年来両国鉄道の連絡を図り或は連絡乗車券を発売し或は連絡手荷物の受
　　託を取扱い更に進んでは日本郵船及日清汽船と提携して是等航路の連絡に
　　依りて前記北支那中部支那の主要地と我が内地との間に廻遊旅行の便を開
　　いて居る、即ち今日の所では海上の連絡に加うるに陸上に於ける鉄道の連
　　絡を以てし彼我両国の旅行は極めて安楽容易に行うことが能きるのである。
と見られるように、日本からの上海航路の重要性が指摘された。

　1916年1月22日に上海で出版された『民国日報』第1号（中華民国5年1月
22日付）の出港広告があり、1月22～25日までの出港予定の汽船の名簿が見ら
れる。このうち上海から海外へ航行する予定のものは、1月22日には日本郵船
会社の松山丸が日本へ、23日には日本郵船の諏訪丸が欧州へ、1月25日には日
本郵船の筑前丸が日本へと航航することが知られるように、恒常的に海外と連
なる汽船航路が運航されていた[17]。その重要な役割を担っていたのが日本郵船
会社の汽船であった。松山丸は1885年（明治18）12月に英国で建造され、1896
年（明治29）11月に海軍省から払い下げを受けた総屯数3,160屯で、諏訪丸は
1914年（大正3）9月に長崎三菱造船所で建造された総屯数11,758屯であり、
筑前丸は1907年（明治40）4月に英国で建造され総屯数2,578屯であった[18]。諏
訪丸が1万屯を越えていたのは欧州航路に就航していたためで、日本郵船会社
は1911年（明治44）9月に大型の1万屯級の優秀船を投入していたためである[19]。

　『国民新聞』1917年（大正6）6月12日付の「近海航路現況」には、
　　近海航路の近況は昨年に比し稍不況なるも一般には平況を示し居れり尤も
　　漸次夏枯期に入る可きも船腹の不足、傭船料の高騰等に支配せられ其の影
　　響はさしたること無かる可き模様なり各航路の近況を挙ぐれば左の如し。
　　▲北海航路　本道の主要物産たる漁獲は前半に比し約五割の減収を示せる
　　を以て従って出貨少く又支那に直送せる塩鮭、昆布の如きも内地相場の高
　　騰と船腹不足の関係上全く直送無く同航路は一般に不況なり。

▲浦塩航路　往航は欧米並に印度方面より積替の軍需品依然として多きも復航に於ては貨車不足の関係にて時期遅れに動ける大豆あるもこれとて定期船としては荷役不足の為め採算上久しく停船する能わず従って大豆の積取の如きも頗る少量に過ぎず。

▲上海航路　は支那銀塊相場の関係上輸出品多く往航には綿糸布、燐寸、砂糖、雑貨等を満載するも復航には少量の雑穀、肥料、金属類あるに過ぎず。

▲北支航路　往航は上海同様の出貨あれど復航には天津は既に夏枯に入り貨物無く又大連は僅に時期遅れの豆糟の荷動き多少あるのみ。

▲台湾航路　内地より同島への主要移出品たる肥料は既に五月を以て大体終了したる為往航の貨物は頗る少く復航には尚南部より内地へ輸送する砂糖相当に残り居れるもこれとて六七月一杯を以て終了すべき同航路は愈夏枯れの状態に入るべし。

として、日本からの各汽船航路についての状況が知られるが、日本からの上海航路では、日本から綿糸布、燐寸（マッチ）、砂糖、雑貨等を満載して輸送された。これに対して中国から日本への復航には「少量の雑穀、肥料、金属類」があった。

『満洲日日新聞』1918年（大正 7 ） 9 月27日付の「上海船腹事件」には次の記事が見られる。

郵船会社の上海航路は、殆ど其の独占的航路なるを以て、従来船腹運賃等にて荷主との間に兎角感情の衝突あり。浦塩出兵以来殊にその弊甚だしくなり来れる傾向あり。船腹の不充分は已むを得ざることなれども、スペース供給方法は甚だ不公平なりとかにて、上海実業協会は日本人倶楽部に会合して救済方法に就き協議する所ありたり。第一は目下の現状にては船腹の供給不充分にて、且つ運賃高価なる為め、輸出輸入両貿易共に振わず、貿易商は非常の苦境に在るを以て、逓信大臣に向け陳情書を提出す可しと云うに在りて、既に委員会にて之を決議したり。第二の問題は目下の急務たる滞貨の処分方法にて之に関しては、郵船会社との間に目下交渉中にて

　　郵船にても出来得る丈けの便宜を計る可しとの事ならば、此の方は円満解
　　決を見るに至る可しと観測さる。約一週間前英国船グリーンライン号当地
　　に入港したるに、日本人は競うて該船に積荷せる結果、郵船にては当時船
　　腹充満するに至らず少からず狼狽せりと云う。夫れかあらぬか、陸軍の御
　　用船たりし熊野丸は再び上海航路に着くこととなり。且つ臨時船泰安丸も
　　二十二日既に当港に入り目下荷役中なり。何れにせよ逓信大臣への陳情書
　　は不日提出を見るべく、此問題は向後尚お多少の曲折ある可しと思わる。
　　（上海特置員）

と報じられたように、日本郵船会社の上海航路は寡占状態にあったが、当時の
日中間の人的移動、物的流通に関する輸送量は不足していた状況が知られるで
あろう。

　この上海・日本間の幹線航路に関して昭和初期の状況は、

　　大阪上海線は郵船（日本郵船会社）の航路で、三千五百噸級三隻を配船し、
　　一週二回の割合で、寄港地は神戸、門司で、大阪に於ける積荷の割當は千
　　二百三百噸、上海着は五日目である。

　　横濱上海線は郵船の航路で、三千五百噸級三隻を配船し、一週間一回寄港
　　地は名古屋、大阪、神戸、門司で、京濱及び名古屋の貨物輸送が主で、従
　　つて大阪に寄港させないことがある。大阪より上海着は四日目である。

　　神戸上海線は郵船の航路で、所謂日支連絡航路である。五千噸級二隻を配
　　船し、四日目に一回の割合で發航し、寄港地は長崎である、旅客輸送が主
　　で貨物は従である。従つて大阪に於ける積荷割當は二百噸位に過ぎない。
　　上海着は神戸から三日目である[20]。

とあるように、大阪上海線、横浜上海線、神戸上海線が日本から上海への幹線
航路で日本郵船会社が運航していた。この3線を最大に利用していたのが、日
本に居住する華商であったろう。

　1925年（大正14）末時点で大阪に在留する中国商人の店舗数が約300、この
うち南幇商業公所に属するものが26、北幇公所に属するものが265であっ
た[21]。これらの華商が1925年中に、正金、朝鮮、台湾、三井、三菱、安田、住

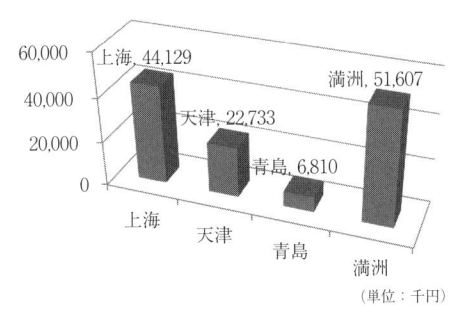

（単位：千円）

上海　44,129千円　天津　22,733千円　青島　6,810千円　満洲　51,607千円

1925年在日華商の買入資金総額

友、インターナショナルの８銀行を通じて買入資金を中国から回収した金額は
上図のものであった。東北地方の「満洲」についで多くの割合を示していたの
が上海であった。

4　小　　結

　上述したように1875年に郵便汽船三菱会社が横浜から神戸、長崎を経由して
上海航路を開いたが、その後まもなく、上海の黄浦路に借地して上海の拠点を
設けている。『上海道契』巻30、「日册道契」第２号、第３号に見られる。1877
年（光緒３）７月付の契約文に、「在上海按和約所定界内租業戸萬昌火輪公司
地一段永遠租三畝四分七厘六毫、北黄浦路、南黄浦河、東青浦路、西南潯路、
毎畝給價照約定、憑據數目、其年租毎畝一千五百文、毎年預付銀號等因」[23]と
あり、同契約書の日本語文、第３号（一）には、「今般三菱郵便滊船會社ヨリ
願ヒ出ルニ兩國ノ條約ニ随ヒ、上海ニ於テ境界ヲ定メアルニ借地ノ内地主太平
海郵便滊船會社ノ持地一區　三畝四分七厘六毫、北ハ黄浦路、南ハ黄浦河、東
ハ青浦路、西ハ南潯路、永遠借リ受ルニ付、今度一畝ニ付　約定書ノ價ヲ渡シ、
其年税一畝ニ付、一千五百文ハ毎年其税銀ヲ差配スル所ニ先納可致段ヲ承ハレ
リ」[24]とある借地契約書に見られるように、すでに借地主であった太平洋郵便

汽船会社すなわち Pacific Mail Steamship Co. が上海で借地していた土地の一部に郵便汽船三菱会社が借地した。この土地は、後に日本郵船会社が郵便汽船三菱会社の事業を継承した、1885年（光緒11）10月時点で再び契約を交わしている。『上海道契』巻30、「日冊道契」第10号、第11号に見られる、1885年（光緒11）10月付の契約文に、「今據日本郵船會社稟請在上海按和約所定界内租業戸三菱郵便濵船會社地一段永遠租三畝四分七厘六毫、北黄浦路、南黄浦河、東青浦路、西南潯路、毎畝給價照約定、憑據數目、其年租毎畝一千五百文、毎年預付銀號等因」[25]とあり、同契約書の日本語文、第11号（一）には、「今般日本郵船會社ヨリ願ヒ出ルニ兩國ノ條約ニ随ヒ、上海ニ於テ境界ヲ定メアルニ借地ノ内地主三菱郵便濵船會社ノ持地一區　三畝四分七厘六毫、北ハ黄浦路、南ハ黄浦河、東ハ青浦路、西ハ南潯路、永遠借リ受ルニ付、今度一畝ニ付　約定書ノ價ヲ渡シ、其年税一畝ニ付、一千五百文ハ毎年其税銀ヲ差配スル所ニ先納可致段ヲ承ハレリ」[26]と見えるように、郵便汽船三菱会社が上海で借地した土地を1885年（明治18）に同社を継承した日本郵船会社が引き続いて借地していたことが知られるのである。

　この上海支店の地は、日本郵船会社の記録では「中華民國上海共同租界黄浦灘第三十一號」[27]とされる地であったろう。

　上記のように日本郵船会社は上海に拠点を置いて日中間の基幹航路を運航していた。とりわけ1903年（明治36）に英国人ジョージ・マクベイン（George McBain）が経営していた上海漢口航路に関する一切の設備を買収[28]すると上海は益々重要な拠点となっていった。

〔注〕
1）　1930年代に関しては、本書第2編第3章「1930年代日本郵船会社の「上海航路案内」」において述べている。
2）　日本郵船株式会社編『日本郵船株式會社五十年史』日本郵船株式会社、1935年12月、7〜8（952）頁。
3）　同書、8〜11頁。
4）　同書、13頁。

5)　同書、11〜12頁。

6)　同書、63〜70頁。

7)　同書、64頁。

8)　同書、84頁。

9)　同書、1 頁。

10)　『神戸又新日報』は神戸市公文書館の復印本に依拠した。以下同じ。表記中の漢数
字はアラビア数字に改めた。

11)　日本郵船株式会社編『日本郵船株式會社五十年史』292頁。

12)　同書、292頁。

13)　日本国有鉄道編『国鉄歴史事典　日本国有鉄道百年史別巻』日本国有鉄道、1973
年12月、4 〜 5 頁。

14)　日本郵船株式会社編『日本郵船株式會社五十年史』291〜293頁。

15)　同書、293頁。

16)　『申報』第15107号、中華民国 4 年 3 月 6 日、上海書店影印1982年12月、第133冊、
87頁。

17)　『民國日報』第 1 分冊（全99冊）、人民出版社、1981年影印、9 頁。『民國日報』は
1916年 1 月12日創刊後、1932年 2 月停刊、1945年10月復刊、1947年 1 月終刊となっ
た（第 1 分冊の「影印者説明」による）。

18)　日本郵船株式会社編『七十年史』日本郵船株式会社、1956年 7 月、679、681、682
頁。

19)　同書、108〜109頁。

20)　大阪市役所産業部編『大阪在留支那貿易商及び其の取引事情』大阪市役所産業部、
1928年 7 月、111頁。

21)　同書、56頁。

22)　同書、57頁。

23)　『上海道契』第30冊（全30冊）上海古籍出版社、2005年 1 月、12頁上段。

24)　同書、12頁下段。

25)　同書、11頁上段。

26)　同書、11頁下段。

27)　日本郵船株式会社編『七十年史』1957年 7 月、718頁。

28)　同書、77頁。

第 2 編

日本郵船会社と航路案内

第1章 20世紀前半における日本汽船会社の中国への航路案内

1 緒　言

　19世紀末から日本汽船会社は中国への航路を拡大していった[1]。その最初が1875年（明治8）の郵便汽船三菱会社による横浜・神戸・下関から上海への航路であった（右図参照）。その後、大阪商船株式会社が1884年（明治17）に設立され、1897年（明治30）頃より上海以外の中国航路が拡

1875年以降の横浜上海航路
（横浜・日本郵船歴史博物館展示パネルによる）

充されていった。その際に乗客を勧誘する手段として利用したものに「航路案内」という折り込みで1枚程度のものから、数頁になる冊子体の印刷物があり、乗船顧客に配布していた。しかし時代とともにその多くは忘却の彼方に置き去りにされていた。ところが、それらの「航路案内」は、汽船会社の活躍した時代の重要な証拠である。そこで本章では、日本の汽船会社の上海、天津、青島に関する航路案内について、中国と日本との文化交渉に重要な交通機関であったことのデータとして述べるものである。

2　近代日本の中国への汽船航路

　1875年（明治8）以前における日本と外国とを結ぶ汽船航路は、欧米などの外国汽船の寡占状況にあった[2]。ところが1875年になると日本もその一角に参画することになる。日本の外国航路としての最初が日本と中国・上海を結ぶ汽船の定期航路である。

　日本の汽船会社による中国と結ぶ定期航路の開設は郵便汽船三菱会社が最初である。日本郵船株式会社の『七十年史』によれば、「政府は、（中略）明治八年一月十八日三菱会社に上海航路の開始を命じた。よって同社は、受託船中東京丸（二，二一七総屯木船外車）、新潟丸（一，九一〇総屯鉄製暗車）、金川丸（一，一五〇総屯鉄製暗車）及び高砂丸（二，二一七総屯鉄製暗車）の四隻をもって、直ちに横浜上海間一週一回の定期航路を開始した。これが本邦海外定期航路の嚆矢である」[3]とあるように、郵便汽船三菱会社が日本政府の指示のもとに横浜・上海間の定期航路を1875年に開始したのである。

　『横浜毎日新聞』第1241号、1875年（明治8）1月20日に掲載された「大蔵省布達」は、「當省汽船三菱商會ヘ相託シ有之候東京丸外三艘、横浜・上海ノ間ニ不断通航為致可申、尤來二月三日、東京丸横浜抜錨、神戸ヘ二十四時、馬關ヘ六時、長崎ヘ十二時間碇泊、直チニ上海ヘ發舶ノ筈。自後八日目即水曜ニ相當候日毎ニ横浜・上海両港ヨリ無相違發航可致候條、此旨府縣區長戸長ヘ為心得通知有之度、此段相達候也」[4]と、1875年（明治8）1月18日付にて大隈大蔵卿から汽船が停泊等に関係する東京府知事、大阪府権知事、神奈川縣令、兵庫縣令、長崎縣令、山口縣令、小倉縣権令宛に伝達されている。これから三菱商会は、1875年2月3日水曜日より毎水曜日ごとに東京丸他三隻の汽船を使用して横浜と上海の間において定期航路を開設し、経由地として日本国内では神戸、下関そして長崎に寄港した。

　『東京日日新聞』第923号、1875年（明治8）2月3日付の「報告」に掲載さ

れた広告欄に掲載された「太平海郵船會社條目改正」[5]から、太平洋郵船会社すなわち Pacific Mail S. S. Co. の汽船が横浜から兵庫、長崎を経由して上海に航行する汽船を運航していたことがわかる。ネバダ号が2月3日に出港する広告を1875年1月29日付の新聞広告に出したのである。アメリカの汽船会社の広告だけあって西暦年号をつけたことがユニークであったといえる。この先行実績を持つ汽船会社と競合することになるのが日本の郵便汽船三菱会社の汽船であった。

　これに関して上海で刊行されていた新聞『申報』第854号、1875年（明治8）2月11日（光緒元年正月初6日）付に次の記事が見られる。

　　日本于上海、設輪船公司○本報登有日本三菱輪船洋行之告白、因知該公司、
　　今開在法租界泰來洋行之舊基、定于華正月十二日開設也。毎禮拜、上海與
　　東洋之間、有火船來往。其初來之船、則前向萬昌公司所購買者、其船名曰
　　牛約、現已改名曰託局麥魯、是為一大船也。此事係属創挙、亦以見日本與
　　中華通商増盛之一斑云[6]。

とある。日本が上海に汽船会社を設けたとの記事であるが、三菱商会がフランス租界の泰來洋行（Telge & Co. か）のあった地に、旧暦正月12日に事務所を開設し、毎週日曜日に上海と日本との間に定期航路を開航することになった。その最初の船は萬昌公司（Wolf & Co. か）から購入した旧名ニューヨーク号で、漢名である「託局麥魯」は現在の普通語では Tuo-ju-mai-lu となり Tokyo-maru 即ち東京丸であることは明かである。この三菱公司の上海事務所開設と上海日本間航路の開設は中国側からも通商の拡大として歓迎されていたことが知られる。さらに同紙、告白の欄には、「創設火輪船公司」として次の記事が掲載された。「啓者、本東洋三菱輪船洋行、今議定在横濱上海一路來往、毎禮拜創走火輪船、均不停止、其船亦順路到神戸及實莫尼西氣及長崎三處、現在船名托局麥魯、即先名牛約者、准於西歴二月初三日、即中歴去臘二十七日、自横濱開來中國、議於二月十七日、即華正月十二日、自上海開回東洋等處。本公司各船皆請用者西國船主及執事、……上海一千八百七十五年二月四日　禹氣大僉名」[7]と、三菱商会は、上海と横浜を結ぶ定期航路を開設するが、毎日曜日に

汽船を出帆し、神戸、下関、長崎の三ヶ所に寄港する。船名は東京丸で旧名ニューヨーク号であること、西暦の2月3日に横浜を出港し、上海からは2月17日に日本に向けて出航すること。さらに同船は西洋船舶であり、乗組員は西洋人であり、航海に関する規則等は西洋方式で行うなどの広告が掲載された。同広告は、この日からしばらく掲載されている。

　また同日の同紙の船舶の入港出港表に、「十二日出口船列左　託局麥魯往東洋等處　三菱洋行」[8]とあるように、三菱商会の託局麥魯、即ち東京丸が正月12日、西暦の2月17日に日本へ向けて出港する予告である。

　『申報』第856号、1875年2月13日（光緒元年正月8日）の第一面には、「三菱輪船公司減價　〇本館前日登有日本三菱輪船洋行告白、知已創行火輪船往來於上海東洋、與萬昌老公司爭業、故先是萬昌公司放一告白、謂搭客水脚、皆可大減價云。乃逾一日則三菱公司亦登告白将各價又大減色、計華客往長崎者僅需銀圓三元五角。往橫濱者七元五角。貨往長崎毎担七分五、往橫濱一角二分半。按此價公道之至係往常所未聞者、商賈既可藉以大裝其貨、而尤願遊客可乘、此機會往東洋一遊也。……」[9]とあり、三菱商会が萬昌公司の日本への汽船運航に対抗して運賃の値引き競争を行っていることを伝え、この際に安価な運賃を利用して中国人へ日本観光を勧めている。三菱商会の運賃は、中国人の旅客で長崎へ行くものは銀圓3元5角、横浜へ行くものは7元5角とし、貨物は上海から長崎までは毎担7分5、上海から横浜まで1角2分半であった。しかし過去にアメリカ汽船の安価な運賃に勧誘され悲惨を嘗めた例を挙げて、安価な運賃に注意するように警告している。

3　近代日本の汽船会社の中国への航路案内

1）　上海航路案内

　郵便汽船三菱会社は、1875年（明治8）1月18日に日本政府の命令により、上海航路を開始する[10]。この航路は1885年（明治18）9月に設立された日本郵

船会社に「横濱神戸下ノ関長崎上海間　毎週一回」として継承された[11]。

　ここに掲げた日本郵船株式会社「上海航路案内」（次頁）は、1928年（昭和3）6月10日三版発行、1930年（昭和5）10月改訂四版である。同案内の内容は、「日本郵船上海航路案内」として次の内容が述べられている。

　　中國と日本、日華交通の今昔、上海へ、上海、日本総領事館、遊覧観光所、旅館、乗物、土産物、支那料理、海陸聯絡、南支の遊覧地、蘇州、杭州、鎮江、南京、郵船の上海航路、日華聯絡快速船、長崎丸、上海丸、瀬戸内海と長崎雲仙の遊覧、日本諸港上海間乗船運賃、御乗船案内、【旅行上の御注意】、衛生、服装、携帯品、関税、通貨、郵便及電信、【支那揚子江沿岸行】、【日中周遊券】、【省社二線連帯旅客及手荷物輸送取扱】、【上海經由日華片途連絡旅客手荷物運送取扱】

以上からなる12葉である。最初の「中國と日本」には、

　　隣邦中華民國と我國との関係は、單に兩國民が同文同種であるといふに止まりません。彼我兩國間の交渉は、中途多少の断續があつたとはいへ、實に我國有史以來三千年に垂々とする永きに互るもので、我々の誇る日本文化の淵源の如きも、殆んど擧げてこれを支那に發して居ると言つてよいのであります。初め朝鮮半島を通じて我國に移入されてゐました支那の文物百般は、やがて彼我直接の交通に依つて、弥々繁く、親しく我國に齎されたのであります。そしてこの外來の文化が我國民性に如何なる影響を及したか、またそれらが渾然同化の過程を經て、それぞれ異色アル彩華燦然たる幾つかの文化黄金時代を我國に於て現出したその經緯に就ては、爰に縷述するの要を見ませんが、菅過去に於て我國がこの近隣先進國に負ふ處の如何に深きかを知れば足るのであります。

　　大清帝國が中華民國となり、その國旗が五色旗となり、更に青天白日満地紅旗と代つて、古代からの彼我の関係は弥々深められ、中國は我が最も親しい友邦の一つとなつたのであります。殊に極東に於ける二大獨立國たる中國と我日本との共存共榮が、東洋和平の秘鑰として、如何に重大なる意義を有するかに想到する時、日華親善の實を擧げることが吾人刻下の急

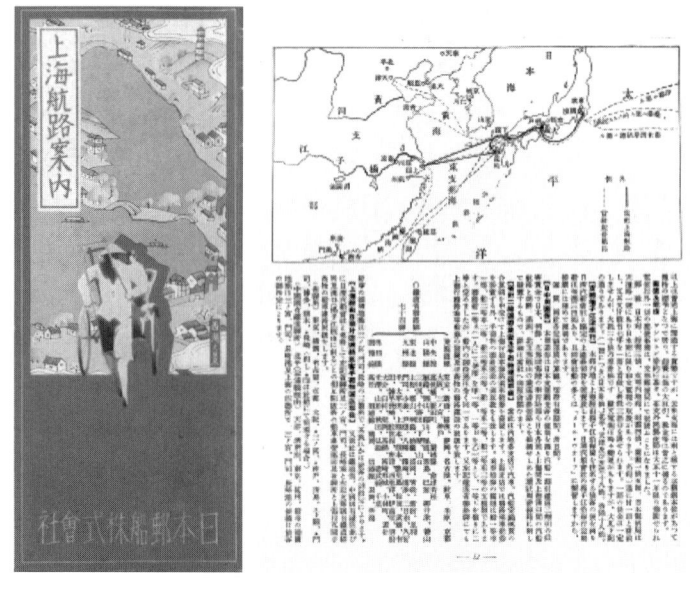

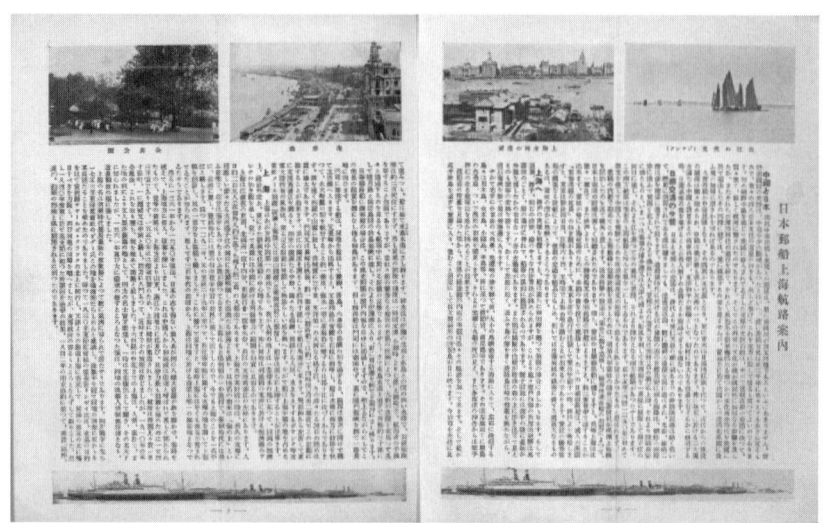

日本郵船株式会社「上海航路案内」
(1928年(昭和 3) 6 月三版発行、1930年(昭和 5)10月改訂四版)

務たるを痛感せざるを得ないのであります。

と述べられ、日中友好の必要性が喚起されている。この航路の上海入港直前の光景を「上海へ」において次の様に述べている。

　　長江の濁流を遡ること約四十浬にして船は呉淞沖に來ます。呉淞沖から左
　　折して更に支流黄浦江を遡ると、兩岸の廣漠たる平野、疎々たる楊柳、絡
　　繹たる人馬、水上を上下するジャンク等支那大陸特有の風物は、交る交る
　　眼前に展開して物珍しい感を與へます。やがて船は上海中枢の地を占める
　　當社メール桟橋（阪神上海線）又は匯山桟橋（日華聯絡船）に繋留し、船客
　　は直に上陸することが出來ます。

とある。長江口から呉淞口へそして黄浦江との航路を具体的に叙述している。

　この航路に就航していた長崎丸と上海丸についての説明は、

　　總噸數五，三〇〇噸　速力二十一節　船客定員一等百五十五名　三等二百
　　六十三名

　　右兩客船は大正十一年英國グラスゴーのデンニュー造船所の建造にかかり、
　　神戸、長崎、上海間の聯絡に従事して居る最新式優良の純客船であります。

とあるように、5,300屯で、21ノットの長崎丸と上海丸が就航し、船客400余名を乗船させ輸送できた船であった。両船の就航時間は、

　　往航　神戸發第1日午前11時　長崎着第2日午前9時　長崎發午後1時
　　　　　上海着第3日午後4時

　　復航　上海發第4日午前9時　長崎着第5日正午　長崎發午後5時　神戸
　　　　　着第6日午後3時

とあるように、各船が長崎等の停泊時間を含め5日と4時間で神戸・上海間を航行していたのであった。

　さらに1920年代後半の中国の経済事情を知る上で興味を引く記述が「通貨」の叙述である。

　　支那の貨幣は統一した制度はなく外國鋳造、中國政府並に各省鋳造の貨幣
　　が共に用ひられて居ります。隨つて贋造貨幣が少からず流通して居ります
　　から、兩替其他の場合に注意が肝要であります。上海の一般通貨は大略左

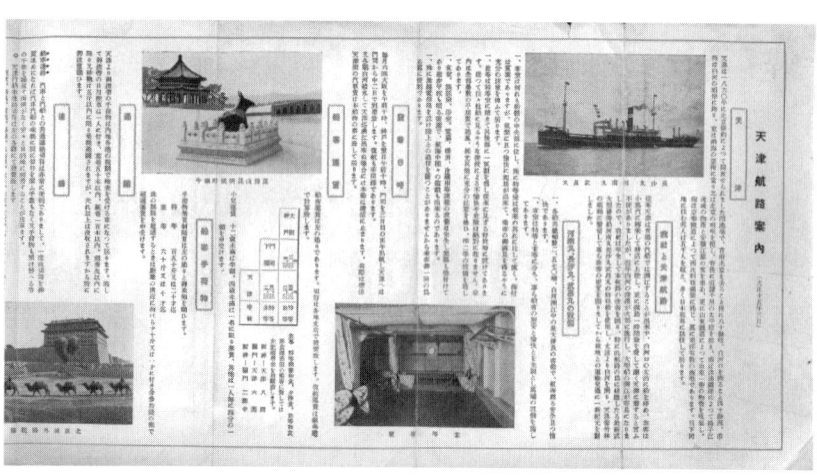

大阪商船株式会社「天津航路案内」
（1926年（大正15）3 月発行）

記の通りであります。

　　銀貨（一元）。（又は一圓若くは一弗と呼ぶ）即ち普通墨西哥弗又は墨銀と
　稱するもの。二角（二十仙）。一角（十仙）。即ち小洋と呼ぶもの。銅貨
　（一仙）。普通十一乃至十二箇が小銀貨一角に相當します。一文（一厘）。支
　那人間小賣の標準貨幣で一千三百二三十文が墨銀一弗に該當します。

　　紙幣　六七種の外國銀行兌換券があります。普通一弗、五弗、十弗、二
　十弗、五十弗及百弗の六種です。為替相場は騰落定りがありません。在上
　海日本電信局、横濱正銀銀行支店又は當社支店に御照會にならば判ります。
とあるように、主要通貨は銀貨であった。それも清代の中国に流入したメキシ
コ（墨西哥）銀貨が普遍的に流通していた。その銀貨1枚、1元が銅貨
1,200～1,300文と兌換できたのである。清初に公定の銀と銅貨との兌換比率が
銀1両に対し銅貨1,000文であったのと比較すると大いに銀貨の価値が上昇し
ていたことがわかる。

2）　天津航路案内

　大阪商船株式会社の天津航路は、1906年（明治39）2月25日に大阪から大信
丸を第一船として開設し、毎月3航海を行い、神戸・門司・芝罘に寄港する航
路で運航を開始されたのである。[12]

　「天津航路案内」（左図）は1926年（大正15）3月に大阪商船会社が発行した
6折りにできる1枚ものである。同案内の内容は次のように構成されている。

　　[表面] 天津、我社と天津航路、河南丸・長沙丸・武昌丸の設備、發着日
　　時、船客運賃、船客荷物、通関、連絡、天津高雄線、[裏面] 天津及北京
　　名勝　天津　北京、関係各店

特に「我社と天津航路」において、

　　從來天津は普通の汽船では遡航することが出來ず、白河口の太沽に船を停
　　め、旅客は小蒸汽に轉乗して塘沽に上陸し、更に鐵路一時間餘を費して漸
　　く天津に着すると言ふ不便がありましたが、近年白河の浚渫が次第に進行
　　し、大型船の遡江が容易になりましたので、我社は卒先して本航路の改善

大阪商船株式会社「青島航路案内」
（1932年（昭和７）2月発行）

　　　を圖り、特に此航路の爲に建造したる最新式大型優秀船河南丸長沙丸武昌
　　　丸の姉妹船を使用し、太沽より白河を遡り、天津紫竹林の碼頭に繋留して
　　　專ら旅客の便宜を圖りましてから彼地との運輸交通に一新紀元を劃しまし
　　　た。

と述べるように、大阪商船会社は2,570屯級の河南丸、長沙丸、武昌丸を大
阪・神戸から門司、下関を経由して天津にいたる航路に就航させた。「發着日
時」によれば、

　　　毎月六回大阪を午前十時、神戸を翌日午前十時、門司を三日目の正午出帆
　　　し天津へは門司から中二日で到着致します。復航も亦同様であります。
　　　又冬期白河結氷して天津迄遡航出來ぬ場合には本船は塘沽に止まります。
　　　其際は塘沽天津間の汽車賃は本船持の事に致して居ります。

と見られるように、大阪・神戸から門司・下関を経由して往航 6 日の航海で
あった。定期的には毎月 6 回の運航を行っていた。

3）　青島航路案内

　大阪青島航路は、大阪商船株式会社が、1914年（大正 3 ）12月24日に大信丸
を第一船として開始された。神戸・宇品（広島）・門司に寄港し毎週 1 航海で
あったが、1916年（大正 5 ） 1 月からは毎月 2 航海に減少した[13]。

　「青島航路案内」（左図）は、1932年（昭和 7 ） 2 月に大阪商船株式会社が発
行した 6 折り 1 枚ものである。内容は次のようである。

　　　青島、市街の位置・風土及気候、定期船泰山丸（一等室、二等室、三等室）、
　　　航海日数、船室運賃、船車連絡、青島旅館、車馬賃、高雄天津線、運賃、
　　　各所案内、「青島市街図」

から構成されている。最初の「青島」では次のように記述されている。

　　　青島は支那山東半島の東南膠州湾に面し、今より三十年前までは、僻陬の
　　　一漁村に過ぎなかつたが、獨逸の之を占領するや鋭意開發に努め、終に今
　　　日見るが如き商業上東洋有数の海港となりました。申す迄もありませんが、
　　　大正三年日獨戦争の結果日本の領有に轉じ、同十一年日本から支那へ還付

されたのでありまして、東は東京、桑港、西はマルタ島、ジブラルタルを結ぶ一直線上に位してをります。西北約四百六十哩にある天津、北平へは膠濟津浦兩鐵道により二十餘時間にて達すべく西南は膠濟、津浦（濟南連絡）汴洛（徐州府連絡）及び京漢（鄭州連絡）鐵道によりて漢口と相呼應してゐます。尚津浦鐵道により浦口から船で揚子江を渡り對岸南京からは、滬寧鐵道によりまして上海に達することが出來ます。或は將來山東鐵道が延長して直接京漢線に連接することになれば、之れによりて、直に漢口に達することが出來一層便利になりますから、日本と支那の首府及び中部主要地域を連絡する點よりして要衝の地を占むること、青島の右に出づるものはありません。

　以上のように青島の地理的優位性を記述している。この青島への航海は、「航海日数」に、

　　本航路は遞信省の命令航路でありまして、神戸を午前に出帆し門司を經由し四日目の午前青島に到着致します。若し途中門司迄陸行を御望みの方は、東京、横濱、名古屋、京都、大阪、神戸の各支店及代理店にて船車連絡切符を發行致します。各地發着日時は左記の通りであります。

　　　　　　往航　第一日午前11時神戸發　第二日午後1時門司發

　　　　　　　　　第三日　航海中　第四日早朝青島着

　　　　　　復航　第一日午前11時青島發　第二日　航海中

　　　　　　　　　第三日早朝門司着　同日正午發

　　　　　　　　　第四日午前宇品着　同正午發　第五日早朝神戸着

　このような航海日程で神戸・青島航路が運航されていた。この航路に就航していたのは泰山丸で、「定期船泰山丸」に、

　　使用船泰山丸は總噸數四千噸二本煙突を有する新式快速船でありまして、

　　設備の優秀既に定評あり、

とあるように、総屯数4,000屯の新式汽船であった。神戸・青島・神戸の航海に停泊時間を含め7日間を要していた。

4　小　　結

　上述のように、1875年以降、日本の汽船会社は中国への航路拡充に努め、最初の国際航路となった日本から上海への航路のみならず、中国の華北沿海への航路も拡充していったのである。その当時の足跡の一端が、上記に掲げた「航路案内」である。

　「航路案内」は日本の汽船会社にとって、海外である中国航路への案内だけではなく、日本の国内航路に関しても「航路案内」を発行している。瀬戸内海航路を創設の基盤とした大阪商船株式会社は1915年（大正 4 ） 7 月に「世界之公園　瀬戸内海地図」（13頁）を発行し、1922年（大正11） 8 月には「瀬戸内海航路案内」として発行している[14]。

　ここに掲げた日本郵船株式会社の「上海航路案内」、大阪商船株式会社の「天津航路案内」、「青島航路案内」のいずれもが、上海や天津そして青島等のみならず、それぞれの近郊都市の観光案内そして乗船時刻表などを兼ね備えた軽便なものであった。今日のガイドブック、時刻表などを一紙片または小冊子にまとめたものであった。同様なものは大連航路や台湾航路などについても各社が作成していた[15]。

　このような市井に埋もれた、当時の使い捨てであった汽船の「航路案内」によって、汽船時代の往時を追懐することは可能であろう。

〔注〕
1 ）　松浦章『近代日本中国台湾航路の研究』清文堂出版、2005年 6 月。
　　　松浦章『汽船の時代〈近代東アジア海域〉』清文堂出版、2013年 3 月。
　　　松浦章「近代東アジア海域の汽船航運と物流」『海事史研究』第70号、2013年11月、22〜36頁。
2 ）　松浦章『汽船の時代〈近代東アジア海域〉』31〜110頁。
3 ）　日本郵船株式会社編『七十年史』日本郵船株式会社、1957年 7 月、 8 頁。

4 ）　『横浜毎日新聞』第10巻、不二出版、1989年 9 月、67頁。

5 ）　『東京日日新聞』第928号、1875年（明治 8 ） 2 月 3 日、 8 面。

6 ）　『申報』第 6 冊、上海書店影印、1983年 2 月、121頁。

7 ）　同書、123頁。

8 ）　同書、124頁。

9 ）　同書、129頁。

10）　日本郵船株式会社編『日本郵船株式會社五十年史』日本郵船株式会社、1935年10月、 7 ～ 8 頁。

11）　同書、64頁。

12）　神田外茂夫編『大阪商船株式会社五十年史』大阪商船株式会社、1934年 6 月、268～269頁。

13）　同書、273～274頁。

14）　松浦章「大阪商船会社の瀬戸内海航路案内―東アジア海域の汽船航運データ―」『或問』第24号、2013年12月、 1 ～15頁。

15）　松浦章『汽船の時代〈近代東アジア海域〉』183～187頁。
　　松浦章「20世紀初期東アジア海域における近海郵船会社の航運」『関西大学文学論集』第63巻第 1 号、2013年 7 月、128～130頁。

第2章　中国沿海港市と日本郵船会社の定期航路

1　緒　　言

　1885年（明治18）9月29日に、郵便汽船三菱会社と共同運輸会社の両社から出資された1,100万円を資本金とする日本郵船会社が誕生した[1]。日本郵船会社の創立に際して日本政府から下付された37条にわたる「命令書」[2]には、会社の営業年限は第4条に「開業ノ日ヨリ満三十ケ年トス」や第5条の「中外ノ海運ヲ以テ専業トナシ他ノ事業ニ關渉スヘカラス」[3]などが規定された。そして第八条に「中外ノ航路ヲ開カシムヘシ」[4]として国外航路として次の航路が規定された。

　　横濱神戸下ノ關長崎上海　　　毎週一回

　　長崎釜山元山津浦鹽斯徳間　毎年一月ヲ除キ　毎月一回

　　長崎五島對島釜山仁川間　　　毎月一回

　その後、日本郵船会社は、横浜上海線、長崎浦鹽斯徳線、長崎仁川線に続いて、新たに1886年（明治19）2月に長崎天津線を開設する。この航路はのちに神戸仁川線となる。ついで1891年（明治24）夏より神戸・マニラ（Manila, フィリピン）間に毎月1回の定期運航を開始し、神戸、下関、長崎、そして中国の福州、厦門を経由してマニラに至る航路が開かれる[5]。

　これらの航路は、中国上海と朝鮮半島へ移動する人々が海外へ渡航する数少ない航路であった。

　上記のように、日本郵船会社の海外航路の拡張の際に最も関係が深かったのは、中国大陸の沿海港市である。

　そこで本章において日本郵船会社と中国沿海港市との間に開設された定期航路について述べたい。

2　日本郵船会社の創設

　日本郵船会社は、日本を代表する汽船会社として、前身の郵便汽船三菱会社と共同運輸会社の資産を継承して、1885年（明治18）9月29日に創立され、同年10月1日より開業する。創業当初は、日本国内の沿岸航路11線の他に、海外を結ぶ横浜・上海航路、長崎・浦鹽航路、長崎・仁川航路の三航路があるのみであった。

　その後、日本郵船会社は、横浜上海線、長崎浦鹽斯德線、長崎仁川線に続いて、新たに1886年（明治19）2月に長崎天津線を開設する。この航路はのちに神戸仁川線となる[6]。ついで1891年（明治24）夏より神戸・マニラ間に毎月1回の定期運航を開始し、神戸、下関、長崎、福州、厦門を経由してマニラに到ったのである[7]。

　日本郵船会社の遠洋定期航路の嚆矢となったのが、神戸—ボンベイ（Bombay, 印度）線の開設である。1893年（明治26）11月7日に第一船廣島丸がボンベイに向けて出港し、以後汽船4艘により3週間に1回の定期航路を運航する[8]。そして1892年（明治29）3月15日より横浜から神戸・下関・香港・コロンボ（Colombo）・ボンベイ、ポートサイド（Port Said, 埃及）等を経由したロンドン（London）、アントワープ（Antwerp）にいたる欧州航路を開設する。6艘の汽船を使い4週間に1回の定期航路であった[9]。

　さらに、日本郵船会社は航路を拡張し、太平洋航路の定期航路として運航を開始するのは1896年（明治29）のことで、アメリカ本土の西北のシアトル（Seattle）とハワイ（Hawaii）、横浜、神戸、下関、香港を結ぶ航路を同年8月より運航を開始したのであった。第一船は、1896年（明治29）8月1日に神戸港を出港した三池丸であり、ついで山口丸、金州丸の3隻を使って毎月1回の定期運航を行ったのであった。第一船の三池丸がシアトル港に入港したのは同年8月31日のことで、シアトル市民の歓迎を受けた。"*San Francisco Chronicle*"

Aug 15, 1896 'Coast Trade of Japan. The Pacific Mail wants it badly. It blames the Nippon Yusen Kaisha for Breaking the traffic agreement.' の記事によれば次のようにある。

> The contract entered into between the Nippon Yusen Kaisha, or Japanese Mail Company, and the Great Northern Railway, whereby the Japanese company is to operate a line of steamships between Japan and the port of Seattle, is likely to create a breach between the Pacific Mail Steamship Company and Japanese lines.

日本郵船会社は、アメリカのグレートノーザン（Great Northern）鉄道との間で契約を交わし、日本とシアトル港の間に汽船航路を運航することになり、Pacific Mail（太平洋郵船）汽船会社との間で日本航路に関する問題が生じる可能性があることを指摘している。

このように日本郵船会社は日本シアトル線を確保し、1901年（明治34）5月よりさらに汽船3隻を配船し、合計6隻による毎2週1回の定期運航を行うのである。その後、若干の変遷があるが、1916年（大正5）にはパナマ（Panama）経由のニューヨーク（New York）航路を開設し、東洋汽船会社が1898年（明治31）より運航していたサンフランシスコ（San Francisco）線と南米（South America）西岸航路を1923年（大正12）より引き継ぐことになったのであった。こうして日本郵船会社は、1926年（大正15）3月15日よりサンフランシスコ線と南米西岸線の運航を開始したのであった。

日本郵船会社は創立30周年を記念して『創立満三十年記念帖』[10]を出版している。それに記載された「船舶總噸數毎五年比較圖」（次頁の上図）と「日本郵船株式會社航路圖（1916年1月）」の中国大陸沿海部の部分図（次頁の下図）を掲げた。

日本郵船会社の船舶所有総屯数は、創業時第一期の1886年（明治19）9月には6万7,000屯であったものが、1915年（大正4）9月第30期を迎え、42万8,000屯と30年でほぼ7倍に拡大している。航路では、中国大陸には天津、青島、上海、香港への寄港航路を運航していたのである。

「日本郵船会社船舶総屯数毎五年比較図」

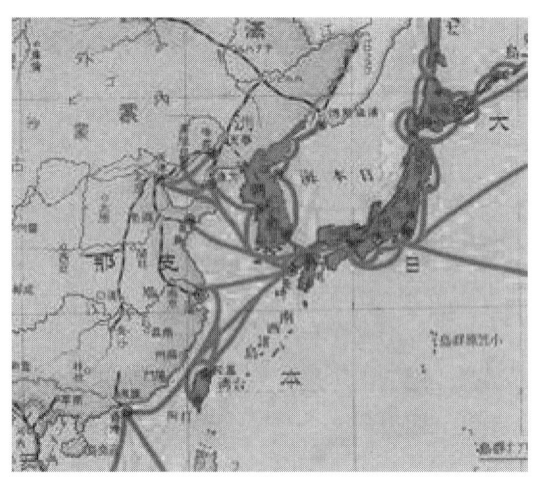

「日本郵船会社航路図」(部分)
（日本郵船会社『創立三十周年記念帖』1915年より）

3　日本郵船会社の中国・香港航路

1）　日本郵船会社の上海航路

　郵便汽船三菱会社は、1875年（明治８）１月18日に日本政府の命令により、

上海航路を開始する[11]。この航路は1885年（明治18）9月に設立された日本郵船会社に「横濱神戸下ノ関長崎上海間　毎週一回」として継承された[12]。

　日本郵船会社が顧客に配布した「上海航路案内」は、1928年（昭和3）6月10日三版発行、1930年（昭和5）10月改訂四版である（108頁）。同案内の内容は、「日本郵船上海航路案内」として12葉からなるが、既に述べたので省略する（107～111頁参照）。

2）　日本郵船会社の青島航路

　日本郵船会社が開設した青島航路について、神戸で刊行されていた『神戸又新日報』第10231号、1914年（大正3）12月19日付の「郵船の青島定航」によると次のようにある。

　　日本郵船會社の新たに開始すべき青島航路は愈々明年一月六日大阪、七日神戸解纜の山東丸（二、〇三二噸）を以て二週一回の定期航をなす事に決定したるが、同船は一等船客二十九人、二等十六人、三等九十人の客室を有し、運賃は一等和食三十六圓、二等二十四圓、三等十二圓にて商船と同額なり。尚一、二両月中に於ける同航路發着豫定は左の如し。

　　　　▲往航

		一月		二月	
大阪發　後		六日	廿日	三日	十七日
神戸着　後		六日	廿日	三日	十七日
發　前		七日	廿一日	四日	十八日
門司着　前・後		八日	廿二日	五日	十九日
青島着　前		十一日	廿五日	八日	廿二日

　　　　▲復航

		一月		二月	
青島發　後		十三日	廿七日	十日	廿四日
門司着・發　前		十六日	三十日	十三日	廿七日
神戸着前・發後		十七日	卅一日	十四日	廿八日
大阪着　後		十七日	卅一日	十四日	廿八日

> 又大阪商船にては第二次航海として一月六日に午前十時大阪、同日午後四
> 時神戸出帆の臺北丸（二、七九六噸）を就航せしむる由。

とあるように、日本郵船会社は、1915年（大正４）１月６日より、2,032屯の
山東丸によって毎２週１回の大阪から神戸、門司を経由して青島に至る定期運
航を開始したのである。

　管見の「青島航路案内」として知られる最も古い時期のものが1928年（昭和
３）９月に印刷された日本郵船会社の「青島航路案内」である。表紙絵は青島
の沿海を幾何文様で描いた図様で、海中に一艘の帆船が見られ、海岸沿いの
家々は当時の日本では見られない色彩豊かな建築物を描くと言うエキゾチック
なデザインである。裏表紙は「青島市街圖」である。大きさは縦22.7cm×横
19.3cmで縦２つ折りになる。内容説明は就航船日光丸の船内設備から始まる。

> 當社の青島航路改善計劃の實現によつて、昭和三年六月より春日丸に代つ
> て本航路に就航することとなりました日光丸は、未だ嘗て當航路に見えざ
> る設備優秀、速力快捷、噸數に於ては春日丸に超ゆること實に約二千噸の
> 巨船で、本船の就航は本邦青島間來往客にとつて必ず多大の御便宜とな
> ることを疑いません。……

との説明で始まり、一等客室、二等客室、三等客室、其他の設備、冷蔵庫とあ
る。ついで航海日時では、往航が、

> 第一日　午後大阪發、同日午後神戸着　第二日　神戸碇泊（上陸御随意）
> 第三日　午前十一時神戸發　第四日　午前門司着、同日午後一時門司發
> 第五日　船中　第六日　午前十時頃青島着

> 復航は、

> 第一日　午前十一時青島發　第二日　船中　第三日　午前八時頃門司着、
> 同日正午門司發　第四日　午前宇品着、同日午後宇品發　第五日　午前七
> 時頃神戸着　第六日　午前神戸發、同日午前大阪着

とあるように、日光丸は12日の日程で大阪・青島間を往復した。その後の説明
は、「船客運賃及浬程表、手荷物、手荷物積卸方に就て、青島、旅館、乘物料
金、青島を中心とする海陸聯絡、鐵道省線との聯絡、青島經日支聯絡旅客及手

日本郵船会社「青島航路案内」(1928年(昭和 3))

小荷物運送、山東ところどころ、當社經營主要客船航路」とあり、最後に日本郵船株式会社の本店と船客切符発売所の社名と住所電話番号などが見られる。

　日本郵船会社1933年（昭和 8 ） 7 月の「青島航路案内」の最初の記述は「就航船日光丸」で始まる。

　　當社經營の青島航路は設備優秀、則録快捷なる總　噸數五千一百噸の日光丸を以て、大阪、神戸、門司、青島間に約二週間一回の定期を踐行せしめて居ります。廣島には復航の時に限り寄港いたします。日光丸は昭和三年六月以來本航路に就航しておりますが、就航に先ち當社は巨費を投じて特に本航路に適するやう、各等客室は勿論、その他の設備全般に亘って徹底に大改造改善を施しました上に、當社獨特の鄭重懇切なる船客待遇と佳良なる食膳の調理と相俟つて、本邦青島間來往客の間に嘖々たる好評を博して居りますことは、當社の甚だ欣快とする處であります。……

「寄港地及び航海日時」には、

　　往航　第一日　午前十時大阪發、同日午前中神戸著

　　　　　第二日　午前十一時神戸發

　　　　　第三日　午前門司著、同日午後一時門司發

　　　　　第四日　船中

　　　　　第五日　午前九時頃青島著

　　復航　第一日　午前十一時青島發

　　　　　第二日　船中

　　　　　第三日　午前八時頃門司著、同日正午門司發

　　　　　第四日　午前廣島著、同日午後二時廣島發

　　　　　第五日　午前七時頃神戸著

　　　　　第六日　午前神戸發、同日午前大阪著

とあり、日本郵船の日光丸は、往航は大阪港から出港し、神戸、門司、青島に至った。復航は青島から門司、広島、神戸に寄港して大阪港に帰港している。このため往復11日を要している。神戸、門司、広島などでの碇泊時間が長いのは、貨物の積載、荷卸しに要したためと思われる。

表13　1885年8～12月横浜出港の上海・香港行き汽船一覧

号数	船名	出港日時	出港地	経由地	目的地	頁数
3500	東京丸	823.6pm	横浜	神戸・馬関・長崎	上海	34-400頁
3506	玄海丸	830.6pm	横浜	神戸・馬関・長崎	上海	34-424頁
3510	新潟丸	902.6pm	横浜	神戸・長崎	香港	35- 4 頁
3512	名護屋丸	906.6pm	横浜	神戸・馬関・長崎	上海	12頁
3516	廣島丸	913.6pm	横浜	神戸・馬関・長崎	上海	28頁
3525	東京丸	920.6pm	横浜	神戸・馬関・長崎	上海	66頁
3529	玄海丸	927.6pm	横浜	神戸・馬関・長崎	上海	82頁
3533	新潟丸	930.6pm	横浜	神戸・長崎	香港	98頁
3533	名護屋丸	1004.4pm	横浜	神戸・馬関・長崎	上海	98頁
3543	廣島丸	1012.4pm	横浜	神戸・馬関・長崎	上海	118頁
3548	東京丸	1018.4pm	横浜	神戸・馬関・長崎	上海	158頁
3550	玄海丸	1025.4pm	横浜	神戸・馬関・長崎	上海	166頁
3556	名護屋丸	1102.4pm	横浜	神戸・馬関・長崎	上海	190頁
3564	廣島丸	1111.4pm	横浜	神戸・馬関・長崎	上海	224頁
3570	東京丸	1115.4:30pm	横浜	神戸・馬関・長崎	上海	246頁
3573	玄海丸	1122.4pm	横浜	神戸・馬関・長崎	上海	264頁
3579	名護屋丸	1129.4:30pm	横浜	神戸・馬関・長崎	上海	290頁
3585	廣島丸	1207.4:30pm	横浜	神戸・馬関・長崎	上海	310頁

出典：復刻版『横浜毎日新聞』第35巻、不二出版、1991年7月によった。

3）　日本郵船会社の香港航路

　日本の汽船会社の汽船が、初めて香港に定期的に入港するのは、1880年（明治13）10月9日の郵便汽船三菱会社の新潟丸である。この入港を記念して郵便汽船三菱会社の招待で、新潟丸船上で午餐会が催された[13]。この間の様子は同年11月5日付の『報知新聞』に掲載されたとされる[14]。

　郵便汽船三菱会社の新潟丸によって毎月2回の日本から香港への定期航路が開始されたが、英国、フランス、アメリカの汽船会社との競争に対抗できず、1884年（明治17）5月10日に神戸を出港した熊本丸を最後に停止された[15]。

　ふたたび日本の汽船が香港に定期的に入港するのは1890年（明治23）の日本

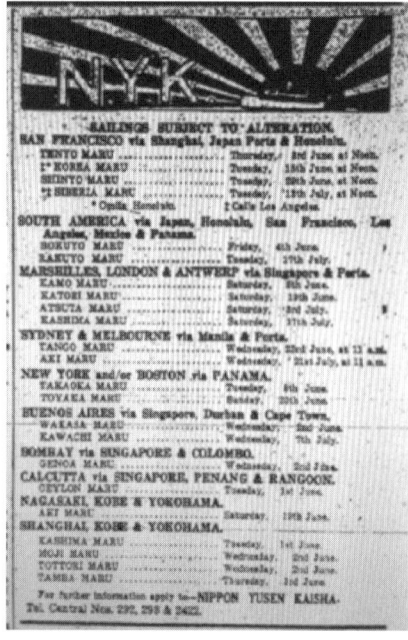

郵船会社の汽船である[16]。日本の横浜を出港した汽船を『東京横濱毎日新聞』の汽船出港広告により表示してみた。

香港は、日本郵船会社が1893年（明治26）11月に開設した日本－ボンベイ航路の寄港地となり、毎三週に1隻の運航で往航と復航に必ず寄港していた[17]。1896年（明治29）3月に開設した横浜・神戸・下関から香港等を経由してロンドン、アントワープへの日本郵船会社の欧州航路の寄港地にも香港はなっていた[18]。

1896年10月に開設する横浜から濠州への航路において香港は重要な寄港地であった[19]。ついで1911年（明治44）9月に開設された神戸からカルカッタに到る航路である甲谷陀線においても香港には必ず寄港している[20]。1918年（大正7）3月に開設した日本―爪哇（ジャワ）―甲谷陀線においても香港は寄港地であった[21]。日本郵船会社は東洋汽船会社の南米航路西岸線を1926年（大正15）5月14日より継承するが、その往航の始発港と復航の終端港となったのが香港であった[22]。この航路を運航する日本郵船会社の汽船によって香港からペルーなど南米各地に米穀が輸出されている。ほぼ1年を通じて、

　　　毎船平均三、二〇〇噸ヲ積取リ、其他各地輸出雑貨亦相當ノ出廻ヲ見タリ[23]。

とあるように、香港からおそらく中国湖南省等から産出された米穀が、毎回1隻あたり3,200屯や雑貨類が積載され南米に輸出されていたことが知られる。

1926年1月26日の香港の『香港日報』に掲載された日本郵船会社の出港広告である「日本郵船公司告白」によれば、香港に寄港する日本郵船会社の汽船は14隻もみられる。多くは香港から上海経由で神戸・横浜行きであるが、シンガポールから欧州へ、香港から北アメリカへと航路が展開していた。

1926年6月1日付の "*The China Mail*" にも英文で同様な出船広告が見られる。

San Francisco、South America、London & Antwerp、Sydney, New York, Bombay, Calcutta, Nagasaki, Shanghai, Nagasaki, Kobe, Yokohama などの港市の名が列記されている。

これら諸外国の港市と香港が日本郵船会社の汽船で繋がれていたといえるであろう。このように香港は日本郵船株式会社の日本からの遠洋航路において重要な寄港地であったのである。

4）　上海・漢口線の開設

日本郵船会社は、上海から漢口までの長江航路を運航していた英商ジョージ・マックベイン（George McBain）が経営していた麦辺洋行の汽船、1,037総屯の華利と962総屯の莘利も買収して、毎月6～7回の定期航運を開始する[24]。このことに関しては既に前著『近代日本中国台湾航路の研究[25]』において述べたので、それを参考されたい。

日本郵船が1903年（明治36）に長江航路を開設するにあたり汽船等を買収したマックベイン社とはジョージ・マックベインが上海で開設した汽船会社であった。マックベイン社は、長江航路を開設していた馬立師洋行、モリース社の汽船を1879年（光緒5、明治12）10月に買収して長江航路を運営した会社であった[26]。

『中外日報』や『申報』の広告に麦辺洋行の設立を1876年としているが、それはマックベイン社が上海で拠点を設置した時期であって、必ずしも長江航路

を開設した時期でないことが知られている。

　マックベイン社は長江航路を開設した当初は、馬辺洋行と言う中国名を使っていたが、1880年（光緒6、明治13）2月に麦辺洋行と改称した。1879年にマックベイン社が長江航路を開設するに当り、馬立師洋行から買収した三隻の汽船のうち、主に上海と鎮江間の航行を主とする発財1隻と、長江航路を航行していた華利、漢陽の2隻の汽船を保有して汽船経営を行っていたのである[27]。そして日本郵船会社は、1903年（明治36）6月15日に麦辺洋行の上海・鎮江・蕪湖・九港・漢口の航路を買収し、上海漢口線として運航するのである[28]。さらに1918年（大正7）11月より1929年（昭和4）11月まで大阪漢口線を運航している[29]。

　『申報』第11035号、1904年1月6日（光緒29年11月19日）付の「潯江雑志」に、

　　　日本郵船会社前已購得麥邊洋行萃利・華利兩輪船、行駛長江名埠、現因生
　　　意頗盛、添購沅江輪船、已於本月初九日開班行駛矣。

とあるように、日本郵船会社が麦辺洋行を買収し、その所有船であった萃利と華利の輪船を使って長江航路を運航し、されに1904年には沅江輪船が長江航路に投入されることになったとあるが、これは1904年（明治37）3月に成立した湖南汽船会社[30]の船舶であった932.52総屯の沅江丸[31]のことで、漢口と長沙等を航行することになっていた。

　麦辺洋行は1940年には上海の外灘一号に拠点を有し一般貿易業[32]を行う商社であった。

　日本郵船株式会社はマックベイン社から総屯数1,370屯の華利（W. Cores de Vries）と総屯数962屯の萃利（Sual）の2隻による長江航運では十分な運航が出来ないとして、3,000屯級型の汽船を川崎造船所に注文していた[33]。しかし1907年（明治40）3月に新会社である日清汽船会社が設立され、川崎造船所に注文していた3隻の汽船、竣工間もない総屯数3,588屯の岳陽丸、注文中の総屯数3,500屯の南陽丸、総屯数3,500屯の襄陽丸を日本郵船会社は出資として日清汽船会社に譲渡している[34]。

　このように日本郵船会社の長江航路の運航は1903年から1907年の4年ほどであった。その後は新設された日清汽船会社により運航されて行く。

　しかし日本郵船会社は1918年（大正7）11月より大阪漢口線を開始している[35]。大阪漢口線は、長江の減水期も運航していた。新潟丸2,065屯を使い毎月1回、大阪、神戸、門司、漢口に寄港して運航されていたい。ただ1918年（大正7）から1926年（大正15）までのうち1921年（大正10）、1923年（大正12）は運休している[36]。

4　小　　結

　上述のように中国沿海港市と定期航路を結んだ日本郵船会社の上海、青島、香港への航路そして長江航路について述べた。

　1872年の創刊まもない上海の『申報』が「輪船論」において「舟楫之利、至輪船爲已極矣。大則重洋巨海可以浮游、而自如小則長江内河可以行走、而無滞其運載重物也。爲至便其傳遞緊信也[37]」と記したごとく、汽船の時代が中国において身近に感じられる時代となっていた。それから10余年後の1885年に日本郵船会社が誕生し、日本から上海への航路を郵便汽船三菱会社から引き継いで運航する。

　『申報』の1895年11月6日付の「蓬瀛佳勝」において「日本郵船公司原定玄海丸名古屋廣島横濱等四船、當川開往、上海横濱等港、開行日期、悉照三菱公司舊式、現聞該公司、將玄海丸改走別口、調薩摩新船走上海云[38]」と、日本郵船会社の上海への登場を記して以来、日本郵船会社による中国沿海との定期航路が開かれたのである。

　日本郵船会社の日本から中国沿海港市への航路はさらに拡大し、中国の東北部や華南沿海にも展開した。その航路によって中国の人々の移動や中国物産の海外流通の一端を担っていたと言えるであろう。

第2編　日本郵船会社と航路案内

[注]

1) 日本郵船株式会社編『日本郵船株式會社五十年史』日本郵船株式会社、1935年12月、57〜58頁。
2) 同書、63〜70頁。
3) 同書、63頁。
4) 同書、64頁。
5) 同書、86〜87頁。
6) 同書、86頁。
7) 同書、86〜87頁。
8) 同書、117〜118頁。
9) 同書、137頁。
10) 日本郵船株式会社『創立満三十年記念帖』日本郵船株式会社、1915年12月。
11) 日本郵船株式會社編『日本郵船株式會社五十年史』7〜8頁。
12) 同書、64頁。
13) 台湾総督府熱帯蚕業調査会編『明治初年に於ける香港日本人』臺灣總督府熱帯蚕業調査会、1937年5月、90頁。
14) 同書、91頁。
15) 同書、166頁。
16) 同書、167頁。
17) 日本郵船株式会社貨物課編『我社各航路ノ沿革』日本郵船株式会社貨物課、1932年9月、156〜163頁。
18) 同書、391〜392頁。
19) 同書、292〜299頁。
20) 同書、240〜243頁。
21) 同書、261頁。
22) 同書、363、372〜373頁。
23) 同書、374頁。
24) 日本郵船株式会社編『七十年史』日本郵船株式会社、1956年7月、77頁。
25) 松浦章『近代日本中国台湾航路の研究』清文堂出版、2005年6月、221〜236頁。
26) 同書、224〜236頁。
27) 同書、224〜236頁。
28) 日本郵船株式會社編『日本郵船株式會社五十年史』175〜176頁。
29) 同書、265頁。
30) 松浦章『近代日本中国台湾航路の研究』245頁。
31) 同書、246、247、257頁。
32) 『中支商工取引総覧』上海、中国通信社、1940年3月、406頁。
33) 浅居誠一編『日清汽船株式會社三十年史及補遺』日清汽船株式会社、1941年4月、

130

33、41頁。

34)　同書、41頁。日本郵船株式会社編『日本郵船株式会社五十年史』648頁。

35)　日本郵船株式会社貨物課編『我社各航路ノ沿革』111頁。

36)　同書「三菱・郵船　上海航路ノ沿革一覧表」其五による。

37)　『申報』第26号、1872年（同治壬申（11））４月24日。

38)　同上、第4514号、1895年11月６日（光緒11年９月30日）。

第3章　1930年代日本郵船会社の「上海航路案内」

1　緒　　言

　1875年（明治8）以前における日本と外国とを結ぶ汽船航路は、欧米などの外国汽船の寡占状況にあった[1]。ところが1875年になると日本もその一角に参画することになる。その最初が日本の海外航路として日本と中国・上海を結ぶ汽船の定期航路である。

　日本の汽船会社による中国と結ぶ定期航路の開設は郵便汽船三菱会社が最初である。日本郵船株式会社の『七十年史』によれば、「政府は、（中略）明治八年一月十八日三菱会社に上海航路の開始を命じた。よって同社は、受託船中東京丸（二,二一七総屯木船外車）、新潟丸（一,九一〇総屯鉄製暗車）、金川丸（一,一五〇総屯鉄製暗車）及び高砂丸（二,二一七総屯鉄製暗車）の四隻をもって、直ちに横浜上海間一週一回の定期航路を開始した。これが本邦海外定期航路の嚆矢である」[2]とあるように、郵便汽船三菱会社が日本政府の指示のもとに横浜・上海間の定期航路を1875年に開始したのである。

　その郵便汽船三菱会社を継承して1885年に日本郵船会社が、日本からの上海航路を運航する。その上海航路の搭乗客に配布された「航路案内」について述べたい。

2　日本郵船会社の上海航路

　日本から上海への航路は、1885年（明治18）10月1日に開業した日本郵船会社[3]に継承された。その4年後の1889年（明治22）1月の神戸港から発着する

日本郵船会社の「神戸定期船発着一覧表」（縦37.8cm、横26.7cm、6頁の図）がある。

上海行きの汽船は次の月日に出港していた。

明治22年 1 月 3 日　木曜日　午後 6 時　馬関、長崎、上海　　横濱丸

　　　　 1 月10日　木曜日　午後 6 時　馬関、長崎、上海、　東京丸

　　　　 1 月17日　木曜日　午後 6 時　馬関、長崎、上海　　西京丸

　　　　 1 月24日　木曜日　午後 6 時　馬関、長崎、上海　　横濱丸

　　　　 1 月31日　木曜日　午後 6 時　馬関、長崎、上海、　東京丸

毎木曜日の午後 6 時に神戸から下関、長崎を経由して上海へ正確な定期運航がなされていたのである。

20世紀にはいると日本郵船会社は他の外国汽船会社に対抗するために、上海航路を充実させて行く。

1906年（明治39）以前の状況は毎週一回の定期運航であったが、1906年以降は毎週 2 回 1 年に104回の運航を行うようになった[4]。そして1909年（明治42） 6 月には、あらたに神戸・上海間に 1 年に16回以上の「定期自由船」の運航を行っている[5]。

この上海航路が大きく変化するのが、1915年（大正 4 ）年以降のことである。日本政府の命令によって、日本郵船会社の上海航路は次のようになった。

神戸上海線（命令本線）

　　寄港地　　　大阪・門司（往復共）

　　航海度数　　一週一回・年五十二回（従来二週一回）

　　使用船　二艘、八幡丸（三千四百九十二噸）・春日丸（三千四百八十噸）

　　　　　　（従来一隻）

横濱上海線（命令附属線）

　　寄港地　　　神戸・門司・長崎

　　航海度数　　一週二回・年百四回

　　使用船　五艘、博愛丸（二千六百三十六噸）・山城丸（三千六百六噸）近

　　　　　　江丸（三千五百八十二噸）・筑前丸（二千五百七十八噸）・筑後丸

（二千五百六十三噸）[6]

　この二航路を基軸にして、1919年（大正8）2月には、横浜名古屋上海線を開設している。

　　横濱名古屋上海線

　　　寄港地　　　往航　名古屋・神戸・門司　復航　長崎又は門司・名古屋

　　　航海度数　　毎月一回又は二回。

　　　使用船　一艘、和歌浦丸（二千四一噸）[7]

　1915年以降において日本郵船会社の神戸上海線、横浜上海線の汽船が、上海港には毎週3隻が入港する状況になるのである。日中間の交流が極めて活発化していった。

　その一端を『申報』第1507号、1915年（中華民国4年）3月6日付の上海から出港する日本郵船会社の汽船広告[8]（92頁）に見ることが出来る。

　日本郵船会社は『申報』の同日の同紙面に3件の広告を掲示した。いずれも上海から日本へ行く汽船の出港日を告知する内容である（92頁参照）。

　「筑前丸輪船、准於于三月六日、即禮拜六、下一時半、開往日本等埠」、「近江丸輪船、准於于三月九日、即禮拜二、上午五鐘、開往日本等埠」、「筑後丸輪船準於三月十三日、即禮拜六、上午九鐘、開往日本等埠」と、1915年3月6日の13：30に筑前丸が、3月9日の5：00に近江丸が上海から、3月13日の9：00に筑後丸が上海港を出発して日本に航行する案内である。3〜4日間隔で、上海から日本へ赴く定期汽船があり、日中間の往来に要する時間がさらに短縮される可能性が高くなってきたことを象徴する広告掲示と言えるであろう。

3　日本郵船会社の上海への航路案内

　郵便汽船三菱会社は、1875年（明治8）1月18日に日本政府の命令により、上海航路を開始する[9]。この航路は1885年（明治18）9月に設立された日本郵船会社に「横濱神戸下ノ関長崎上海間　毎週一回」[10]として継承されたが、

1915年以降になると毎週3艘の船が上海に入港していた。

1）　1930年の上海航路案内（縦23.6cm×横19.7cm、12頁）

日本郵船会社が顧客に配布した「上海航路案内」は、昭和3年（1928）6月10日三版発行、昭和5年10月改訂四版である。同案内の内容は、「日本郵船上海航路案内」として次の内容が述べられている。

　　中國と日本、日華交通の今昔、上海へ、上海、日本総領事館、遊覧観光所、旅館、乗物、土産物、支那料理、海陸聯絡、南支の遊覧地、蘇州、杭州、鎮江、南京、日華聯絡船利用観光旅程、郵船の上海航路、日華聯絡快速船、長崎丸、上海丸、瀬戸内海と長崎雲仙の遊覧、日本諸港上海間乗船運賃、御乗船案内、【旅行上の御注意】気候、衛生、服装、携帯品、関税、通貨、郵便及電信、【支那揚子江沿岸行】、【日中周遊券】、【省社二線連帯旅客及手荷物輸送取扱】、【上海經由日華片途連絡旅客手荷物運送取扱】

以上からなる12葉である（107～111頁参照）。同冊子の航路図は次のものである。

　この航路に就航していた長崎丸と上海丸についての説明は、

　　總噸數五，三〇〇噸　速力二十一節　船客定員一等百五十五名　三等二百

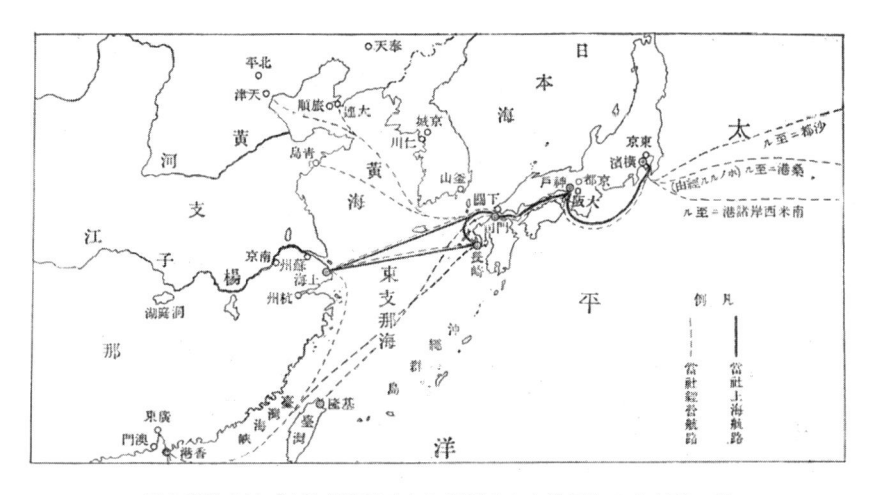

日本郵船会社「上海航路案内」に掲載された地図(1930年(昭和5))

六十三名

右両客船は大正十一年英國グラスゴーのデンニュー造船所の建造にかかり、
神戸、長崎、上海間の聯絡に従事して居る最新式優良の純客船であります。

とあるように、5,300屯で、21ノットの長崎丸と上海丸が就航し、船客400余名
を乗船させ輸送できた船であった。両船の就航時間は、

　　往航　神戸發第1日午前11時　長崎着第2日午前9時　長崎發午後1時
　　　　　上海着第3日午後4時
　　復航　上海發第4日午前9時　長崎着第5日正午　長崎發午後5時
　　　　　神戸着第6日午後3時

とあるように、各船が長崎等の停泊時間を含め5日間4時間で神戸・上海間を
航行していたのであった。
当時の上海丸、長崎丸の絵
葉が残されており次に掲げ
たい。またその当時の運行
状況を表14に示した。

上海丸

この「上海航路案内」が
刊行された1930年（昭和
5）10月直後の、11月の日
本郵船会社の上海船はどの
ようであったかを、『大阪
朝日新聞』第17590号、
1930年（昭和5）11月1日、
同17595号、6日付の「日
本郵船汽船會社出帆」より
整理すると表14のようにな
る。

長崎丸

11月1日から9日までの
間に、上海経由の香港行を

表14　1930年11月日本郵船会社上海行の汽船名

出港日	出港時	出港港名	船名	備考
11月1日	11：00	神戸	上海丸	上海行連絡船
11月2日	13：00	長崎	上海丸	上海行連絡船
11月2日		大阪	摩耶丸	
11月3日		神戸	摩耶丸	
11月5日	10：00	神戸	六甲丸	
11月5日	11：00	神戸	長崎丸	上海行連絡船
11月5日	12：00	神戸	浅間丸	上海・香港行
11月5日		大阪	生駒丸	
11月6日	13：00	長崎	長崎丸	上海行連絡船
11月6日		神戸	生駒丸	
11月8日		大阪	笠置丸	
11月9日		神戸	笠置丸	
11月9日	11：00	神戸	上海丸	上海行連絡船
11月10日	13：00	長崎	上海丸	上海行連絡船
11月10日	10：00	大阪	阿蘇丸	

『大阪朝日新聞』による。時刻はアラビア数字24時間制で示した。

含め、神戸港から8隻に上海行きの汽船が運航されていたことになる。

　この表の「上海行聯絡船」として名のあがる上海丸と長崎丸は、快速船として毎時21ノットのスピードで神戸と上海を結んでいた。両船の雄姿は当時の絵葉書にも取り上げられている。

2）　1933年の上海航路案内（縦22.8cm×横19.5cm、12頁）

　日本郵船会社の1933年（昭和8）3月改訂5版のパンフは次の表紙である。

　このパンフの初版は1930年（昭和5）に出版され、版を重ねている。汽船の手すりに腰掛けた中国服を着た婦人が大きな扇を背負って座っている光景を描いている。

　中國と日本、日華交通の今昔、上海へ、上海、日本総領事館、遊覧観光所、旅館、乗物、土産物、支那料理、海陸空聯絡、南支の遊覧地、蘇州、杭州、

鎮江、南京、日華聯絡船利用観光旅程、郵船の上海航路、日華聯絡快速船、長崎丸、上海丸、瀬戸内海と長崎雲仙の遊覧、日本諸港上海間乗船運賃、御乗船案内、【旅行上の御注意】気候、衛生、服装、携帯品、関税、手荷物検査、通貨、郵便及電信、【日中周遊券】、【省社二線連帯旅客及手荷物輸送取扱】、【上海經由日華片途連絡旅客手荷物運送取扱】

　以上の項目からなる。先の「上海航路案内」と異なる新たな新項目も見られる。それは前の「海陸連絡」が「海陸空連絡」として空路の案内がみられることである。

　空路は上海を起點として左記の通り經營されて居ります。

　中國航空公司經營線（イ）上海―南京―安慶―九江―漢口。

　（ロ）漢口―沙市―宜昌―萬縣―重慶。

　（ハ）上海―海州―青島―天津―北京。

歐亞航空公司經營線（イ）上海―南京―洛陽―西安―蘭州―肅州―哈密―迪化―塔城。

　この航空路が1933年（昭和８）改訂５版に新出したことに時代の変化が如実に見られる。

　この冊子が出版されたほぼ一年前の神戸の新聞『神戸又新日報』第16513号、1932年（昭和７）３月29日付の「日本郵船汽船神戸出帆」の欄に上海行きの汽船として次のものが見られる。

　日華快速船　長崎丸　卅一日　前十時

　　　　　　上海丸　四月六日前十一時

　　　（長崎發翌日正午十二時）

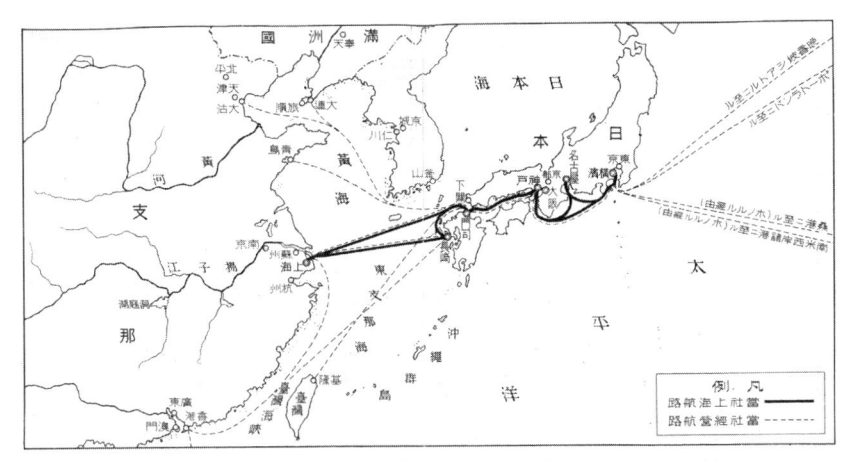

日本郵船会社「上海航路案内」に掲載された地図（1933年（昭和８））

　　　上海行　　近江丸　　四月二日前十時
　　　　　　　　山形丸　　四月五日前十時
とある。３月29日は火曜日であり、３月31日は木曜日に長崎丸が、４月２日は
金曜日に近江丸、４月５日は月曜日に山形丸、６日は火曜日に上海丸が神戸か
ら上海に向かって出港していたことがわかる。すなわち１週間に４隻が神戸か
ら上海に赴く日本郵船会社の汽船が運航されていたことがわかる。

　さらに同冊子には「民國汽車時間並ニ賃金表」が添付され、その「日華聯絡
線利用観光旅程」（六日間）に上海・南京・杭州の観光日程が見られる

　　　日程　　観光順序
　　　一日　　午後三時頃上海着、市中見物、午後十一時上海發
　　　二日　　午前七時南京着見物、午後十一時時南京發
　　　三日　　午前七時二十分上海着、休憩
　　　四日　　午前八時三十五分上海發、午後二時九分杭州着、見物一泊
　　　五日　　午前杭州見物、午後二時杭州發、同六時五十分上海着
　　　六日　　午前九時上海出帆
上海に到着して当日の上海北駅発23：00の京滬線の特急寝台車で南京に赴く

表15　1933年４月日本郵船会社上海行の汽船名

出港日	出港時	出港港名	船名	備考
４月１日		大阪	筑後丸	
４月２日		神戸	筑後丸	
４月２日	11：00	神戸	上海丸	
４月３日	13：00	長崎	上海丸	
４月５日		大阪	三笠丸	
４月６日		神戸	三笠丸	
４月６日	11：00	神戸	長崎丸	
４月７日	13：00	長崎	長崎丸	
４月７日		大阪	六甲丸	
４月８日		神戸	六甲丸	
４月９日	12：00	神戸	龍田丸	上海香港行
４月10日	11：00	神戸	上海丸	
４月11日	13：00	長崎	上海丸	

『大阪朝日新聞』による。時刻はアラビア数字24時間制で示した。

と翌日の午前７：00に８時間かけて到着する。そして一日南京見学を終えて、同日の23：00の南京発の特急寝台車で上海に向かい、翌日の午前７：20に上海北駅に到着する。南京から上海へは20分長くかかっている。第四日は、滬甬線により上海北駅８：35の急行で杭州に向かい13：59に杭州に到着し、１日杭州見物し、杭州で宿泊する。翌日の午前中も杭州見物して、午後の14：00の杭州発の急行列車で上海にもどり、翌日の午前９時の日本行きの汽船で帰国すると言う上海、南京、杭州の観光旅行に日本郵船会社の日華連絡快速船の総屯数5,300屯の長崎丸か上海丸を利用するものであった。

　この「上海航路案内」が刊行された1933年（昭和８）３月直後の、４月の日本郵船会社の上海船はどのようであったかを、『大阪朝日新聞』第18465号、1933年（昭和８）４月１日、同18469号、６日付の「日本郵船汽船會社出帆」より整理すると表15のようになる。

　４月２日から10日までの８日間に７隻の汽船が、神戸港から上海港に向かっていたことが知られるのである。

3）　1936年の上海航路案内（縦22.8cm×横19.5cm、12頁）

　1936年2月印刷の「上海航路案内」は、全12頁の縦長サイズの掌中版である。本冊子は「日本郵船上海航路案内」として、次の項目が記されている。

　　中國と日本、日華交通の今昔、上海へ、上海、日本総領事館、遊覧観光所、旅館、乗物、土産物、支那料理、海陸空聯絡、南支の遊覧地、蘇州、杭州、鎮江、南京、日華聯絡船利用観光旅程、郵船の上海航路、日華聯絡快速船、長崎丸、上海丸、瀬戸内海と長崎雲仙の遊覧、日本諸港上海間乗船運賃、御乗船案内、【旅行上の御注意】、気候衛生、服装、携帯品、関税、手荷物検査、通貨、郵便及電信

　先の2冊とほぼ同項目であるが、若干増加変更が見られる。

　この「上海航路案内」が刊行された1936年（昭和11）2月直後の、3月の日本郵船会社の上海船はどのようであったかを、『大阪朝日新聞』第19521号、1936年（昭和11）3月1日、同19526号、6日付の「日本郵船汽船會社出帆」より整理すると表16のようになる。

　1936年3月2日から12日までの10日間に6隻の日本郵船会社の汽船が神戸を出港し、上海港に向かっていた。

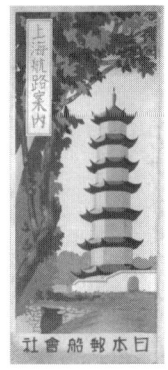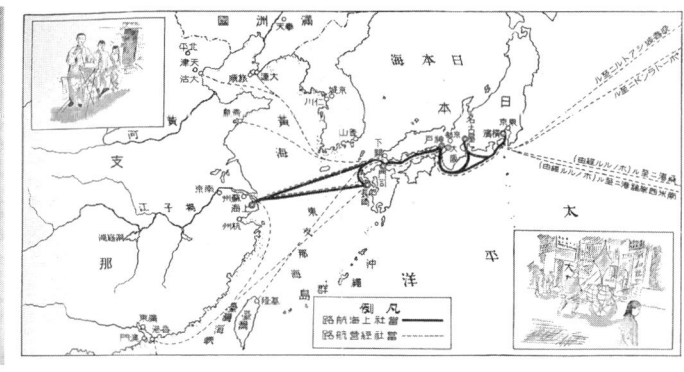

日本郵船会社「上海航路案内」(1936年（昭和11）)

表16　1936年３月日本郵船会社上海行の汽船名

出港日	出港時	出港港名	船名
３月３日	11：00	神戸	上海丸
３月４日	13：00	長崎	上海丸
３月４日		大阪	摩耶丸
３月５日		神戸	摩耶丸
３月５日		大阪	六甲丸
３月６日		神戸	六甲丸
３月７日	11：00	神戸	長崎丸
３月７日		大阪	三笠丸
３月８日		神戸	三笠丸
３月８日	13：00	長崎	長崎丸
３月10日	10：00	大阪	筑波丸
３月11日	11：00	神戸	上海丸
３月12日	13：00	長崎	上海丸

『大阪朝日新聞』による。時刻はアラビア数字24時間制で示した。

4　小　　結

　ここに掲げた「上海航路案内」は、日本郵船会社が1930年10月、1933年３月、1936年２月に発行し、乗船顧客に配布した３種のものである。この７年間に日本と中国とくに上海を結ぶ定期船は、毎週ほぼ３〜４隻が確実に運航されていたことが知られる。

　1932〜1937年の５年間ではあるが、上海港に出入した各国の汽船の総屯数を比較すると、英国籍の汽船の総屯数が圧倒的に他国を制圧していた。それにつぐのが中国籍の汽船であったが、日本籍の汽船が中国籍の汽船の屯数に接近し、1936年には日本籍汽船の総屯数が中国籍汽船のそれを追い越すことに至ったのである（次頁図参照）[11]。

　このように日本汽船の上海港への出入屯数は漸次増加傾向にあり、日本郵船

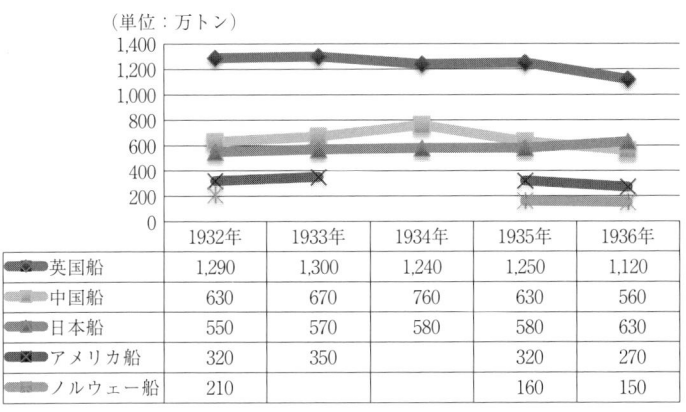

（単位：万トン）

	1932年	1933年	1934年	1935年	1936年
英国船	1,290	1,300	1,240	1,250	1,120
中国船	630	670	760	630	560
日本船	550	570	580	580	630
アメリカ船	320	350		320	270
ノルウェー船	210			160	150

1932〜1937年上海港出入各国汽船トン数推移表

会社の日本から上海港への定期便もその一翼を担っていたことは確実である。

　これら頻繁に日中間を往航、復航する日本郵船会社の上海定期便は、日中間の人的移動、物的流通に大いに貢献していたことは歴然たる事実と言えるであろう。

〔注〕

1）　松浦章『汽船の時代〈近代東アジア海域〉』清文堂出版、2013年3月、31〜110頁。
2）　日本郵船株式会社編『七十年史』日本郵船株式会社、1957年7月、8頁。
3）　日本郵船株式会社編『日本郵船株式會社五十年史』日本郵船株式会社、1935年12月、1頁。
4）　同書、292頁。
5）　同書、292頁。
6）　同書、291〜293頁。
7）　同書、293頁。
8）　『申報』第15107号、中華民国4年3月6日、上海書店影印1982年12月、第133冊、87頁。
9）　日本郵船株式会社編『日本郵船株式會社五十年史』日本郵船株式会社、7〜8頁。
10）　同書、4頁。
11）　『民国二十一年　海関中外貿易統計年刊』、『民国二十二年　海関中外貿易統計年刊』、『民国二十三年　海関中外貿易統計年刊』、『民国二十四年　海関中外貿易統計

　　年刊』、『民国二十五年　海関中外貿易統計年刊』、『中國舊海關史料（1859-1948）』
　　京華出版社、2001年10月、第112冊185頁、第114冊172頁、第116冊197頁、第118冊
　　318頁、第120冊368頁を参照。

第4章　日本郵船会社の台湾航路案内

1　緒　　言

　日本郵船会社は、日本を代表する汽船会社として、先行する郵便汽船三菱会社と共同運輸会社の資産を継承して、1885年（明治18）9月29日に創立され、同年10月1日より開業した[1]。創業当初は、日本国内の沿岸航路11線の他に、海外を結ぶ横浜・上海航路、長崎・浦鹽航路、長崎・仁川航路の3航路があるのみであった[2]。

　その後、日清戦争によって台湾が日本の統治下に入ると、まもなく台湾への定期航路を開設する。1896年（明治29）9月より汽船3隻によって、日本郵船株式会社は、神戸基隆線を、神戸から広島の宇品、そして門司、長崎に寄港して基隆に至る航路を開設している[3]。そして、1897年（明治30）4月には同航路が台湾総督府の命令航路となり、汽船1隻によって神戸から門司に寄港して基隆に至る毎月2回の定期運航を行うのである。

　『中外商業新報』1923年（大正12）4月16日付の記事「海運の台湾便利になった」の中で「日本郵船会社客船設備の整い」として、

　　　台湾の海上交通機関を完成せしむべき政府の方針に依って明治二十九年四
　　　月大阪商船が神戸、基隆間の定期航路を受命したのを手始めに明治三十年
　　　には日本郵船会社が基隆、神戸間の定期航海を受命した[4]。

とあるように、1896年（明治29）4月、日本政府の命令航路として大阪商船会社が神戸・基隆間に定期航路を開設する。次いで1898年（明治31）には日本郵船会社が、政府の命令航路として神戸・基隆間の定期汽船航路を開設し、台湾と日本を結ぶ定期航路が確保されたのである。

　その後、日本郵船会社は、1923年に同社の近海部を独立させ、あらたに近海

郵船株式会社が誕生し、日本郵船会社は新設した近海郵船会社に台湾航路を委ねた[5]。

　そこで本章では、1896年から1923年までの日本郵船会社の台湾航路[6]に関する航路案内について述べてみたい。

2　日本郵船会社の台湾航路

　大阪商船会社に続いて1896年（明治29）9月より汽船3隻によって、日本郵船株式会社も神戸基隆線を、神戸から広島の宇品、そして門司、長崎に寄港して基隆に至る航路を開設した[7]。そして、1897年（明治30）4月には同航路は台湾総督府の命令航路となり、汽船1隻によって神戸から門司に寄港して基隆に至る毎月2回の定期運航を行うのである[8]。日清戦争の結果、台湾が日本の植民地となるが、その台湾と日本を結ぶ海上航路の確保が最も重要な要件であった。

　1896年（明治29）8月21日付の『毎日新聞』第7710号、の「臺灣航路開始広告」に、

　　　今般當會社に於て神戸、基隆、間の定期航路を開き毎月四回（凡八日目）
　　　神戸、基隆双方を出帆し、往復とも宇品、門司、長崎に寄港せしめ、其第
　　　一船として小樽丸を九月一日午後三時神戸發船、宇品、門司、長崎を経、
　　　基隆向け差立つ。
　　　本線は神戸、門司、長崎の三港に於て當社の内外各線路に接続し、東京、
　　　横浜始め各地と臺灣との間に往復する船客荷物を積移す。
　　　明治二十九年八月二十日
　　　　　日本郵船會社[9]

とあり、同内容の広告は『大阪朝日新聞』第5266号、1896年（明治29）8月25日付の広告にも漢字カタカナ文で掲載されている[10]。

　1896年（明治29）9月1日に小樽丸が神戸を出港以降、その後、ほぼ8日ご

とに小倉丸、天津丸、遅れて加わる福岡丸、薩摩丸によって宇品、門司、長崎に寄港して基隆に至る航路を運航することになる。

　他方到着地の台湾の事情については、『臺灣新報』第20号、1896年（明治29）9月15日付の広告欄に、

　　日本郵船株式會社　臺灣定期船出帆　廣告

　　　　九月十八日午後三時基隆出帆

　　●小倉丸　長崎、門司、宇品、神戸行

　　　荷客取扱所　基隆石牌街　日新舘[11]

とある。『臺灣新報』第23号、1896年（明治29）9月21日付の広告では、

　　日本郵船株式會社　臺灣定期船出帆　廣告

　　●天津丸　九月二十五日午後三時基隆出港

　　　長崎〇門司〇宇品〇神戸行

　　　　　荷客取扱所

　　　基隆港哨船頭街五十五番戸　南海海陸運漕組　（以下略）[12]

とああり、また　『臺灣新報』第29号、1896年（明治29）10月2日付の広告欄に、

　　日本郵船株式會社　臺灣定期船出帆　廣告

　　●小樽丸　十月三日午後三時基隆出帆

　　　長崎〇門司〇宇品〇神戸行

　　　噸数二、二七四噸

　　　　　荷客取扱所

　　　基隆港哨船頭街五十五番戸　南海海陸運漕組　（以下略）[13]

とある。9月18日に小倉丸が、9月25日に天津丸が、10月3日には小樽丸が出航している。9月1日に日本郵船会社が台湾航路を開設して以降の運航船を大阪商船会社の船舶と共に表記したのが次の表17である。なお、この表17作成に関しても『大阪朝日新聞』に掲載された「大阪商船会社大阪出帆汽船広告」、「日本郵船株式会社汽船神戸出帆広告」に基づいている。

　日本郵船会社の小樽丸、小倉丸、天津丸、薩摩丸については、次の記録が知

表17　1896年 9 月～11月大阪商船会社・日本郵船会社の台湾定期運航表

月　日	時　刻	会 社 名	船　名	トン数	出港地・寄港地・終着地
9 月 1 日	午後 3 時	日本郵船	小樽丸	2,374屯	神戸→宇品・門司・長崎・基隆行
9 月 5 日	午後 2 時	大阪商船	明石丸	1,354屯	大阪→神戸・鹿児島・大島・沖縄・基隆行
9 月 8 日	午後 3 時	日本郵船	小倉丸	2,389屯	神戸→宇品・下関・長崎・基隆行
9 月15日	午後 2 時	大阪商船	須磨丸	1,562屯	大阪→神戸・門司・長崎・三角・鹿児島・大島・沖縄・八重山・基隆行
9 月16日	午後 3 時	日本郵船	天津丸	2,908屯	神戸→宇品・下関・長崎・基隆行
9 月23日	午後 3 時	日本郵船	小樽丸	2,374屯	神戸→宇品・下関・長崎・基隆行
9 月28日	午後 2 時	大阪商船	舞鶴丸	1,076屯	大阪→神戸・鹿児島・大島・沖縄・基隆行
10月 1 日	午後 3 時	日本郵船	小倉丸	2,389屯	神戸→宇品・下関・長崎・基隆行
10月 5 日	午後 2 時	大阪商船	福岡丸	2,796屯	大阪→神戸・鹿児島・大島・沖縄・基隆行
10月 8 日	午後 3 時	日本郵船	天津丸	2,908屯	神戸→宇品・下関・長崎・基隆行
10月14日	午後 2 時	大阪商船	須磨丸	1,562屯	大阪→神戸・門司・三角・沖縄・基隆行
10月15日	午後 3 時	日本郵船	小樽丸	2,374屯	神戸→宇品・下関・長崎・基隆行
10月23日	午後 3 時	日本郵船	小倉丸	2,389屯	神戸→宇品・下関・長崎・基隆行
10月28日	午後 2 時	大阪商船	福岡丸	2,796屯	大阪→神戸・鹿児島・沖縄・八重山・基隆行
11月 1 日	午後 3 時	日本郵船	薩摩丸	1,866屯	神戸→宇品・下関・長崎・基隆行
11月 5 日	午後 2 時	大阪商船	江ノ島丸	1,493屯	大阪→神戸・鹿児島・沖縄・基隆行

『日本郵船株式会社五十年史』631、639、640頁、『大阪商船株式會社五十年史』377、384頁参照。

られる。この内、小樽丸は日本郵船会社では 2 度使用されているが、これは最初の小樽丸である。

　　船名：小樽丸　旧名：ダーダネス　船質：鋼　総屯数：2,374　建造年月：明治19年 5 月　建造地：英国ニューカッスル　機関：二連成　摘要：明治29年11月 1 日陸軍省払下げ　明治37年 5 月 3 日　旅順港口に沈置[14]

　小樽丸は英国から購入した船舶であるが、その最後は日露戦争の際の旅順港口に沈められロシア艦隊を旅順湾に封じ込めるために使われた船であった。下記の天津丸も同様にされている。

　　船名：小倉丸　旧名：ターター　船質：鋼　総屯数：2,389　建造年月：明治20年 9 月建造地：英国ミッドルスブロー　機関：三連成　摘要：明治

29年11月1日陸軍省払下げ　大正9年12月16日沈没[15]

船名：天津丸　旧名：ウースター　船質：鋼　総屯数：2,908　建造年月：明治20年2月　建造地：英国ウエスト・ハートルプール　機関：三連成　摘要：明治28年3月8日購入　明治37年2月24日旅順港口に沈置[16]

船名：薩摩丸　船質：鋼　総屯数：1,866　建造年：明治17年　建造地：英国グラスゴー　機関：二連成　摘要：明治44年5月27日売却[17]

日本郵船台湾航路　絵葉書
出版年不明

大阪商船会社の福岡丸、江ノ島丸については次の記録がある。

船名：福岡丸　船材：鐵　種類：貨客船　総噸数：2,796.06　登簿噸数：1,997.69　公称馬力：222.00　購入年月日：明治33年2月1日　購入先：海軍省[18]

船名：江ノ島丸　旧名：タイイツク号　船材：鋼　種類：貨客船　総噸数：1,495.8　登簿噸数：926.02　公称馬力：124.20　購入年月日：明治28年9月12日　購入先：独逸[19]

この内、福岡丸は台湾航路に就航時においては海軍省の保有にかかわる船舶であったことがわかる。

以上のように1896年（明治29）5月以降は大阪から基隆にかけて大阪商船が、同年9月からはそれに日本郵船会社が加わり、1ヶ月に7便の日本汽船が基隆に来航するようになったのである。この航路はどのようであったかについて『臺灣新報』第67、68号、1896年（明治29）11月21日、22日に連載された「臺灣航路に就て（上）其現状」と「臺灣航路に就て（下）敏速ならしむる方法」が参考になろう。

『臺灣新報』第67号の「臺灣航路に就て（上）其現状」には、

> 神戸より基隆に達する海路は海里約九三〇哩のみ、汽船一時間の速力十哩なるものは、則ち九十三時間にして基隆より發して神戸に、神戸より發して基隆に達すべし。

> 九十三時間は之を昼夜に分ては四昼夜に上らず、然らば此汽船をして、長崎に八時間、門司に八時間、宇品に八時間づつ、平等に寄港せしむれば、此汽船は合計百十七時間にて神戸より基隆に、基隆より神戸に達するを得べし、即ち僅に五昼夜にして着達し、十日にして一往復するを得べし。……神戸より基隆に達するは、大抵八日乃至十日を要するものと知測せざるを得ず。……郵船會社船は長崎以後一直の航路に由れば、三角、鹿児島等に寄港する所謂社外船よりも尚ほ捷直、敏速なりと稱せらる。故に所謂社外船に神戸より搭づるか、又は商船会社船に搭づるものは、以上の知測日数よりも更に多くの日数を要するものと承知せざるべからす。

> 臺灣を開發するために第一に必要なりとせらるるは其交通なり。其中の鉄道は未發に属し、電信も未設に属し、獨り汽船あり。我邦必らずしも其少きを思へず。現に郵船會社あり、商船會社あり、此航路に従ふ上に、社外船すらありて併せて之に従ふても、臺灣島の交通は尚ほ且つ十日以上乃至二週間の日子を其一往航一通信の際に要せざるべからざるか、不便も亦甚しからずや。（以下略）[20]

とある。ここで社外船と言っていることについては『臺灣新報』第68号、1896年（明治29）11月22日付の「臺灣航路に就て（下）敏速ならしむる方法」において、

> 所謂社外船の、現時不定期航なるを改めて定期航たらしむるを謂ふ、所謂社外船の中には、依姫丸あり、神州丸あり、凱旋丸は今や御用船たりといへども嘗て久しく社外船の列に在りたることもあり。乃ち其船舶の体裁、構造、容積、速力等の諸要點に於て多く現時の郵船會社船に譲らず、却つて之に凌駕するを見る[21]。

とあるように、外国への定期航路を保有した大阪商船株式会社や日本郵船会社

そして東洋汽船会社の３社以外の船舶を俗に社外船と呼称したのであり、大阪商船会社の台湾への定期航路開設以前以後も運航していた各社の船舶が社外船であった。

1896年（明治29）５月30日に総理大臣伊藤博文と海軍大臣西郷従道等は勅命によって「南方要地巡視」[22]に出発し、６月７日に横須賀から巡洋艦吉野に搭乗し台湾及び厦門地方の巡視に赴いている。その際、６月16日に台北において伊藤博文が演説[23]した内容は、日本が台湾を統治した当初において、日本から台湾へまた台湾内の交通をいかに迅速に大量に行うか、という課題についてであった。当時の状況では台湾から厦門・香港を経て世界へとする航運が一般的であった。日本から台湾への直接輸送は、厦門・香港経由よりも運賃が割高であり、日本から台湾への直航航路の充実が急務と見られたのである。

3　日本郵船会社の台湾航路案内

1912年出版の『臺灣大觀』に掲載された「日本郵船株式會社」の広告（右図）には、

　　汽舩八拾隻　　　総噸數三拾萬噸

　　臺湾航路ノ両大船

　　　　神戸基隆間往復　毎月四回兩地出帆

　　　　船内無線電信局及船内郵便局アリ

　　　　信濃丸総噸數　六千四百三十四噸

　　　　備後丸総噸數　六千二百八十噸

　　　　　　右兩船共乗客ノ愉快便利ノタメ

　　　　　　有スル改良ヲ施シ、一、二等設

　　　　　　備ノ優良ナルハ勿論殊ニ乙種二

　　　　　　等室ニ今回大改造ヲ加ヘ其三等

　　　　　　ノ如キハ現代世界ノ船舶ニ比類

　　　　　ナキ日本座敷風ノ構造トナシ、理想的客船タルノ好評ヲ博シツツ

　　　　　アリ[24]。

とあり、台湾航路に従事していた信濃丸、備後丸の2隻の汽船の船内設備、と

くに三等船客室は日本の座敷風にした構造に改造したことをうたっている。三

等船室が和風様式に改造された珍しい様式の船室であった。

　このような出版物に掲載された広告とは別に、顧客に各自に手渡す掌中版の

「航路案内」とされるものが日本郵船会社からも刊行されていた。同社の台湾

航路に関する航路案内に管見のものではあるが次の2種が知られる。①刊行年

不明の「臺灣航路案内」（両面4折、縦17.3cm×横35.8cm）、②1919年（大正8）

11月の「臺灣航路案内」（両面6折、縦22.2cm×横60.8cm）である。

1）「臺灣航路案内」（両面4折、縦17.3cm×横35.8cm）

本書の最初に「日本郵船株式會社　神戸基隆線（毎月四回両地出帆）　信濃丸

總噸数六四一六　備後丸總噸数六二八〇」とあり、ついで次の記述が見られる。

　　船體巨大構造堅牢ナルヲ以テ臺灣ノ荒海ト雖モ動揺ノ憂ナク、航海最モ安

　　全ナリ。各等船室ハ専ラ乗客ノ愉快竝ニ便利ノ爲メ有ラユル改良ヲ施シ、

　　殊ニ三等室及ビ乙種二等室ノ如キ全ク舊來ノ面目ヲ一新シ各般ノ装置善美

　　ヲ盡セリ。

　　食堂、談話室、喫煙室、浴室、理髪室、電燈、電扇、暖房器、製氷器、冷

　　蔵庫等諸般ノ設備到ラザルナク、甲板廣潤ニシテ遊戯運動自在ナリ。

　　船内無線電信局アリ。乗客ハ航海中各地ト通信自由ナリ。且本船航海中ノ

　　模様ヲ陸上ニ通信シ、新聞ニ掲載セラルルヲ以テ乗客ノ家族友人ハ其安否

　　ヲ知リ得テ最便利ナリ。

　　又無線電信ヲ利用シ、船内ニ於テ日本郵報ト題スル新聞紙ヲ發行シ、船客

　　ハ航海中陸上ノ最新事實ヲ知ルノ愉快アリ。

　　船内郵便局ノ設置アリ。通常郵便ノ事務ヲ取扱フ。

　　乗組醫師アリ、一切無料ニテ乗客ノ診療ニ從事シ、又女給仕アリ。乗客中

　　婦人及小供ノ世話ヲ爲ス。

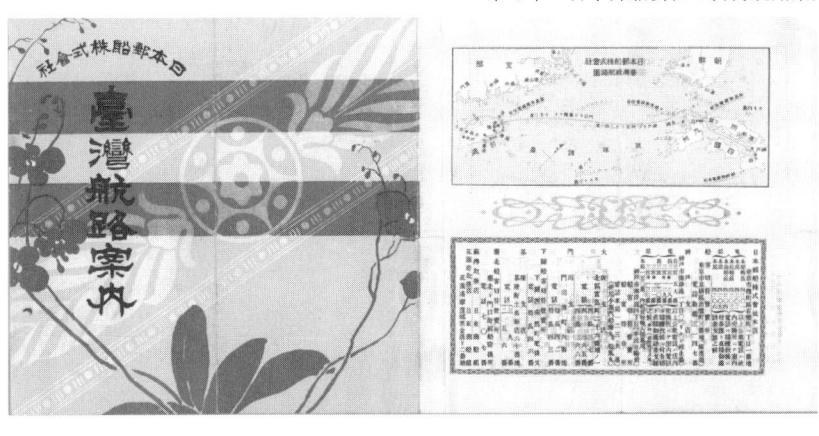

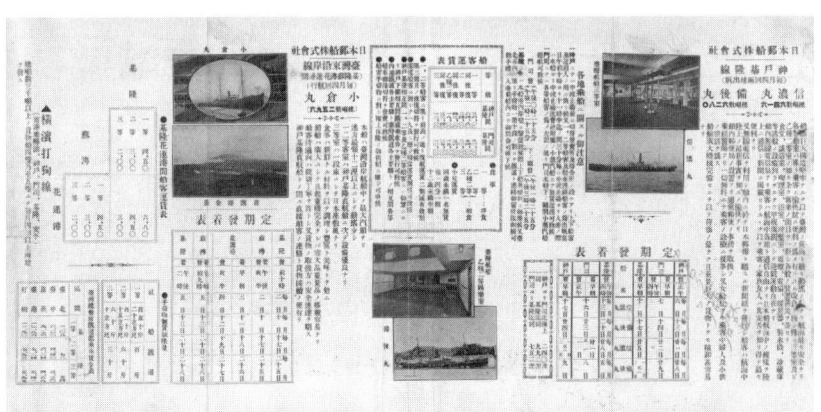

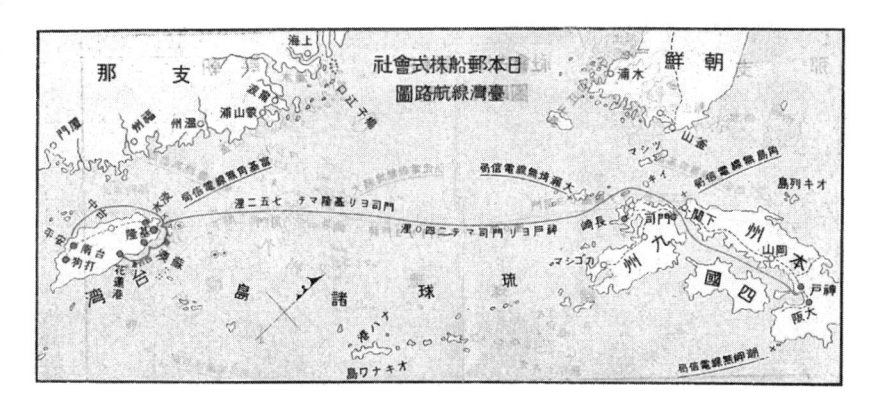

日本郵船会社「台湾航路案内」(1913〜1915年頃)

丸濃信るけ於に港隆基

船艙廣大機械完備セルヲ以テ荷傷ノ憂ナク、且重量巨大ノ貨物トテモ積卸甚容易ナリ。

とある。信濃丸と備後丸の6,000総屯数級の船内の設備の全てを端的に紹介している。

　ついで、神戸・門司・基隆の「定期發着表」があり、「各地乗船ニ關スル御注意、船客運賃表、日本郵船株式會社臺灣東沿岸線、定期發着表、基隆花蓮港間船客運賃表、橫濱打狗線」、そして橫長の「日本郵船株式會社　臺灣線航路圖」の構成からなっている。

　この航路案内は、刊行年は不明であるが。この中に「日本郵船株式會社臺灣東沿岸線基隆蘇澳花蓮港間」とあるのが、刊行年を知る上で重要である。

　日本郵船会社が基隆花蓮港線を運航していたのは、日本郵船会社の社史から、

　　（航路）基隆花蓮港線　（開始年月）大正二年一月　（廃止年月）大正四年三月[25]

とあるから、1913年1月から1915年3月までのことであった。この「航路案内」は、同時期のものであることは確実である。なお同航路を運航していた小倉丸であるが、2,389総屯数の鋼鉄船で1887年9月に英国で建造され、陸軍省の所有船であったが、1896年（明治29）11月1日に払い下げを受け、日本郵船の所有船となり、1920年（大正9）11月10日に座礁し、12月16日に沈没したとされている[26]。このことから小倉丸が1913年1月から1915年3月までのほぼ2年余の間、基隆花蓮港線に就航していたことは間違いない。

　神戸・基隆航路に就航していた信濃丸と備後丸であるが、備後丸は1887年8月に英国グラスゴーのデビッド・エンド・ウキリアム・ヘンダーソン会社で建造され、1898年（明治31）3月に日本に到着以来、日本郵船の汽船として活動

し、1923年（大正12）3月31日に近海郵船会社に出資として提供された[27]。信濃丸は1900年1月に備後丸と同一会社で建造され、1900年（明治33）8月7日に日本に到着以来、日本郵船の船として活動し、備後丸と同様に近海郵船会社に出資として提供された[28]。日露戦争時代は仮装巡洋艦とされ、日本海海戦の際の「敵艦見ゆえ警報せん」の電報で名高い[29]。

2）　1919年（大正8）11月の「臺灣航路案内」（両面6折、縦22.2cm × 横60.8cm）

この「臺灣航路案内」には1919年（大正8）11月とあるものである。最初に、

　　毎週一回、神戸發門司經由基隆行

　　　　使用船　信濃丸　總噸数　六,一四六噸

　　　　　　　　備後丸　總噸数　六,〇一五噸

【設備】

一、船體巨大なれば動揺の憂なく、構造堅牢なるを以て航海は最も安全であります。

一、各等船室は専ら乗客の愉快並に便利の爲有らゆる改良施設をなし、三等室も全く面目を一新して、其設備は善美を盡して居ります。

一、食堂、談話室、喫煙室、浴室、理髪室、電燈、電扇、暖房器、製氷器、冷蔵庫、圖書室、樂器等諸般の設備完全し、遊歩甲板は廣潤で遊戯運動自在であります。

一、船内に無線電信局がありまして乗客は航海中陸上と通信が自由であります。又無線電信を利用して船内で新聞を發行し、乗客に配布しますから内地に起る日々の事件などよく判ります。

一、船内に郵便局の設がありまして、通常郵便と爲替貯金受拂の事務を取扱ひます。

一、熟練な船醫が居りまして、一切無料で乗客の診療に従事します。

一、女給仕が居りまして乗客中の婦人と子供の御世話を致します。

一、船内の食事向は材料が新鮮、其料理は優良で美味であります。

（1）の「臺灣航路案内」の説明文とほぼ同様であるが、実線の下線を付した箇所が増えた部分で、波線部分は表現がかわったところである。 ①の冒頭の説明の最後にあった「船艙廣大機械完備セルヲ以テ荷傷ノ憂ナク、且重量巨大ノ貨物トテモ積卸甚容易ナリ」と言う表現文は無くなり、かわって②では船内の食事についての説明が明記されたことである。

【設備】に続く説明項目は、【船客運賃表】、【各地乗船に關する御注意】、【船車聯絡】、【連帯區間】、【鐵道院】旅客及手荷物小荷物、【乗車船券の種類】、【當社及鐵道院二線連絡】、【當社及臺灣總督鐵道部二線連絡】、【手荷物】、鐵道院乗車賃金表、（上り）打狗基隆間 （下り）基隆打狗發車時刻表、臺灣総統府命令航日本郵船株式會社　神戸基隆線定期表（注意）本表印刷後、両船の出帆順序は變更して入違になりました。（注意以下の部分は赤字印刷）、日本郵船会社本社及び支店と切符発売所、最後が縦長の「日本郵船株式會社神戸基隆線航路圖」である。

　さらに別紙で添付された「神戸基隆線船客運賃表」には「大正九年九月改正」とある。日本郵船の備後丸と信濃丸の2隻は神戸と基隆を交互に出港していた。1919年（大正8）10月3日に神戸からと基隆から出港し、途中で門司に寄港し、10月7日にそれぞれ基隆と神戸に4日間で到着する日程で、毎7日後に規則通り運航されたようである。

4　小　結

　1885年（明治18年）9月に設立された日本郵船会社は、日清戦争後の1896年（明治29）9月に3隻の汽船をもって神戸・基隆間に毎週1回の運航を開始し

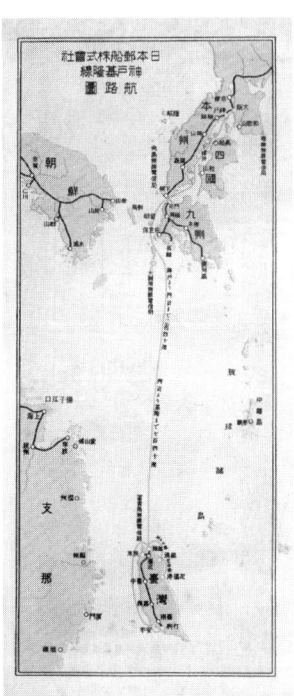

日本郵船会社「台湾航路案内」(1919年(大正8))

た。この台湾航路の途中では、広島の宇品、九州の門司、長崎に寄港し、基隆に至る航運であった。

　1897年（明治30）4月に日本郵船会社の台湾航路は、台湾総督府の命令航路となり、汽船 1 隻が毎月 2 回の定期運航を行い、神戸・門司・基隆間に就航することになる、さらに1899年（明治32）8月以降は自由船 1 隻が加わり、毎月 4 回の定期運航が行われていた。

　その日本郵船会社の台湾航路案内がここで述べた、1913年 1 月から1915年 3 月の間の「臺灣航路案内」と1919年（大正 8）11月の「臺灣航路案内」である。後者は、前者の内容をほぼ踏襲してさらに詳細なものとなっている。特にこの航路に就航していた6,000総屯級の備後丸、信濃丸が毎月 7 日間隔で、神戸と基隆から出港する時刻表などが掲載され、顧客に便利な掌中版であった。

　その後、1923年（大正12）4月に日本郵船会社の近海部が、同社から分離され近海郵船会社として設立される[30]。この間、1896年から1923年までの27年間にわたり日本郵船会社が運航している運航記録の一端が同社の「台湾航路案内」である。

〔注〕

1 ）　日本郵船株式会社編『日本郵船株式會社五十年史』日本郵船株式会社、1935年12月、1 頁。

2 ）　同書、83頁。

3 ）　日本郵船株式会社編『七十年史』日本郵船株式会社、1956年 7 月、75頁。

4 ）　『中外商業新報』1923年（大正12）4月16日。

5 ）　日本郵船株式会社編『七十年史』229頁。

6 ）　日本郵船会社と台湾に関して、牛山啓二・許淑貞『台湾における日本郵船の歴史（1896-2010)』日本郵船台北支店、2011年 3 月（1 〜72頁）がある。多くの写真が多用されているが、ここで述べる「航路案内」は取り上げられていない。

7 ）　日本郵船株式会社編『七十年史』75頁。

8 ）　同書、75頁。

9 ）　『毎日新聞』第7710号、1896年（明治29）8月21日、5 面。『復刻　横浜毎日新聞』第90巻、不二出版、1996年 1 月、277頁。同広告は 8 月22日、25日、28日（同書、284、296、314頁）にも掲載されている。

10)　『大阪朝日新聞』第5266号、1896年（明治29）8月25日、6面。

11)　『臺灣日日新報　影印本』218冊、五南圖書出版、1994年8月、84頁。

12)　同書、96頁。

13)　同書、116頁。

14)　日本郵船株式会社編『七十年史』679頁。

15)　同書、679頁。

16)　同書、679頁。

17)　同書、679頁。

18)　神田外茂夫編『大阪商船株式會社五十年史』大阪商船株式会社、1934年6月、384頁。

19)　同書、384頁。

20)　『臺灣日日新報　影印本』第218冊、五南圖書出版、1994年8月、266頁。

21)　同書、270頁。

22)　『大阪朝日新聞』第5219号、1896年（明治29）7月1日、2面、黄薇生「南航紀程（一）帝都を辞す」。

23)　『大阪朝日新聞』第5220号、1896年（明治29）7月2日、2面、黄薇生「南航紀程（二）臺北の饗宴」。

24)　山川岩吉編輯『臺灣大觀』臺灣大觀社、1912年10月、広告1頁。

25)　日本郵船株式会社編『日本郵船株式會社五十年史』232頁。

26)　同書、639頁。

27)　同書、641頁。

28)　同書、643頁。

29)　日本郵船株式会社編『日本郵船株式會社五十年史』206頁。

30)　松浦章『近代東アジア海域の人と船―経済交流と文化交渉―』関西大学出版部、2014年12月、369〜386頁。

第3編

大阪商船会社と航路案内

第1章　大阪商船会社の北米航路案内

1　緒　　言

　大阪商船会社は、1884年（明治17）5月に大阪で創設され、大阪より西の瀬戸内海や九州への航路を中心に発展し、その後に朝鮮半島の釜山や仁川へと航路を拡大した。そして日清戦争後の1896年（明治29）5月に大阪台湾航路を開設し、漸次航路を拡大している。

　昭和初期の大阪商船株式会社の「営業案内」の冒頭に、「吾社の現況」として次のように述べられている。

　　大阪商船株式會社は明治十七年に創立し、其當時は資本金壹百二十萬圓、所有汽船一萬七千噸を以て、僅に瀬戸内海沿岸の航運に従事してゐた一小汽船會社でありましたが、爾來四十有餘年間、各位の絶大なる御庇護を受けまして、社の内容は日々に充實し、經營は益々擴大し現在では資本金壹億圓、所有船舶數は約百五十隻、總噸數は略ぼ五十萬噸に達せんとしてゐます。其營業區域は世界の全域に亙り、定期航路は五十線に及び、三百有餘の支店代理店を以て、手廣く經營し所有船舶のみならず、當他社船を六七十隻も使用して、航運に従事して居ります。營業區域の廣汎と、使用船舶の隻數と噸數に於ては今日我國に於て我社の右に出づるものはなく、世界屈指の大汽船會社となりました[1]。

とある。1894年（明治17）5月に創業した大阪商船会社は40余年にして150隻近い所有船舶を保有し、総屯数は50万屯に近い大船舶会社に成長したのであった。しかし競業する日本郵船会社にくらべ、国内やアジアを中心とする航路が重点であった。

　その大阪商船会社の汽船が、太平洋を横断して北米航路を運航した経緯と、

北米航路の顧客に配布され、現在では忘却の彼方にある「航路案内」等につい
て述べたい。

2　大阪商船会社の北米航路

　大阪商船会社は1909年（明治42）7月に香港タコマ線、後のピュージェッ
ト・サウンド（ピユーゼットサウンド）[2)]線を開始する。これが同社にとって遠
洋航路への第一歩であった[3)]。ついで1915年（大正4）11月にサンフランシス
コ（桑港）線を開始するが、1917年（大正6）6月に廃止している[4)]。サンフ
ランシスコ（桑港）線は1年有余の短い運航であった。ピュージェット・サウ
ンド線も1931年（昭和6）7月に廃航となっている[5)]。

　ピュージェット・サウンド線が1909年に開設されたのは、シカゴ・ミル
ウォーキ・エンド・セントポール鉄道会社との連絡輸送によるもので、両社の
連絡貨物運送契約書に、

> 　　汽船會社ハ現在既ニ總隻數約一百六、噸數約十萬六千七百六十九噸ノ汽船
> 　　ヲ以テ日本・朝鮮・支那各港間ノ貨客運送ニ従事シ、尚將來ニ於テピュー
> 　　ゼットサウンド沿岸ニ在ル諸港ト東洋各港トノ間ニ新航路ヲ開カンガ爲メ
> 　　新ニ汽船六隻ヲ建造シ、一千九百九年三月ヨリ一千九百十年四月ニ至ル間
> 　　ニ於テ該航路ニ従事セシムルコトヲ條件トシテ本契約ヲ締結シタルモノナ
> 　　ルコトヲ證ス[6)]。

との契約であった。このため大阪商船はたこま丸を新造し、1909年7月3日に
香港から出港させている[7)]。同航路は、1910年（明治43）1月1日より逓信省
の命令航路に指定されている[8)]。1910年にはたこま丸と同型の新造船の志あと
る丸、志かご丸、ぱなま丸、めき志こ丸、かなだ丸が全て竣工し、全6隻で、
25航海を運航し、香港からマニラ・上海・長崎・門司・神戸・四日市・横浜・
ビクトリア・シアトルに寄港している[9)]。

　サンフランシスコ（桑港）線は、1915年10月に開始し、10月4日にぱなま丸

が第一船として神戸を出港し、その後は、ぱなま丸と志あとる丸の2隻が毎月
1回の定期航路を運航し、門司を起点に、往航は神戸・四日市・横浜・ホノル
ルに寄港し、復航は横浜・神戸に寄港する航程であったが、1917年6月にて廃
航となった[10]。

　1913年（大正2）上半期の『大阪商船株式會社事業参考書』[11]の「大正二年
自一月至六月定期航路表」（大正二年六月三十日調）によれば次のようにある。

　　　線名　米国航路　香港タコマ線

　　　寄港地　麻尼拉、上海、長崎、門司、神戸、四日市、横濱、ビクトリヤ、
　　　　　　シアトル

　　　使用隻數　六隻　　航路回數　隔週一回

　　　備考　夏季ニ限リ往航ニ於テ基隆、清水ニ寄港ス。又長崎、麻尼拉ト上海、
　　　　　　門司トハ隔航海ニ寄港ス。

　1913年下半期の『大阪商船株式會社事業参考書』[12]の「大正二年自七月至十
二月定期航路表」（大正二年十二月三十一日調）によれば、同年上半期と同一で
ある。

　1915年（大正4）上半期の『大阪商船株式會社事業参考書』[13]の「大正四年
上半期定期航路表」（大正四年六月三十日調）によれば、1913年（大正2）上半
期、下半期とほぼ同様であるが、一部変更されている。

　　　線名　米国航路　香港タコマ線

　　　寄港地　麻尼拉、上海、長崎、門司、神戸、四日市、横濱、ビクトリヤ、
　　　　　　シアトル、バンクーバ

　　　使用隻數　六隻　　航路回數　隔週一回

　　　備考　夏季ニ限リ往航ニ於テ基隆、清水ニ寄港ス。

とあり、寄港地にバンクーバーが増え、備考欄の「又長崎、麻尼拉ト上海、門
司トハ隔航海ニ寄港ス」の記述が削除されている。

　1915年（大正4）下半期の『大阪商船株式會社事業参考書』[14]の「大正四年
下半期定期航路表」（大正四年十二月三十一日調）によれば、米国航路に大きな
変化が見られる。

　　　線名　米国航路

　　香港タコマ線

　　寄港地　麻尼拉（マニラ）、上海、長崎、門司、神戸、四日市、横濱、ビ
　　　　　　クトリヤ、シアトル、タコマ、バンクーバ

　　使用隻數　六隻　　航路回數　隔週一回

　　備考　夏季ニ限リ往航ニ於テ基隆、清水ニ寄港ス。

　　　桑港線

　　寄港地　門司、神戸、四日市、横濱、ホノルル、桑港

　　使用隻數　二隻　　航海回數　一回

　　備考　（記述なし）

　以上のように、香港タコマ線として寄港地にタコマが増えている。さらに新たにサンフランシスコ（桑港）線が新規に登場している。

　1920年（大正9）上半期の『大阪商船株式會社事業参考書』[15]の「大正九年上半期定期航路表」（大正九年六月三十日調）によれば、アメリカ航路としてピュージェット・サウンド線があり、

　　寄港地　香港、麻尼拉、基隆、上海、長崎、門司、神戸、四日市、清水、
　　　　　　横濱、ビクトリヤ、シアトル、タコマ

　　使用隻數　六隻　　航路回數　隔週一回

　　備考　基隆及ビ清水ハ茶積取時期ニノミ寄港ス。荷客ノ都合ニヨリ、バン
　　　　　クーバーニ寄港ス。

とある。

　1920年（大正9）下半期の『大阪商船株式會社事業参考書』[16]の「大正九年下半期定期航路表」（大正九年十二月三十日一調）は、同上半期と同一である。

　1921年（大正10）上半期の『大阪商船株式會社事業参考書』[17]の「大正十年上半期定期航路表」（大正十年六月三十日調）によれば、アメリカ航路としてピュージェット・サウンド線があり、1920年（大正9）上半期、下半期の記述と同じである。

　1927年（昭和2）上半期の『大阪商船株式會社事業参考書』[18]の「昭和二年

上半期定期航路表」（昭和二年六月三十日調）に、アメリカ航路としてピュージェット・サウンド線があり、

　　　寄港地　往航上海、神戸、四日市、横濱、ビクトリヤ、シアトル、晩香坡
　　　　　　　（バンクーバー）、シアトル。復航シアトル、ビクトリア、横濱、
　　　　　　　神戸、門司、上海。
　　　使用隻數　六隻　　航路回數　二週一回
　　　備考　往航清水、復航大阪ニ寄港スルコトアルベシ、内二隻ハビクトリア
　　　　　　及門司ニ寄港セズ。復航晩香坡及大連ニ寄港ス。

とある。アメリカ航路のピュージェット・サウンド線は、上海を起点にシアトルとの間を往来する航路となっていた。

　昭和初期の大阪商船株式会社の「営業案内」の「遠洋航路」に見る「北米航路シアトル、タコマ線―ピウセッドサウンド線―」に次のようにある。

　　　一萬噸級速力十六浬の貨客船米行邦船中、最も速く太平洋を横ぎります。
　　　各船の一等室は長途の御退屈なそして煩雑な御旅行を避くる爲め、心のお
　　　けぬ氣易さを特色と致しました。運賃も外國船などより遙かに割安となつ
　　　てゐます。三等室は各船共二等室がありませぬから、其二等室に當るべき
　　　位置を占め、設備萬般に至つては大體二等に匹敵し、二人室四人室六人室
　　　と云ふ小室さへ設けてあります。船がシアトルに着くときは御上陸前に鐵
　　　道員が船内に出張し、市俄古や紐育等の東部地方或は大西洋を超えて倫敦
　　　方面へ御旅行の方に切符の發賣、船車聯絡等を親切に取扱つて呉れます。

とある。

　これに対して、1929年（昭和4）10月の「営業案内」[19]の遠洋航路では、「ピユーゼットサウンド線」とあり、

　　　あらばま丸型の一萬噸級貨客船四隻及八千噸級のろんどん丸、ぱりい丸を
　　　以て、支那、日本、北米間の旅客貨物の運輸交通に従事してゐます。往航
　　　は二週一回上海を發し、神戸、四日市、横濱に寄港し、ビクトリア、シア
　　　トル、バンクーバーに至り、復航はバンクーバー、シアトル、ビクトリア
　　　を發し横濱、神戸、大阪、門司経由上海に歸着します。茶の輸出期には往

大阪商船会社『海』(1930年(昭和5) 4月)

航基隆及清水に寄港し、復航には大連、太沽、青島に寄港することがあります。客室設備は一等と三等とありまして三等の設備は殆ど二等同様でありながら運賃は安く、一等も儀式張らずに極く氣樂な旅行が出來ますので邦人間に好評を博して居ります。船客運賃、神戸、ビクトリア、バンクーバー、シアトル、タコマ間一等二百五米弗（一萬噸級）百六十五米弗（八千噸級）三等百九十圓。横濱より一等百九十五米弗（一萬噸級）百五十五米弗（八千噸級）三等百五十圓。

とある。

　1930年（昭和5）4月1日発行の大阪商船会社の宣伝誌『海』[20]第22号に「太平洋横斷の福音」の記事が掲載されている。

　　太平洋横團船客の福音　日本―シアトル、日本―晩香坡　直通便開始

　今迄、弊社ビユーゼットサウンド航路船は、日本から英領加奈陀のビクトリアに寄つて、合衆國シアトルに着く順序でありましたが、之ではシアトルに行かるる方でも、ビクトリアに寄港する丈け時日が餘計にかかりますし、加奈陀に行かるる方はビクトリアで接續されなければならぬ御不便がありますので、此度は一船おきに日本よりシアトル、日本より晩香坡、シアトルより日本、晩香坡より日本への直通出帆をする事として、航海日數を出來る丈け短縮せしめ、皆様の御便宜を計る事と致しました。同時に

　　　○一等運賃の改正

　　　○御歸朝客社内海航路船無賃御乗繼開始

　　　○三等往復券の發行

　　等の大改革を敢行しました。

　◇一等運賃改正

改正二等運賃

區間	横濱米加相互間	神戸米加相互間	北門司神戸長崎万万港相互間	北ヲ米ニ相ヲ互万間門
運賃其ノ他型 丸はら丸丸丸置船記ち	一五五米弗	一六五米弗	一八〇米弗	二三〇米弗
	一三五米弗	一三五米弗	一五〇米弗	一七〇米弗

太平洋航路の一等運賃は益々騰る計りで、それに附随して、一等に勝ちの窮屈さが増して行く傾向があります。

之等を考慮しまして、弊社は今回左の通り一大改革を試みたのであります。

……今回の改正運賃は、殆ど他社の二等運賃に近い額で、一等旅行が願へるのであります。……

◇御歸朝各客社内海航路船無賃乗繼開始

御歸朝客には、弊社内海航路御無賃御乗繼が出来る事と致しましたから、御郷里まで御歸りになるのに、窮屈なりになるのに、ユトリの多い船で、呑気に御旅行が出来る事と思います。……

◇三等往復券の發行

太平洋に於ける三等船客の優遇は、我社が第一と云ふ定評を得て居りますので、此の御愛顧に酬ゐる意味で、此度一ヶ年間有効の往復券發行を開始しました。この往復券は、御歸りの運賃が二割引であります。非常に経済的でありまして、一ヶ年以内に往復さるる船客各位には是非共御利用を御勧め致します。

この外、三ヶ年間に二回以上弊社船で太平洋を横断された船客各位には、運賃を一割引致す事としましたから、御乗船御申込の時に、御乗船港弊社支店へ其旨御申出をひます[21]。

とあるように、北米航路を宣伝し運賃の廉価さをうたっている。

1931年（昭和6）9月の大阪商船の「営業案内」[22]には、「遠洋航路」には、欧州線、ニューヨーク（紐育）線、南米線、世界一周線、アフリカ（阿弗利加）線、ボンベイ（孟買）線、カルカッタ（甲谷陀）線、オーストラリア・ニュージーランド（豪洲新西蘭）線の記述は見られるが、北米航路に関する記述は見られない。

3　大阪商船会社の北米航路案内

　大阪商船会社が北米航路において定期運航していたのは、1909〜1931年までの20余年の間であった。その間に刊行された航路案内が知られる。それらについて述べたい。

1）　大阪商船株式会社『北米航路案内』（1929年（昭和4）7月）（縦22.8cm×横77.8cm）

　「北米航路案内」は、表紙に下部に摩天楼を描き、背後にロッキー山系を描いた図様である。上部の地図は太平洋を挟んで左に日本と中国大陸、右に北米大陸を描き、航路を赤字で示し、横浜からシアトル、バンクーバー等の北方航路と、ロサンゼルスへの南方航路を太字赤線で示し、サンフランシスコへの航路は赤字細線で示す航路図である。下部の地図はアメリカ合衆国の地図に鉄道各社の大陸間横断鉄道の路線図を描いたものである。記述部分は「北米航路案内」で、次のように述べられている。

　　北米合衆国は其尨大にして而かも豊饒なる國土と恵まれたる氣候の温和に、加ふるに新進の國民的氣鋭は、歐洲大戦後新たに『世界第一』を標榜するに至り、農業に工業に商業に悉く世界驚異となつております。蓋し其發展の將來は何人の豫測をも許さぬ處であると申さねばなりませぬ。随つて今や視察研究の爲、歐洲巡歴の方と雖も、其往復孰れかに合衆國を通過見聞する事は欠いてはならない必修條件となりました。吾社の北米航路は、北太平洋を横断し、北米西岸に於て諸方面への交通の中心となせるワシントン州シアトル市を終點港として居りますから、合衆國に定住の方は申すに及ばず視察の方々や、前記歐洲旅行の往き歸りに同國を經由する旅客の御利用に最も適して居ります。

　　使用船は、全部燃油装置を施して速力の増進を計り、船内萬般の設備は勿

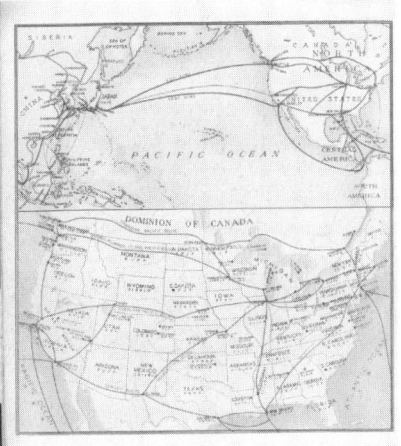

大阪商船会社「北米航路案内」(1929年(昭和4))

　　論船客の安全、衛生等に就きましても充分の注意を拂つてあります。其上
　　船體が巨大で速力が速い爲、船暈等の憂もなく、愉快に且つ安心して航海
　　が出來ます。

　アメリカ合衆国の国情と風土などを簡単ながら端的に述べている。そのアメ
リカへ航海した船舶は、ありぞな丸、あらばま丸、あふりか丸、あらびあ丸の
総屯数が10,000屯級であり速力が16海里である4隻と、ろんどん丸、ぱりい丸
の総屯数7,200屯で速力16海里の2隻と以上6隻が、この北米航路に就航して
いた。

　そして、同社の北米航路の状況を述べるのが「愉快なる太平洋横斷」である。
そこでは次のようにある。

　　本航路は東洋より北米に到る最も短距離の航路で、二週一回起點港上海を
　　發し、神戸、四日市、清水（製茶時期に限り寄港）を經由して、横濱を出
　　帆、一路太平洋を横斷して、十三日目にビクトリアに到着、ビクトリア、
　　バンクーバー行の船客は此處に上陸、本船は一、二時間碇泊後直に出帆、
　　六時間後シアトルに到着致します。船は打寛いだ愉快な船旅を終つたお客
　　様方を御見送りした後、生糸其他數千噸の貨物を陸揚してバンクーバーへ

　廻り、貨物の揚積を致します。西航はバンクーバーより再びシアトルへ参ろお客様をお乗せして、ビクトリアに寄港して船客を搭載、懐しの母國へと歸路に就くのであります。但しろんどん丸、ぱりい丸はバンクーバーから横濱へ直航致します。

　この航路案内によれば、2週間毎に、中国の上海を出発点として神戸、四日市、清水（製茶時期に限り寄港）、横浜に寄港し太平洋を横断して13日目に、ビクトリアに到着する航程であった。ビクトリアからバンクーバー行きの船があり、大阪商船の汽船はビクトリアに到着後2時間後に出港して6時間でシアトルに到着した。復航はバンクーバーよりシアトルを経由してビクトリアに寄港して、太平洋を横断する帰路に就く航路であった。

　続いて、「船内設備、船客運賃、運賃割引、入國税、北米合衆國入國法、海外旅券、査證、再入國許可證と日本旅券、日系市民歸米手續、検疫及消毒健康證明書、乗船申込及船室豫約、乗船切符購入、携帯呈示金、加奈陀入國法、手荷物、米國鐵道手荷物制限量、シアトルに於ける移民官尋問の要點、手荷物檢査、御安着の通知、連絡、北米主要地に至る乗車賃、歐洲より米國經由歸朝旅行に就て、汽車無賃乗換、船客取扱人、本社及支店・出張所及代理店」などの説明に及んでいる。

　この航路案内で興味を引くのは、アメリカ合衆国への「入國税」と「加奈陀入國法」である。米国の「入國税」には、「總て入國税として一人に付き米貨金八弗（邦貨約拾六圓）を徴収せられる規則であります……尤も上陸後六十日以内に出國の場合は（例へば歐洲行き通し客の如き）入國税を拂戻す事になつてゐます」とあるように、アメリカ入国には入国税1人8アメリカドル、当時の日本円で16円が必要であった。しかし60日以内に出国すれば返金された。カナダの「加奈陀入國法」には、「携帯呈示金は、三月一日より十月三十一日迄の入國者は米貨二十五弗（邦貨約五十圓）、十一月一日より二月末迄の入國者は五十弗（邦貨約百圓）以上を用意されねばなりませぬ」とあるように、カナダの入国には、1人あたり25アメリカドル、当時の日本円で50円の所持金が無ければならなかった。

1931年（昭和6）頃の小学校教員の初任給が45円から55円[23]とされる時代であり、アメリカの入国税やカナダの携帯呈示金はいかに高額であったかが知られる。

2）　1930年の大阪商船株式会社『北米航路案内』（1930年（昭和5）9月）

「北米航路案内」は、表紙に下部に桜を、中央にアメリカ議会を、上部にはアメリカ国旗の星条旗からか複数の星を描く図様である。上部の地図は太平洋を挟んで左に日本と中国大陸、右に北米大陸を描き、航路を赤字で示し、横浜からシアトル、バンクーバー等の北方航路と、ロサンゼルスへの南方航路を太字赤線で示し、サンフランシスコへの航路は赤字細線で示す航路図である。下部の地図はアメリカ合衆国の地図に鉄道各社の大陸間横断鉄道の路線図を描いたものである。記述部分は1929年（昭和4）版の「北米航路案内」と類似しているが若干異なっていて、次のように述べられている。

　　北米合衆国は、その恵まれたる氣候の温和と、尨大にして豊饒なる國土と、新進の國民的氣鋭を以つて、歐洲大戦後、新たに『世界第一』を標榜するに至り、農業に、工業に、商業に、悉く世界驚異の的となつて居ります。蓋しその發展の將來は、何人と雖も豫斷し能はざる所であります。從つて今や視察研究のため歐洲巡歴の方も、その往路或ひは復路に於て合衆國を通過し、あらゆる事象を耳聞目撃することは一つの必修條件となりました。

　　我社の北米航路は、北太平洋を横断し、北米西岸に於て諸方面への交通發端である。華盛頓州シアトル市、又は英領バンクーバ市を終點港として居りますから、合衆國又は加奈陀に定住の方は勿論、視察の方や、前記歐洲旅行の往き歸りに同國を經由する旅客の後利用には最も適して居ります。

　　使用船は、船體巨大、全部に燃料装置が施してありまして、速力快駿、船内諸般の設備よく整ひ、船客の安全、衛生等にも充分の注意が拂つてありますから、船暈等の心配なく、愉快に、氣樂に御航海が出來ます。

アメリカ合衆国の国情と風土などを簡単ながら端的に述べている。そのアメ

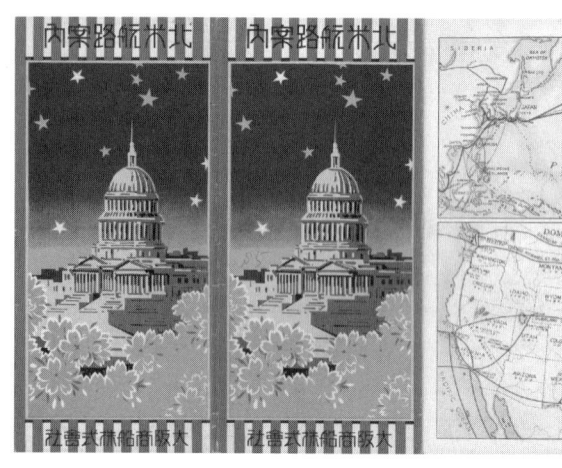
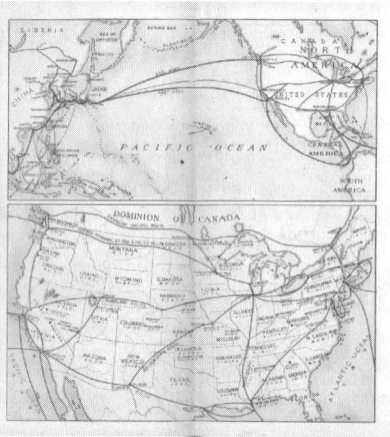
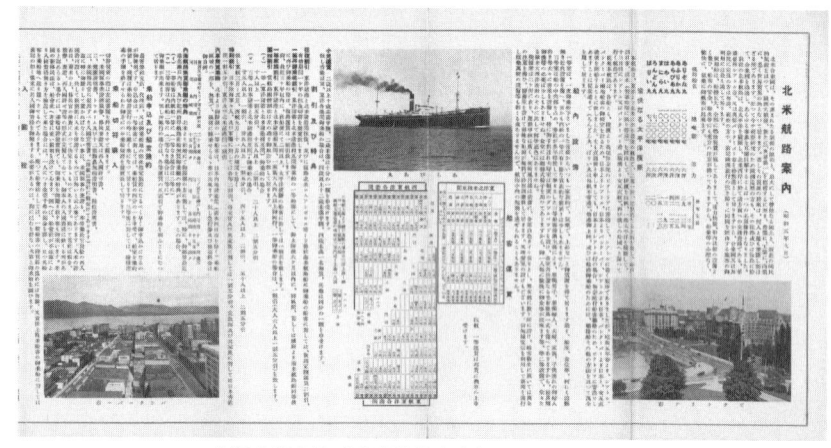

大阪商船会社「北米航路案内」(1930年(昭和5))

リカへ航海した船舶は、ありぞな丸、あふりか丸、あらびあ丸、はわい丸、まにら丸の総屯数が10,000屯級であり速力が16海里である6隻と、ろんどん丸、ぱりい丸の総屯数7,200屯で速力16海里の以上8隻が、この北米航路に就航していた。

　そして、同社の北米航路の状況を述べるのが「愉快なる太平洋横斷」である。そこでは、

　本航路は、東洋より北米に至る最捷の航路で、二週一回、起點港たる上海を發し、神戸、四日市、清水（製茶時期に限り寄港）を經由して、横濱を出帆、一路太平洋を横斷して、十三日目にシアトル又はバンクーバー着（横濱より交互直航）、再び懐しの母國へと歸つて行く航路であります。

　從來本航路は、各船とも、横濱より英領加奈陀のビクトリアに寄港して、シアトルに着く順序でありましたが、昭和五年春より、シアトル、バンクーバー兩地船客の御便宜を計るため、日本よりシアトル、日本よりバンクーバー、シアトルより日本、バンクーバーより日本と交互直通便を開始することに致しました。尤も直通便と申しましても、日本よりシアトル行きの場合、加奈陀行船客聯絡のため、ビクトリアに寄港せしめることは從前通りで（ろんどん丸、ばりい丸は毎航不寄港）、他港御上陸、或ひは他港御乗船のためには、聯絡船その他の方法を以つて萬全を期して居ります。

　この航路案内によれば、2週間毎に、中国の上海を出発点として神戸、四日市、清水（製茶時期に限り寄港）、横浜に寄港し太平洋を横断して13日目に、シアトルかバンクーバーに到着する航程であった。復航はその逆の航程となった。シアトルかバンクーバーかは、1930年（昭和5）春より、交互に運航されることとなった。

　その後の記述は、「船内設備、船客運賃、割引及び特典、乗船申込及び船室豫約、乗船切符購入、入國税、北米合衆國入國法、海外旅券、査證、再入國許可證と日本旅券、日系市民歸米手續、検疫及び消毒健康證明書、携帯呈示金、シアトルに於ける移民官尋問の要點、手荷物検査、手荷物、米國鐵道手荷物制限量、加奈陀入國法、御安着の通知、連絡、北米主要地に至る乗車賃、甌洲より米國經由歸朝旅行に就て、船客取扱人、本社・支店・出張所及び代理店」に及んでいる。

4　小　　結

　大阪商船会社は1909年（明治42）7月に香港タコマ線、後のピュージェット・サウンド線を開始し、ついで1915年（大正4）11月にサンフランシスコ（桑港）線を開始するが、サンフランシスコ（桑港）線は1年有余の短い運航で1917年（大正6）6月に廃止した。そしてピュージェット・サウンド線も1931年（昭和6）7月に廃航としている。

　この1909〜1931年の20年余りの間に、大阪商船会社が運航していた北米航路の「航路案内」が、ここに紹介したものである。管見の限り二点しか知られないが、上記の「航路案内」においても「本航路は東洋より北米に到る最も短距離の航路で、二週一回起點港上海を發し」と誇示しているように、大阪商船会社が北米航路を運航していた盛時を反映していると言えるであろう。

〔注〕
1）　大阪商船株式会社「營業案内」刊行年不明。両面6折、縦15.5cm×横54.8cmの掌中版。
　　　大阪商船株式会社の資本金が一億円となったのは、1920年（大正9）7月のことである（神田外茂夫編『大阪商船株式會社五十年史』大阪商船株式会社、1934年6月、第四編資本、第一章資本金、476頁）。大阪商船の所有船舶屯数は、1923年（大正12）末に132隻で42万3,000屯を越え、1933年（昭和8）末に130隻で53万1,000屯であることと、「大阪商船株式會社本社移轉」の記事中に「大阪支店は大正十四年十月五日より移轉營業して居ります」とあることから、この営業案内は昭和初期のものと思われる。
2）　ピュージェット湾（ピュージェット・サウンド、Puget Sound）は、アメリカ合衆国北西部のワシントン州の湾。
3）　神田外茂夫編『大阪商船株式會社五十年史』大阪商船株式会社、304頁。
4）　同書、305頁。
5）　同書、306頁。
6）　同書、309頁。
7）　同書、311頁。

8 ）　同書、311頁。

9 ）　同書、311～312頁。

10)　同書、315頁。

11)　大阪商船株式会社『大阪商船株式會社事業参考書』1913年（大正 2 ） 7 月 4 日付による。

12)　同書、1914年（大正 3 ） 1 月 6 日付による。

13)　同書、1915年（大正 4 ） 6 月30日調による。

14)　同書、1915年（大正 4 ）12月31日調による。

15)　同書、1920年（大正 9 ） 6 月30日調による。

16)　同書、1920年（大正 9 ）12月31日調による。

17)　同書、1921年（大正10） 6 月30日調による。

18)　同書、1927年（昭和 2 ） 6 月30日調による。

19)　大阪商船株式會社「營業案内」1929年（昭和 4 ）10月、両面 6 折、縦19.2cm ×横53.0cm。

20)　「本誌は、全國の官公署、學校、銀行、會社、倶樂部、旅行團等へ無料送呈致して居ります」（『海』大阪商船株式会社、1930年（昭和 5 ） 4 月、55頁）とある。

21)　濱田正夫編輯『海』大阪商船株式会社、1930年（昭和 5 ） 4 月、30～31頁。

22)　大阪商船株式会社「營業案内」1931年（昭和 6 ） 9 月、両面 6 折、縦19.2cm ×横52.9cm。

23)　週刊朝日編『値段史年表　明治・大正・昭和』朝日新聞社、1988年 6 月、92頁。

第2章 大阪商船会社の「台湾航路案内」について

1 緒 言

大阪商船会社は、1884年（明治17）5月1日に「有限責任大阪商船會社は大阪府北區富島町十四番地に本社を設置し、資本金百二十萬圓」[1]によって93隻の船舶をもって開業する。

大阪商船会社の開設当時は、大阪から瀬戸内海航路によって山陽、山陰に赴く航路、瀬戸内海航路を経て九州の東西沿海に至る航路、大阪から和歌山への航路、大阪から四国各地に至る18本線と4支線の航路の運航を開始した[2]。すべて大阪を起点に西日本を中心とする航路であった。同社の本社が設置された富島町十四番地は、当時の大阪の海運の中心地とされる安治川波止場であった[3]。

とりわけ大阪商船会社の第一本線とされたのが、神戸、馬関、博多、長崎を経て熊本の百貫港に赴く航路で、安寧丸、鎮西丸、三保丸の三隻を10日間に3往復の間隔で運航していた[4]。

大阪商船会社の最初の海外航路について同社の社史に、

> 海外進出の第一歩として同年（1890、明治23）七月大阪釜山線を開始し、汽船一隻を以て毎八日目一回發航した。之れ朝鮮航路の濫觴である。次いで二十六年三月大阪仁川線も開航し、更に引續き同年六月韓國沿岸線を開設した[5]。

と記しているように、朝鮮半島への航路を拡張していったのである。しかし同社の創業時期の航路は「朝鮮への進出を見たるが、大體に於て大阪以西瀬戸内海の航路に限られていた」[6]と言う状況であった。

ところが、大阪商船会社にとって大いなる転機が訪れる。日清戦争の結果、

台湾が日本の統治下に入ったことである。大阪商船会社は、直ちに調査を行い、1897年（明治30）4 月 1 日より、台湾総督府の命令航路として、神戸から宇品、門司、長崎を経由して基隆に至る台湾直航線等 5 線を開始したのであった[7]。

　そこで本章では、大阪商船会社の台湾航路に関して乗客等の顧客に配布され、現在では忘却の彼方にある「台湾航路案内」等について述べてみたい。

2　大阪商船会社の台湾航路

　大阪商船会社は1896年（明治29）5 月 1 日に大阪台湾線を開設する[8]が、当初の計画では採算が困難と見られていた。『時事新報』第4536号、1896年（明治29）3 月 8 日付の記事「臺灣定期航海開始の調査」によれば、日本からは台湾への渡航旅客や貨物があるものの、台湾からの旅客や貨物が見込めないとして現状では採算がとれず、政府の補助金が得られなければ収支が厳しいと見られていた。しかし、4 年後にはこのような状況は大いに変化している。その端的な例として『大阪毎日新聞』第5581号、1899年（明治32）5 月16日付の「臺灣、神戸間貨物運賃の低廉」の記事から、台湾の豊富な樟脳や茶葉や砂糖が日本に汽船会社によって流入してくるようになるのである[9]。

　このような状況下において大阪商船会社の日本と台湾とを結ぶ航路の最初の汽船は須磨丸であり、5 月 5 日に大阪を出港している。『大阪朝日新聞』第5166号、1896年（明治29）4 月30日付の「大阪商船会社汽船大阪出帆広告」には、「須磨丸　五月五日午後三時　神戸・鹿児島・大島・沖縄・基隆行」とあり、同5170号、5 月 5 日まで同広告が掲載されている。

　『大阪朝日新聞』第5168号、1896年（明治29）5 月 2 日付けの広告には、
　　春暖之候、御貨主様方愈御繁栄奉大賀候、随而弊店義、各位ノ御引立ヲ蒙リ日増盛大ニ赴気忝ク奉深謝候、陳者今般大阪商船株式会社ニ於テ臺灣航海開始相成候ニ就テハ基隆・淡水荷客扱所ヲ、各弊支店ヘ仰付有之候ニ付、一層丁寧懇切ヲ旨トシ、精々勉強可仕候間、倍舊御引立ノ上、陸續御出貨、

須磨丸のスケッチ（上）と写真（下）

　御乗船ノ程、伏テ奉希候也。

　大阪商船株式会社汽船元扱所　鹿児島汐見町　　池畑太平次
　　　　　　　　　　　　　　　大島名瀬港　　　同支店
　　　　　　　　　　　　　　　琉球那覇港　　　同支店
　　　　　　　　　　　　　　　八重山　　　　　同支店
　　　　　　　　　　　　　　　臺灣基隆　　　　同支店
　　　　　　　　　　　　　　　淡水　　　　　　同支店[10]

とある。鹿児島、奄美大島の名瀬、沖縄の那覇、そして八重山と台湾の基隆、
淡水において大阪商船会社の専門の旅客、貨物を扱う店等があった。

　『大阪朝日新聞』第5171号、1896年（明治29）5月6日の「雑報」欄に、

　　●新購汽船（五）

須　磨　丸

　大阪商船会社の須磨丸、昨五日を以て夫の逓信省の保護を受け臺灣初航
日程に上りたり。茲に之を圖説す。
　総噸数　千五百二噸▲登簿噸数　千九十四噸▲公称風力　百二十三▲機
関三連成▲船體　鋼▲船體尺度　長二百五十尺九　幅三十三尺　深二十
尺▲製造年月　明治二十八年三月（十二月購入）▲速力　十二海里▲甲
板　二重▲船底　全部二重底▲製造所　長崎三菱造船所[11]
と須磨丸の船体図を掲載している。
　『大阪商船会社八十年史』に掲載された「臺灣航路開始當時の就航船須磨丸」
には上の写真が掲載されている。
　『大阪商船株式会社八十年史』第三編、船舶、第一章所有船、第一節船舶、
第二款、第二期（明治二十七年—三十六年）の購入船表によれば、
　　船名　須磨丸　船材　鋼　種類　貨客船　総噸数　1,562.58　登簿噸数
　　1,132.00　公称馬力　123.00　購入年月　明治十二年十六日　購入先　三
　　菱合資会社[12]
とある。『大阪朝日新聞』の記事はほぼ正確に記している。
　この須磨丸に続いて第二便として台湾に向うのは舞子丸である。舞子丸は、
　　船名　舞子丸（舊名　キール號）　船材　鋼　種類　貨客船　総噸数
　　1,278.11噸　登簿　855.72噸　公称馬力　79.00馬力　購入年月日　明治

　　二十八年五月十三日

　　購入先　独逸[13]

とある。舞子丸はドイツから購入した1,278屯の汽船であった。そしてこの舞
子丸に続く第三便が明石丸である。明石丸の停泊地は須磨丸や舞子丸とは異な
り宇品や門司、長崎には停泊していない。明石丸は大阪商船会社の記録では次
のような船舶であった。

　　船名　明石丸　船材　鐵　種類　貨客船　総噸数　1,354.84噸　登簿噸数
　　840.00噸　公称馬力　129.40馬力　製造年月　明治二十一年[14]

とあるように、1,354屯の汽船で、同船の写真が『大阪商船株式會社五十年史』
に見える[15]。

　『大阪朝日新聞』に掲載された「大阪商船会社大阪出帆汽船広告」によると、
大阪商船会社の台湾航路開設当初の運航状況は次の表18のようであった。

　1896年（明治29）6月17日に台北で創刊された『臺灣新報』の第4号、7月
1日付けの広告「大阪商船會社定期船基隆出帆広告」に

　　●明石丸　毎月七日正午出帆、沖縄、廣島、神戸、大阪行

　　●須磨丸　毎月十七日正午出帆、沖縄、大島、廣島、神戸、大阪行

　　●舞子丸　毎月三十日正午出帆、八重山、沖縄、大島、三角、長崎、門
　　　　　　　司、廣島、神戸、大阪行

　　　大阪商船株式會社基隆顧客扱所

　　　基隆港石牌街四十七番

　　　　　　　　池畑太平次[16]

とあるように、大阪商船会社の汽船が基隆を出港するのは毎月7日、17日、30
日の正午であって、基隆から大阪までの寄港地は汽船によって異なっていたこ
とは、大阪からの出帆の場合と同様である。『臺灣新報』第8号、1896年（明
治29）7月26日付け広告では、

　　●舞鶴丸　毎月七日正午出帆、沖縄、大島、廣島、神戸、大阪行

　　●明石丸　毎月十七日正午出帆、沖縄、大島、廣島、神戸、大阪行

　　●須磨丸　毎月三十日正午出帆、八重山、沖縄、大島、三角、長崎、門

表18　1896年 5 ～ 7 月大阪商船会社台湾航路就航船表

出港日時	船名　屯数	出港　経由地　到着地
5 月 5 日午後 3 時	須磨丸 1562屯	大阪→神戸・鹿児島・大島・沖縄・基隆行。
5 月15日午後 3 時	舞子丸 1178屯	大阪→神戸・門司・長崎・三角・鹿児島・大島・沖縄・八重山・基隆行。
5 月25日午後 2 時	明石丸 1354屯	大阪→神戸・鹿児島・大島・沖縄・基隆行。淡水・安平・打狗行キ荷物ハ基隆ニテ天津丸ト接続ス。
6 月 5 日午後 3 時	須磨丸	大阪→神戸・鹿児島・大島・沖縄・基隆行。但シ淡水・安平・打狗行キ荷物ハ基隆ニテ天津丸ト接続ス。
6 月15日午後 2 時	舞子丸	大阪→神戸・門司・長崎・三角・鹿児島・大島・沖縄・八重山・基隆行。
6 月25日午後 2 時	舞鶴丸 1075屯	大阪→神戸・鹿児島・大島・沖縄・基隆行。淡水行ハ荷物ハ基隆ニテ接続ス。
7 月 5 日午後 2 時	明石丸	大阪→神戸・鹿児島・大島・沖縄・基隆行。淡水行、基隆ニテ接続。
7 月15日午後 2 時	須磨丸	大阪→神戸・門司・長崎・三角・鹿児島・大島・沖縄・八重山・基隆行。淡水・安平・打狗行ハ基隆ニテ接続ス。
7 月25日午後 2 時	舞鶴丸	大阪→神戸・鹿児島・大島・沖縄・基隆行。淡水・安平・打狗行ハ基隆ニテ接続ス。
8 月 5 日午後 2 時	明石丸	大阪→神戸・鹿児島・大島・沖縄・基隆行。淡水・安平・打狗行ハ基隆ニテ接続ス。
8 月15日午後 2 時	須磨丸	大阪→神戸・門司・長崎・三角・鹿児島・大島・沖縄・八重山・基隆行。淡水・安平・打狗行ハ基隆ニテ接続ス。
8 月25日午後 2 時	舞鶴丸	大阪→神戸・鹿児島・大島・沖縄・基隆行。淡水・安平・打狗行ハ基隆ニテ接続ス。

　　　司、廣島、神戸、大阪行[17]

と変更されている。舞子丸に代わって舞鶴丸が加わっている。

　台湾総督府から大阪商船会社に与えられた1899年（明治32） 3 月27日付の第一号の「命令書」の第一条には次のようにある。

　　第一條　臺灣總督府ハ臺灣ト内地間及臺灣沿岸ニ於ケル運輸交通ノ利便ヲ
　　　　　　圖ルカ爲、其會社ニ左ノ定期航路ヲ爲スコトヲ命ス。
　　第一　基隆ヨリ門司ヲ經テ神戸ニ至ル航路毎月往復二回
　　第二　基隆ヨリ長崎、門司、宇品ヲ經テ神戸ニ至ル航路毎月往復二回

　　　第三　基隆ヨリ石垣、那覇、鹿児島ヲ經テ神戸ニ至ル航路毎月往復二
　　　　　回

　　　第四　基隆ヨリ蘇澳、花蓮港、卑南、南澳、車城、打狗、安平、澎湖
　　　　　島、塗葛窟ヲ經テ基隆ニ回航スル航路毎月一回、（下略）

　　　第五　基隆ヨリ澎湖島、安平ヲ經テ打狗ニ至ル航路毎月往復二回[18]

　台湾総督府が大阪商船会社に命じた航路は、いずれも基隆を起点とする日本
への航路と、基隆からの台湾沿海航路の運航であった。台湾と日本との航路は、
最終地の神戸まで経由地が異なる3線があり、合計毎月6回の定期運航が開始
されたことになる。

　同日の第二号「命令書」では、台湾から南方の航路に関して記されている。

　　第一條　臺灣總督府ハ臺灣ト清國東部地方間ニ於ケル運輸交通ノ利便ヲ圖
　　　　　ルカ爲、其會社ヘ左ノ定期航海ヲ爲スコトヲ命ス

　　　　　淡水ヨリ厦門、汕頭ヲ經テ香港ニ至ル航路三月ヨリ八月マデハ毎月往
　　　　　復四回、九月ヨリ二月マデハ毎月往復三回[19]

　台湾総督府は大阪商船会社に対して、日本への航路とは別に、台湾から中国
大陸の華南地区との航路についても運航を命じた。それは台湾北部の港基隆と
対峙する淡水港から福建省南部沿海の厦門、広東省北東部沿海の汕頭を経由し
て香港に至る航路を、春夏季は毎月4回、秋冬季は3回の定期運航を命じたの
である。

　この命令航路は忠実に運航されていたようで、1935年（昭和10）版の『臺灣
鐵道旅行案内』[20]の海運によれば次のように述べられている。

　　　明治二九年大阪商船會社に命じ内地航路を開かせて以來次第に發達して、
　　　明治三二年には更らに淡水、香港線を開設してドグラス汽船會社を駆逐し、
　　　對岸航路の端緒を開くに至つた。其の後基隆、高雄の兩港に工を施し、さ
　　　らに命令航路の隻數を増加し、また遠く南支南洋方面の航路をも開く等、
　　　大いに海上交通の改善を圖つた結果、今や内地航路三線、沿岸線航路二線
　　　の外、基隆・福州・厦門線、基隆・香港線、基隆・比津線、基隆・爪哇線、
　　　高雄・上海線、高雄・大連・天津線、臺灣・朝鮮・大連線等合計一三線の

命令航路を有し、補助金一四〇餘萬圓、使用船三一隻、一二萬噸に及んで
ゐる。其の他、大阪商船の北米航路を初めとして貿易の發達と共に幾多の
自由航路の出現を見ることとなった[21]。

　　現在の命令航路は左の通りである。

　▲内地臺灣間航路

　イ、神戸基隆線　　この航路は大阪商船、近海郵船兩社の所属船六隻を
　　　以て神戸基隆間を毎月一二往復して居る。就航船は何れも一萬噸
　　　級で

　　　　自四月―至九月　（神戸發　金、月、水　基隆着　月、木、土

　　　　　　　　　　　　　基隆發　月、水、土　神戸着　木、土、火）

　　　　　　　　　　　　（中略）

　　　　自一〇月―至三月（神戸發　金、日、火　基隆着　火、木、土

　　　　　　　　　　　　　基隆發　月、水、金　神戸着　金、日、火）[22]

と記されている。1935年当時、日本と台湾を結んだ大阪商船会社の定期便は、
3隻の1万屯級の大型船を使用して2〜3日ごとに神戸と基隆から出港する運
航を行っていたのである。

3　大阪商船会社の台湾航路案内

　大阪商船会社は日本から台湾へ渡航する顧客に対して、航路の運航状況など
を説明したパンフレットを配布していた。

　大阪商船会社の台湾航路の状況を示すものとして、1914年（大正3）3月の
「大阪商船株式會社營業案内」（次頁参照）がある。両面3折縦18.8cm、横
26.3cm の大きさで、裏面に右側から台湾行、満洲行、遠洋近海諸航路の説明
がされている。その台湾行（次頁右）には次のように記されている。

　　亞米利加丸　總噸數六千三百噸　笠戸丸　總噸數六千二百噸（写真略）

　　右兩船各六千餘噸ノ巨船ニシテ、其ノ客室及ビ設備ノ萬端ハ最新式ノ設計

「大阪商船株式会社営業案内」(1914年(大正3))

ニ成リ、貴賓室、一等客室、甲乙兩様ノ二等客室等ノ構造装飾ノ善美ヲ盡
セルハ固ヨリ説クヲ俟タズ。日本式平座敷ニ造レル新式三等客室ノ如キモ
夙ニ内外旅客ノ激賞ヲ博セル所ナリ。船體巨大ニ、構造堅牢ニ、船體重心
ノ案排竝ニ動揺ニ抵抗スル装置等亦間然スル所ナク、食膳ノ調理、娯楽機
關ノ完備、醫師（無料ニテ診察投薬ス）女給仕、理髪師ノ乘船、無線電信
局、無線電話局、郵便局ノ設置等、商船會社獨特ノ施設ニ至リテハ實ニ枚
擧ニ遑アラズ。

　毎月四回出帆

笠戸丸

　神戸發　二日、十七日正午

　門司發　三日、十八日午後四時　　基隆着　六日、廿一日午前四時

亞米利加丸

　神戸發　九日、廿四日正午

　門司發　十日、廿五日午後四時　　基隆着　十三日、廿八日午前四時

　　蘇澳、花蓮港、卑南等東沿岸諸港ニハ毎月九回、基隆發着右兩船ニ接
　　續ス[23]。

表19　大阪商船会社台湾航路案内表

番号	タイトル	発行年	西暦	形　　状
1	台湾航路案内	大正 8 年 6 月	1919年	16.7×58.0cm　横 6 折　地図無し
2	台湾航路案内	昭和 2 年 8 月	1927年	22.0×60.0cm　横 6 折　地図無し
3	台湾航路案内	昭和 4 年 7 月	1929年	44.0×62.5cm　上下 2 折、横 6 折 「台湾地図」「台湾中心航路図」
4	台湾へ	昭和 9 年 9 月	1934年	36.8×51.2cm　上下 2 折、横 5 折 「台湾全島図」「台湾中心航路図」
5	内地へ （内台連絡船案内）	昭和10年 1 月	1935年	21.8×61.2cm　横 6 折　地図無し
6	内台連絡船定期表 No.101	昭和10年 4 月	1935年	昭和10年 4 ～ 9 月時刻表 19.0×27.0cm　3 折
7	内台連絡船定期表 No.105	昭和11年 9 月	1936年	昭和11年10月～昭和12年 3 月時刻表 18.0×26.5cm　3 折
8	台湾へ 　三巨船 高砂丸　高千穂丸 蓬莱丸	昭和12年 6 月 （昭和12年11月 13日高雄要塞司 令部検閲済）	1937年	19.0×22.2cm　冊子12頁（表・裏表紙を含） 裏12頁「台湾全島図」の高雄の南部に 2 ケ所、 黒塗りの箇所がある。
9	台湾中心航路案内	昭和12年 9 月	1937年	19.2×22.3cm　冊子 8 頁（表・裏表紙を含） 「台湾中心航路図」のみ
10	内台連絡船定期表 No.127	昭和15年12月	1940年	昭和16年 1 月～ 3 月時刻表 18.6×26.3cm　3 折

とあるように、1914年（大正 3 ）当時、6,000屯級の笠戸丸と亞米利加丸の 2 隻が毎月 4 回、神戸からまたは基隆から門司を経由して航行していた。

　同営業案内には満洲行は台南丸総屯数3,300屯、嘉義丸総屯数2,500屯の 2 隻が、遠洋近海諸航路には紅丸総屯数1,400屯、たこま丸総屯数6,200屯[24]の 4 隻が見えることからも、大阪商船会社の台湾航路は、同社にとっても重要な航路であったことがわかる。

　その後、大阪商船が営業案内以外に顧客に配布した「航路案内」が管見の限り 7 種類のものと 3 種類の「内台連絡船定期表」が知られる。そこでこれらの台湾航路案内から見た大阪商船会社の台湾航路の状況について述べたい。

　上の表19に掲げた10種の冊子は、番号 1 、 2 、 3 、 4 、 5 、 8 、 9 の航路案内と番号 6 、 7 、10の定期船時刻表に分けられる。

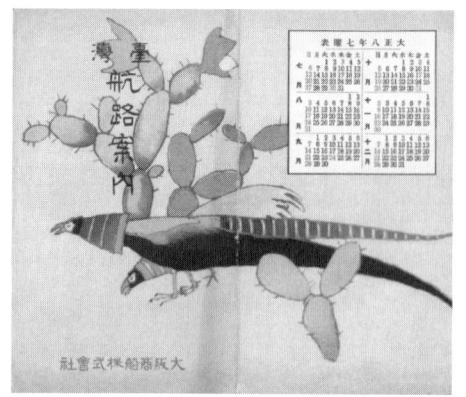

大阪商船会社「台湾航路案内」(1919年(大正8))

　番号1の「台湾航路案内」は、「神戸基隆線（大正八年六月現在)」で始まり次のようにある。

　　使用船　亞米利加丸　總噸數　五,九四五噸　香港丸　總噸數　五,八八八噸

　　汽船發着(毎週一回神戸發門司經由基隆行)

　　　往航　神戸發　毎月曜日　正午　門司着　毎火曜日　午後四時　基隆着
　　　　　　毎金曜日　午前六時

　　　復航　基隆發　毎月曜日　午後四時　門司發　毎木曜日　正午　神戸着
　　　　　　毎金曜日　午前八時

　　設　　備　亞米利加丸及香港丸共に船體巨大能く風波に堪へ構造堅牢にして航海頗る安全に諸般の設備亦最も完整せることは既に嘖々たる好評を博せるところにして、殊に其客室設備の如きは實に善を盡し美を極め、而して電扇暖房器、製氷器、冷蔵室等の設備は季に應じて寒暑温度の中和を計り亦常に新鮮なる食料品を調達するを得せしめ理髪師、按摩、給仕、女給仕等をして不斷に旅客各般の所用を辨ぜしめ、又船内衛生に付ては熟達せる醫員を乗組ましめ一切無料にて診察投薬の需めに應じ申候[25]。

　1919年（大正8）7月から1920年（大正9）3月にかけて、大阪商船会社は、5,945屯のアメリカ丸と5,888屯の香港丸の2隻を神戸・門司・基隆線に投入し、

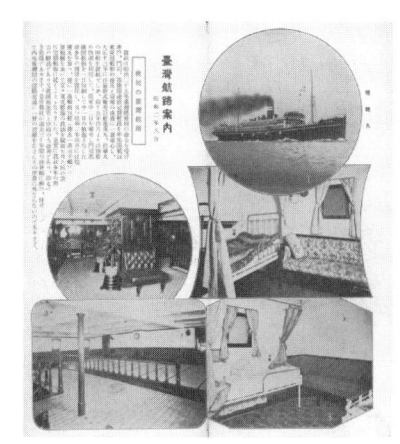

大阪商船会社「台湾航路案内」(1927年(昭和 2))

　7 日毎に神戸から基隆から出港する運航を行っていた。神戸を月曜日の正午に出港すると金曜日の午前 6 時に基隆に到着、基隆からは月曜日の午後 4 時に出港し、金曜日の午前 8 時に神戸に到着したのであった[26]。神戸から基隆への往航には90時間、基隆から神戸への復航には88時間を要したことがわかる。

　番号 2 、昭和 2 年（1927） 8 月の「台湾航路案内」は表紙の絵に台湾の水路での小型船に乗船する母娘と漕ぎ手を描いている。説明文と写真を多用し、瑞穂丸とその船室の写真が計 5 葉、扶桑丸とその船室内が計 4 葉、蓬莱丸とその船室の写真計 6 葉が掲載されている。説明は「臺灣航路案内　昭和二年八月」として、「我社の臺灣航路、使用船、臺灣中心の諸航路、内臺間航路時間短縮、船客運賃、手荷物、乗船御注意、船車連絡、旅館、本社支店代理店」から構成されている。

　使用船としては、

船　名	總噸數	排水噸數	速力	船客定員一等	二等	三等
蓬莱丸	九,二〇六噸	一五,〇〇〇噸	一七浬	五一人	一二三人	五六二人
瑞穂丸	八,五一一噸	一五,〇〇〇噸	一七浬	四一人	一三三人	六二〇人
扶桑丸	八,一八八噸	一五,〇〇〇噸	一七浬	四二人	一〇一人	五九二人[27]

とあるように、1927年（昭和 2 ）当時、9,000屯級の蓬莱丸、8,000屯級の瑞穂

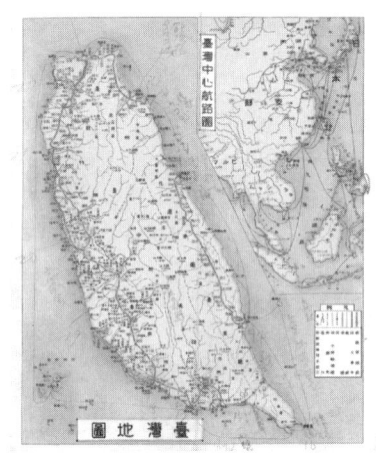

大阪商船会社「台湾航路案内」(1929年(昭和4))

丸と芙蓉丸の3隻が神戸基隆線に投入されていた。同書の「内臺間航海時間短縮」には、

> 従来門司基隆間航海に中二日を要して居ましたが、我社は蓬莱丸、瑞穂丸、
> 扶桑丸を以て門司基隆間を中一日で航海すること、致しました。各船は左
> の定期で發着致します[28]。

とあるように、扶桑丸が4月4日の正午に神戸を出港し、門司を5日の正午に出港して、基隆には7日午後4時に到着する航海時間[29]となっていた。所要時間が52時間と1919年（大正8）当時に比較し半数近くに削減されている。

　番号3、1929年（昭和4）7月の「台湾航路案内」は、「臺灣航路案内（昭和四年七月）」は、表面が台湾のバナナの葉を描いた図と「我社の臺灣航路、使用船、定期發着日時、船客運賃、船車連絡、乗船御注意、臺灣地図と臺灣中心航路圖、臺灣旅行の心得、「切符の購入、船室豫約其他詳細は下記へ」」と本社各支社の住所や電話番号を記している。裏面が「臺灣中心の諸航路、乗船御注意、臺灣案内」ならなる。周囲には20枚の写真が使われ、台湾の写真のみならず、厦門、福州、香港、上海、天津、スラバヤ、バタビアの写真も見られる。

　使用船は蓬莱丸、瑞穂丸、扶桑丸の3隻である。

　番号4の1934年（昭和9）9月の「台湾へ」は、表紙がバナナの樹木と葉を

大阪商船会社「台湾へ」(1934年(昭和 9))

　背景に「たかちほ丸」の写真をあしらった図である。「台湾全島図」と「台湾中心航路圖」そして「切符の購入・船室豫約其他詳細は下記へ」と「台湾の案内」として「臺灣の現状、鐵道沿線の名所案内、東沿岸の名所」からなる。

　裏面は「夢の島　詩の島　富の島——台湾へ！」とあり、「内臺連絡案内昭和九年九月發行」には、「使用船、定期發着日時、内外航連絡、船車連絡、乗船御注意、臺灣旅行の心得」から構成されている。

　使用船は、高千穂丸、瑞穂丸、蓬莱丸の 3 隻となった。高千穂丸は8,155総屯で「弊社は昭和九年二月更に純國産新造船、高千穂丸を配して、蓬莱丸、瑞穂丸、高千穂丸の三巨船で内臺連絡の大任に完璧を期する事となり愈々江湖の賞賛を博して折ります」[30]として宣伝された。

　「定期發着日時」では、「神戸基隆間には弊社の三巨船の外に近海郵船會社の船も三隻就航してゐますので、両社の船が交互に毎週三回神戸基隆線両地を左記定期により發着して居ります」と近海郵船会社[31]の台湾航路船の運航も付記している。

　興味深いのは「回數乗船券」がこのパンフから見られることである。

　　本航路に屢々御乗船下さる方の御便宜を圖り、貳参等の割引回數乗船券を發賣して居ります。これは近海郵船會社の船にも其儘御使用出来、特に神

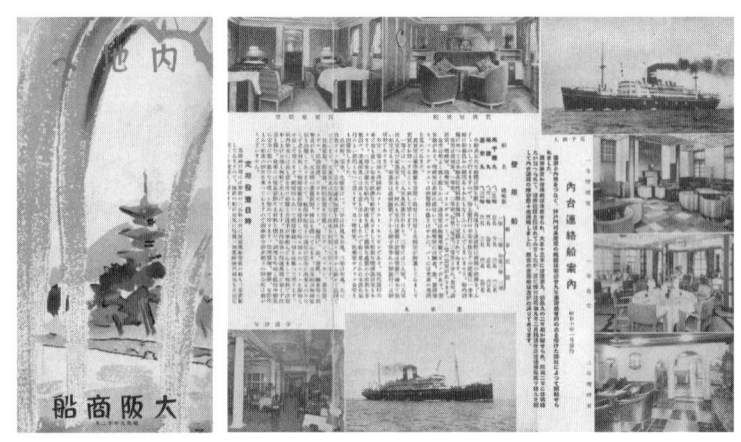

大阪商船会社「内地へ」(1935年(昭和10))

戸、門司間のものは両社の近海航路の船ならばどれにも通用し、又御同行の方にも御一人（小兒ならば御二人）迄御使用出来ること〻、なつて居りますので大變御便利經濟のものであります。

　　神戸門司　　基隆間　拾回券　壹割引　通用期間　壹箇年

　　神戸門司間　　拾回券　壹割五分引　　貳拾回券　貳割引　　通用期間六箇月[32]

　このように、回数券と言う乗船割引が導入され、頻繁に航路を利用する乗船顧客の便宜を図った。そしてこの回数券が近海郵船会社の台湾航路就航船にも使用できるサービスを開始したのであった。これは先の航路案内からの変化である。少なくとも1934年（昭和9）から以降も継続され、後述のパンフにも見られる。

　番号5、1935年（昭和10）1月の「内地へ」は、「内台連絡船案内　昭和十年一月發行」で、表紙には日本の寺社の塔が描かれ、台湾在住の人が日本を観光する案内となっている。は、表面は内地の遊覧航路として別府温泉、大阪別府線等、そして旅館、乗物、台湾銀行券には「島内で通用してゐる臺灣銀行券は、内地で通用致しませんから、両替しなければなりません。内地行便船出帆當時基隆驛の臺灣銀行出張所で無手數料で両替してくれます」と記され、「切

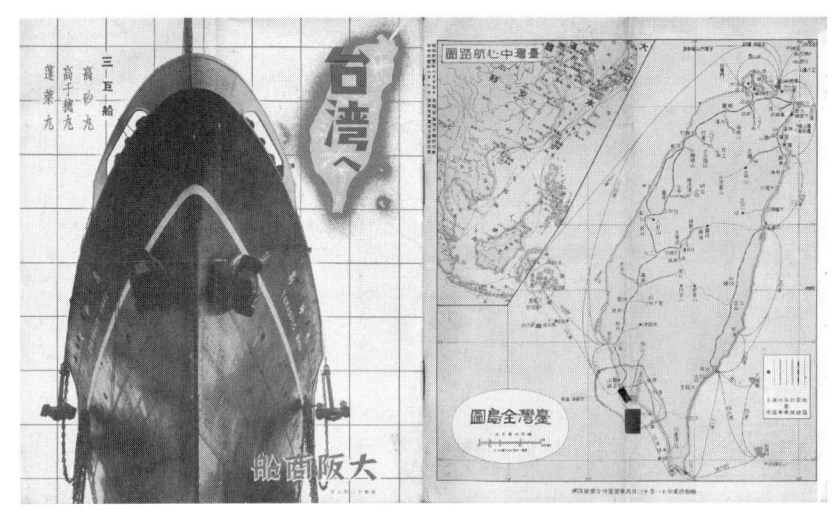

大阪商船会社「台湾へ」(1937年(昭和12))

符の購入・船室豫約其他詳細は下記へ」、裏面は「「内台連絡船案内　昭和十年
一月發行」使用船、定期發着日時、内外航連絡、船車連絡、乗船御注意」など
からなる。使用船は高千穂丸、瑞穂丸、蓬莱丸である。

　番号 8 は、1937年（昭和12）6 月の「台湾へ　三巨船　高砂丸　高千穂丸
蓬莱丸」である。これは冊子体で表紙に高砂丸の船首部分と台湾地図があり、
2 頁以降に説明文が続く。最初は大阪商船の内台連絡船として高砂丸、高千穂
丸、蓬莱丸の説明がされている。「「發着日時表」、内外航連絡、台湾旅行の御
心得、船車連絡、御乗船注意」、台湾案内では「縦斷鐵道沿線名所案内、各地
市内見物自動車賃（一臺五人乗貸切）、臺灣中心の大阪商船客船諸航路、「切符
の購入・船室豫約其他詳細は下記へ」」とあり、裏表紙は「臺灣全島圖」と
「臺灣中心航路圖」からなる。「臺灣全島圖」の高雄の南部に 2 ケ所、黒塗りの
箇所があり、同頁の欄外に「昭和12年11月13日高雄要塞司令部検閲済」とある
ことから、黒塗り部分は軍事機密に関するものであったろう。

　この航路の高砂丸は9,315屯で高千穂丸8,154屯、蓬莱丸9,192屯とほぼ同規
模の船で、説明には「何れも強大な船體と高速力は南海の波濤をのして威風

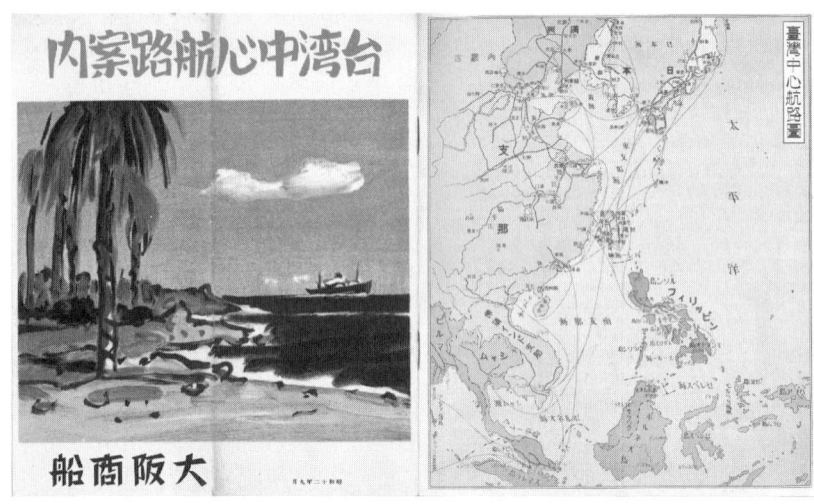

大阪商船会社「台湾中心航路案内」(1937年（昭和12）)

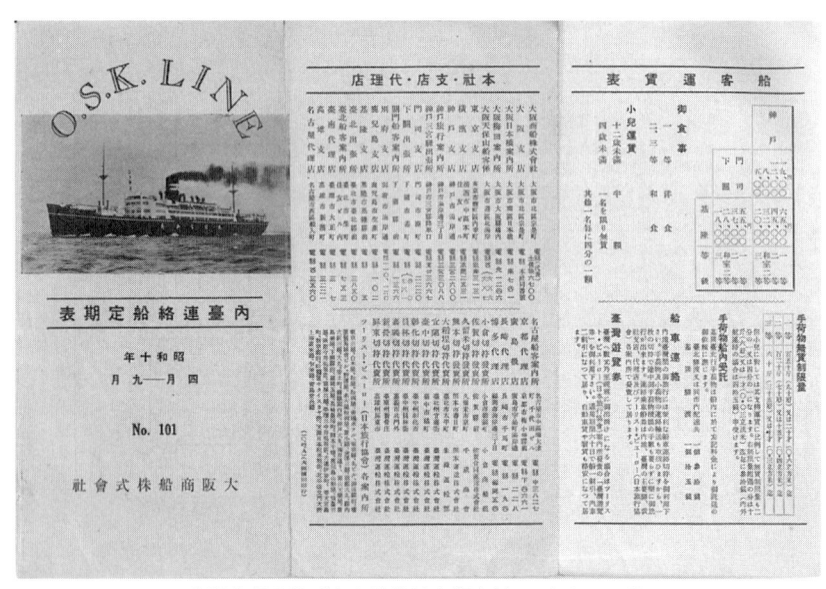

大阪商船会社「内台連絡船定期表」(1935年（昭和10）)

堂々、「浮べる宮殿」の形容詞をそのままであります」[33]と謳っている。

　番号9は、昭和12年（1937）9月の冊子体「台湾中心航路案内」である。表紙の絵は台湾の沿岸から海洋に航行する汽船を描いている。この汽船は当然大阪商船の内台連絡船である。内容は、「「台湾中心諸航路」の説明、「内台連絡船線」、「其他の諸航路」、「旅行上の御注意」、「乗船御注意」」からなり、裏表紙には「臺灣中心航路圖」が描かれている。「内台連絡線」では、

　　　基隆から門司を經て神戸に往復する臺灣内地間の幹線航路には、高砂丸、
　　　高千穂丸、蓬莱丸の三巨船が定期に就航して居ります[34]。

とあるように、1万屯級に匹敵する3船が日本と台湾航路の幹線に就航していた。

　番号6、7、10の「内臺連絡船定期表」は1935年（昭和10）4～9月のもので№101とあり、1年に2回発行されていたと考えられることから、おそらく大阪商船会社の日本と台湾を結ぶ航路の初期から作成されていたと思われる。

　番号6の№101の表紙はO. S. K. LINE「たかちほ丸」の船体を描き、船客運賃、本社・支店・代理店の説明がある。裏面は「自昭和十年四月至昭和十年九月　内臺連絡船出帆定期表」で上段が基隆行の「神戸發正午、門司着發、基隆着午後一時　そして船名、神戸行の基隆發午前十時、門司着發、神戸着午前十一時の四月一日から十月一日」までの時刻表になっている。

　番号7の№105は№101とほぼ同内容で、1936年（昭和11）9月23日から1937年（昭和12）3月30日までの時刻表である。

　番号10の№127は、表紙の英語表記は無くなり、3隻の大型船を並べ描いている。1941年（昭和16）1月2日から4月4日までほぼ3ヶ月の時刻表を記している。時代を反映してか最も質の良くない紙に印刷されている。

4　小　　結

　上述のように大阪商船会社の台湾航路は同社にとっても重要な航路であった。

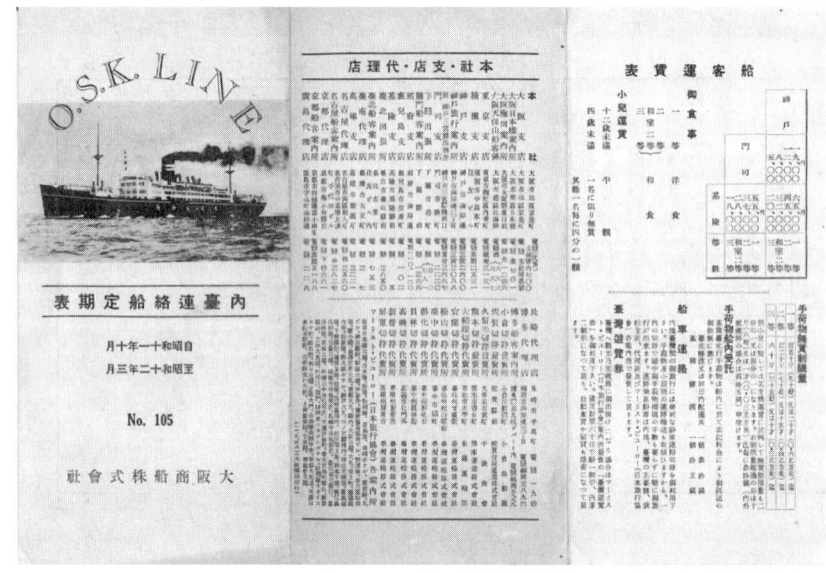

大阪商船会社「内台連絡船定期表」（1936年（昭和11））

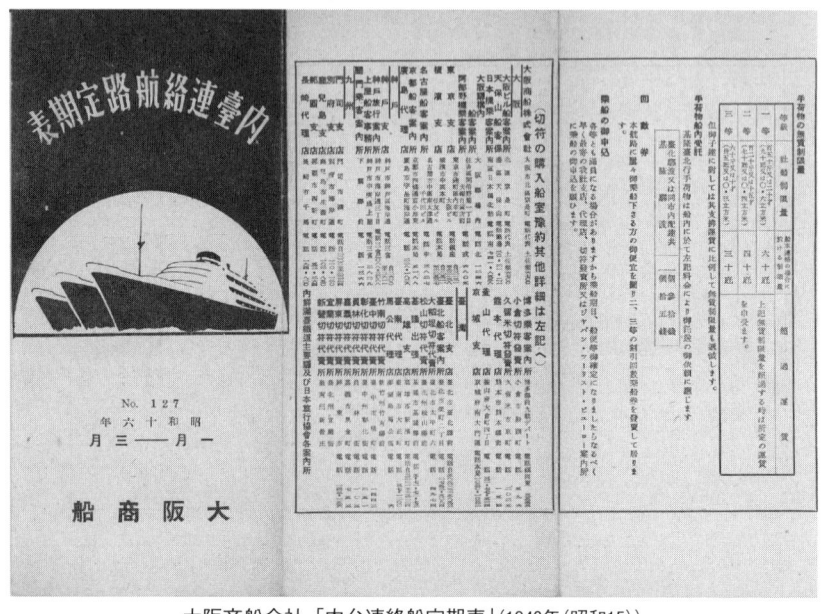

大阪商船会社「内台連絡船定期表」（1940年（昭和15））

航路開設当初より、1,500屯級の須磨丸を配船し、大正年間には6,000屯級の船を、昭和時代に入ると１万屯級の汽船を就航させるなど、台湾航路を重視していたことがわかる。さらに増加する顧客の要望に対応するべく船内の施設も、1930年代後半になると船体の巨大さと速力の高速化をはかり、船内の設備の豪華さをもって「浮べる宮殿」と称されるまでにいたったのである。

　また、多くの顧客を勧誘する方法として上記のような「航路案内」が配布されたのであったが、これらはその当時の乗船顧客にとって必要であったが、その後は忘却の彼方の存在となり多くが消失したと思われる。しかしながらこれらの「航路案内」はそれぞれの時代を象徴する有力な史料であり、社史などには見られない当時の記録も多々あり、航空機が多数の旅客を移動させる時代の出現まで、汽船の航行が盛んであった時代の象徴の一端を如実に示している貴重な記録と言えるであろう。

〔注〕
1）　神田外茂夫編『大阪商船株式會社五十年史』大阪商船株式会社、1934年６月、37頁。
2）　同書、37〜38頁。
3）　同書、41頁。
4）　同書、40頁の写真「開業當時の配船表」による。
5）　同書、55頁。
6）　同書、55頁。
7）　同書、210〜211頁。
8）　同書、210頁。
9）　松浦章『近代日本中国台湾航路の研究』清文堂出版、2005年６月、130〜131頁。
　　松浦章著・卞鳳奎譯『日治時期臺灣海運發展史』博揚文化事業有限公司、2004年７月、243〜246頁。
10）　『大阪朝日新聞』第5168号、1896年（明治29）５月２日、６面。
11）　『大阪朝日新聞』第5171号、1896年（明治29）５月６日、３面。
12）　神田外茂夫編『大阪商船株式会社五十年史』384頁。
13）　同書、384頁。
14）　同書、377頁。
15）　同書、378〜389頁。

16）　『臺灣日日新報　影印本』附冊49、五南圖書出版、1995年 5 月、83頁。

17）　同書、218冊、1994年 8 月、25頁。

18）　同書、218冊、213頁。

19）　同書、218冊、217頁。

20）　台湾総督府交通局鉄道部『臺灣鐵道旅行案内　昭和十年版』臺灣総督府交通局鐵道部、1935年10月。

21）　同書、19頁。

22）　同書、19〜20頁。

23）　大阪商船株式会社「大正三年三月　大阪商船株式會社營業案内」裏面右側。

24）　同上、裏面中央、左側。

25）　大阪商船株式会社「台灣航路案内」（1919年（大正 8 ） 6 月現在）裏 2 折。

26）　同上、裏 1 折、「神戸基隆線發着日時」による。

27）　同上、（1927年（昭和 2 ） 8 月）裏 3 折、「使用船」。

28）　同上、裏 4 〜 5 折、「内臺間航海時間短縮」。

29）　同上、裏 5 折、「神戸基隆定期發着表」。

30）　大阪商船株式会社「台湾へ」（1934年（昭和 9 ） 9 月）、裏面「内臺連絡船案内」より。

31）　本書第 2 編第 4 章。

32）　大阪商船株式会社「台湾へ」（1934年（昭和 9 ） 9 月）、裏面「内臺連絡船案内」。

33）　大阪商船株式会社「台湾へ　三巨船　高砂丸　高千穂丸　蓬莱丸」1937年（昭和12） 6 月、「大阪商船の内台連絡船」の説明文による。

34）　同上、1937年（昭和12） 6 月、「大阪商船の内台連絡船」による。

第3章　野村治一良と日本海航路
——大阪商船・北日本汽船・日本海汽船

1　緒　　言

　19世紀末から20世紀にかけて日本の海運業は急速に発展し、1915年当時、英国の2,083万総屯数が世界最大で、アメリカ合衆国の485万総屯数、ドイツの442万総屯数、ノルウェーの198万総屯数、フランスの191万総屯数、日本の183万総屯数、イタリアが151万総屯数、オランダが150万総屯数、スウェーデンが102万総屯数、オーストリアが102万総屯数とこの10ケ国で、世界全体の汽船の総屯数4,573万屯の90％近くを占め[1]、日本が第6位で、全体の4％を占める船舶数を誇っていた。

　しかし、第二次世界大戦、とりわけアジア太平洋戦争において、日本軍部によるアジア大陸、太平洋海域への輸送船として徴用され、汽船の大半がアメリカ軍の攻撃によって喪われた。開戦以降の船舶の喪失は約3,600隻、900万総屯に達したとされている[2]。このように、第一次世界大戦と第二次世界大戦の間における日本海運業は、重要な産業であった[3]にもかかわらず、等閑視されていたと言われる[4]。そのような20世紀前半における日本の海運の盛時に、大阪商船会社に入社し、北日本汽船会社と日本海汽船会社において社長となった人物に野村治一良がいる[5]。野村は80歳の時に『わが海運六十年』（1955年）、88歳の時には『米壽閑話』（1963年）と言う自著を出版し、日本の近代海運史を回顧しているが、これまでほとんど注目されることは無かった。

　そこで、本章は野村治一良と日本海運業とりわけ日本海航路の歴史を回顧してみたい。

2　野村治一良と海運業との邂逅

　野村治一良は、1875年（明治8）12月23日に、京都にあった母親の実家である上京区新町椹木町で生まれた。実家は滋賀県野洲郡祇王村にあり、父は野村治左右衛門、母は千恵であった。野村治左右衛門は中農地主であったが、1879年（明治12）に県会議員となっている[6]。治一良の中学入学前に父が死去し、1889年（明治22）に滋賀県立彦根中学校に入学している。その後、寄宿舎の賄いの改善を求めてストライキをしたことで卒業証書を受け取れなかった[7]。その後、大阪に出て、高橋健三の主催する「二十六世紀」と言う政治評論雑誌の仕事を昼間に手伝いながら、関西法律学校（現在の関西大学）の夜学に通うことになる[8]。そして1896年（明治29）6月から「二十六世紀」の編輯者となったが、「新華族と宮内大臣以下の責任」という論文を書き、官吏侮辱罪で告訴され、体刑と罰金刑に処せられた[9]。12月の下旬から正月まで獄中で過ごし、「英照皇后の崩御」による恩赦で釈放された[10]。その後、朝日新聞社に入社し、新聞記者となり、中国東北地方の視察に赴いている。当時を回顧して次のように記している。

　　明治31年には日清戦争直後の中国に渡つて北京に約一年滞在し、当時の支那通、上野岩太郎、西村天囚、鳥居素川などの手引で、中国を十分研究した[11]。中国滞在中の出来事で、今なおはつきり覚えていることは、当時の北京駐在公使矢野文雄に頼まれ帝政ロシヤの南下政策の一つである旅順、大連へ向つて東支鉄道を大童で敷設中だつたのを視察に行つたことである。同行者は先輩上野岩太郎であるが、大連、ハルピン間を馬に乗つて旅行した。
　　当時の中国には英系の北京—山海関の鉄道が一本あるだけであつたが、ロシヤは前記のごとく、東支鉄道を敷設中であり、ドイツは青島—済南間の鉄道利権を獲得し、フランスは南方に、英、仏、白等は津浦、京漢両線の

利権を獲得するなど列強はそれぞれ、分割し陸上交通を掌握せんとしつつあつた[12]。

ロシアによる東清鉄道が開通する以前の東北地方を見て回ったのである。その調査の一端は「清韓見聞録」[13]として大阪朝日新聞に掲載された[14]。帰国後、その時の体験をもとに、大阪高商に招かれ「中国における交通と現状と革命」と題する講演を行っている[15]。

この中国視察で、大阪朝日新聞社に「二千数百円」の借金をしたことで、新聞記者から転職することになった。1899年（明治32）のことである。転職先が大阪商船会社であった[16]。その大阪商船会社時代の野村治一良の状況は次のようであった。

> 私は大阪商船入社後約十年間、下積みの地味な仕事ばかりしていたので、自分のことに関してはこれといふ手柄話も大してない。約二年位は社長中橋の秘書や支那部で中国航路の研究等をやり、更に経理に転じて下積みの仕事をしていた。ただ経理にいる時、私は大きな仕事を一つした。それは石炭買付の改善であった[17]。

と、野村治一良は回顧している。ここに見える社長中橋であるが、1898年（明治31）7月15日から1914年（大正3）11月20日まで社長を務めた中橋徳五郎である[18]。そして石炭買付の改善とは汽船の燃料として必要な石炭の購入方法のことであり、これまでの船積み買いから貨車積に変更し、また小口買をやめて三井、三菱、安川、古河4社から購入するなどの方法で約1割の経費の削減に努めている[19]。

野村治一良は1921年（大正10）11月に大阪商船会社の営業部の東洋課長に就任している。後任の岡田永太郎が1927年（昭和2）5月に就任している[20]ことから、5年有余にわたり、東洋課長を勤めていたのであった。

野村の大阪商船会社の東洋課長時代の足跡を知る記録が、外務省の外交史料館に残されている。いずれも大阪商船会社のウラジオストク航路に関する記録である。

外務省外交史料館に残された「浦潮灯台航路標識ニ関スル件」[21]には、野村

治一良が、1922年（大正11）9月7日時点において「東洋課長」[22]の職名であったことが知られる。野村治一良の大阪商船会社時代の大きな業績の一つがソ連の国営汽船部との交渉であった。自著にも「モスコーの欧亞連絡運輸會議への出席」として述べている。

　　欧亞を結ぶ最短距離は、何といつてもシベリヤ鉄道を経由する道である。航空機の発達がまだ幼稚な当時、これを通ると約二週間で西欧の中心地に到着することが出来るが、船便による南方航路によるときは、一ヶ月以上はどうしてもかかる。そこで大正十五年、欧亞旅行の幹線交通路として、船車連絡を便利にしようとのソ連からの申入れがあり、わが国も満鉄、朝鮮鉄道、国鉄、並びに海運担当者を、モスコーで開催される欧亞連絡運輸会議へと代表を派遣することになつた。……

　　日本側の代表として鉄道側種田虎雄（団長）、金中清、伊沢道雄、高久甚之助、満鉄側は安藤定三郎、宇佐美完爾、海運界代表としては、浦汐―敦賀間に航権を持つ大阪商船からということになり、当時東洋課長であつた私が選ばれることになつた。私の随員としては、当時浦汐支店に勤務していた近藤繁司君を同伴することになつた[23]。

　このときに締結された「敦賀―浦塩航路は、後に北日本が継承したが、昭和六年に機関撤去を命ぜられ、埠頭倉庫なども没収され、閉鎖のやむなきにいたつた」[24]とあるように、北日本すなわち後に野村治一良が社長となった北日本汽船会社が、大阪商船会社の敦賀浦塩航路を継承したものであった。

　ついで、外交史料館の「浦塩線」に次の記録が残されている。

　一、浦潮線　東客外第一二号

　　　大正十五年二月十二日

　　　　　　大阪商船株式会社　社長戸塚啓次郎

　逓信省管船局長宮崎清則殿

　外務省通商局長佐分利貞雄殿

　　弊社浦塩代理店ニ於ケル乗船切符発売ノ件

　拝啓　弊社浦塩代理店ヨリ同所ニ於ケル乗船切符発売方ニ関シ別紙ノ通リ

通知有之候間御参考迄ニ御通知申上候

敬具

大正十五年二月四日

　　　大阪商船株式会社　浦塩斯徳代理店

東洋課長野村治一良殿

拝啓　乗船切符発売ニ関スル件

当地ヨリ日本（其他外国）ヘ出発スル船客取調ノ為メ旅券提出方ニ関シ、別紙写ノ通リ公文ヲ以テ当地国家保安部海上国境監視所ヨリ通知有之候間御通知申上候

右ニ付キ本船出帆一昼夜前ニ切符発売締切ル事ハ船客取扱上困難ニシテ、且一般船客ニ取リ非常ナル不便ニ付、尠ナクトモ出帆二、三時間前迄ニ切符締切、旅券提出ノ分ニ對シテハ登録ヲ爲シ、出國ヲ許可スル様、交渉致申候處、先方ニテ取調ノ都合モアリ、結局定期船ハ出帆三時間前ニ旅券提出シタル分ハ出國差支ナキ事ニ許可ヲ得申候。

就テハ嘉義丸ノ場合ハ、正午十二時出帆ニ付、午前九時迄ニ旅券提出ヲ要スルニ付、當分ノ間普通船客ニ對シテハ嘉義丸乗船券ハ出帆前日限リ發賣締切リノ事ニ致申候間、御承知被下度候[25]。

　1926年（大正15）時点において大阪商船会社の東洋課長であった野村治一良に対してウラジオストク支店の代理店から、乗船切符や旅券の取扱に関しての処置を相談する記録である。

　ついでウラジオストクと敦賀との間の海上輸送に関する「欧亜連絡運輸ニ依ル浦塩敦賀間海上輸送ニ関スルソウエート連邦国営汽船部ト交渉顛末報告」が知られる。

大正拾五年一月拾六日

　　　大阪商船株式会社　社長堀啓次郎代理

　　　　東京支店長渥美育郎

外務大臣男爵幣原喜重郎殿

　欧亜連絡運輸ニ信有ル浦塩敦賀間海上輸送ニ関スルソウエート聯邦国営

　　　汽船部ト交渉顛末報告

昨年拾月以降拾二月ニ亘リ、ソウエート聯邦首都莫斯哥ニ開催セル欧亜運絡運輸会議ニ関聯シ、浦塩敦賀間ノ海上輸送ニ関シ、ソウエート聯邦国営汽船部代表者ノ希望ニ依リ、弊社特派員東洋課長野村治一良ト交渉セシメタル顛末概要別紙ヲ以テ御報告仕候也。

欧亜連絡運輸会議ニ附随セル浦塩敦賀間海上連絡輸送ニ関シ、大阪商船株式会社特派代表野村治一良トソウエート聯邦国営汽船代表トノ交渉顛末概要

備考　欧亜連絡運輸会議ニハ関係鉄道運輸業者ハ極東ニ於ケル大陸ト日本間ノ海上輸送ヲ経営セル露國義勇隊を継承セルソウエート聯邦国営汽船カ参加セルモノナリ。

一、ソウエート聯邦国営汽船代表ハ極東ニ於ケル海上連絡運輸事務ニ關シ、双方間ニ強調ヲ為シタキ希望ヲ提議シタル為メ、野村代表之ニ賛意ヲ表シ、大正十四年十二月ヨリ十九日迄ニ前後六回ニ亘リ熟議ヲ遂ケタルカ、終に意見ノ一致スルニ至ラス。不成立ニ了リタルガ、其交渉ノ顛末概要左ノ如シ[26]。

とある。野村治一良は、ソビエト連邦の国営汽船代表と交渉し、協定書の作成に漕ぎ着けたのであった。

　　　協定書

一、歐亞連絡運輸ニ依ル船客及手荷物ノ浦鹽敦賀間ノ海上輸送ハ大阪商船ソウエート聯邦國營汽船部共同分擔スルモノナリ。

一、大阪商船及ソウエート聯邦國營汽船双互ガ第一項ノ海上輸送ニ従事セル場合ニハ歐亞連絡運輸ニヨリ生スル収入運賃ハ双方公平ニ分配スルモノトス

　　右分配方法ハ其収入運賃ヨリ旅客ノ食料手荷物積揚實費ヲ引去リタル總収入ヲ双方ノ航海度數ニ按分スルモノトス。

　　　但双方ノ使用船舶ハ同等資格ヲ備フルコトヲ要ス

一、大阪商船及ソウエート聯邦國營汽船ハ歐亞連絡運輸旅客ノ便宜上双互

船舶ノ發着ハ相當
間隔ヲ保チ交互ニ
航海スルコトヲ協
定スルモノトス
一、本協定ハ大阪商船
本社代表ノ同意ヲ
得タル上、文書ヲ
以テ通知シタル後
有効トス[27]。

貨物と旅客の共同分担や
運賃の双方公平分配そして
「大阪商船及ソウエート聯
邦国営汽船ハ歐亞連絡運輸
旅客ノ便宜上双互船舶ノ發

大阪商船会社「浦塩航路案内」(1926年(大正15))

着間隔ヲ保チ交互ニ航海スルコトヲ協定スルモノトス」[28]などの協定を締結し
たのであった。大阪商船会社とソビエト連邦国営汽船部とが、敦賀からウラジ
オストクへ渡航し、さらに大陸横断鉄道に乗車する際の手続きの簡便に関する
交渉を行っている。

　そして野村治一良は1927年（昭和２）４月に設立された摂津商船の初代社長
になった。摂津商船は、岸本汽船の子会社であった摂津商船を岸本汽船と折衝
して買収し、商船七対岸本三の比率で、全船腹は大阪商船会社が運航する条件
でのもとであった[29]。

　野村治一良が大阪商船会社の東洋課長であった時代の大阪商船の1926年（大
正15）９月の「浦塩航路案内」が残されている。その案内の「敦賀より浦鹽斯
徳へ」によれば次のように見られる。

　　吾國から欧洲への最捷路である西比利亞經由交通路の一部を成す敦賀浦鹽
　　間の航路には吾社の敦賀浦鹽線が一週一回の定期航路をして居ります。

　　本航路は四百八十九浬の一直線の航路で日本と西比利亞經由歐亞交通の大

嘉　義　丸

幹線として最も著名な
る航路であります。毎
週土曜日午後二時（五
月より十月までは午後
四時）敦賀を出帆して、
右に越前一帯の海外を
眺めつつ航行する事約
一時間、遙か左舷に立
石崎の燈臺が現はる頃、
船は舵を北西に向け機

關の響勇ましく汪洋たる日本海の浪を切つて進みます。斯して一晝二夜を
海上に費して三日目の東天白む頃露領沿海州の紫に煙る連山に接するので
あります。浦鹽斯德港外最初眼に觸れるのはアスコルド島の燈臺で、其左
側より彼得大帝灣に入り、更にゴサケビチヤ島の北岸に沿ひ愈々ヴオスト
チヌイ、ボスホール海峡（所謂東洋のボスフォラス海峡の稱ある）に入ると
左舷ルスキー島あり、右舷にムライヨフ、アムールスキー半島を眺め其南
端を掠めて徐々に迂回して金角灣に直入し、此處で檢疫を終へて吾社千洋
のシローキー、モール埠頭に横付けとなるのであります。則ち敦賀を出て
から丁度四十二時間にて早くも亜細亜大陸に最初の一歩を印するのであり
ます[30]。

　敦賀からウラジオストクまでの日本海の海上航路の光景を具体的に描いてい
る。この案内に使用された汽船は嘉義丸総屯数2,400屯、速力15海里の船で
あった[31]。敦賀ウラジオストク間の発着は、往航は敦賀を毎土曜日の午後4時
に出港した。しかし11月から4月までは午後2時の出港であった。ウラジオス
トクに到着するのは毎月曜日の午前8時であった。復航はウラジオストクを毎
水曜日の正午に出港し、敦賀には毎金曜日の午前6時に到着した[32]。運賃は、
敦賀・ウラジオストク間の片道が、一等は50円、二等は32円、三等は洋食付が
16円、和食付が13円であった[33]。1920年（大正9）から1931年（昭和6）頃の

小学校教員の初任給が40円から55円[34]から見れば、決して安価ではなかったであろうが、手の届かない金額では無かったろう。

　さらに同案内の「歐洲への最捷路と西比利亞鐵道の利用」によれば、ウラジオストクからモスクワまでは、満洲里で乗り換えのモスクワ行きの急行列車で、12日間を要した。毎週月曜日の午後2時6分にウラジオストクを発車していた[35]。

3　野村治一良と北日本汽船会社・日本海汽船会社

1）　北日本汽船会社時代

　北日本汽船会社の創業は1914年（大正3）に始まる。同社の『貳拾週年史』には、

> 當社は明治三十七八年戦役の結果、我領土に加へられたる南樺太と北海道を連絡する諸航路が領有當時より區々の船主により受命經營せられ甚だ統一を欠くに至れると、主要貨物たる同島の海産物漁獲年々消長あり各船主の疲弊を見るに至れるため樺太廳の慫慂により關係各船主を合同して新會社を組織したるものにして時の長官平岡定太郎氏の撰定により社名を北日本汽船株式會社と定めり、……[36]

として、1914年（大正3）3月30日に本店を樺太（カラフト）大泊に置き、営業所を小樽市に設け、資本金100万円により創立した汽船会社であった[37]。

　この北日本汽船会社の社長に就任したのが野村治一良であり、1929年（昭和4）2月のことであり、野村は摂津商船会社との兼務であった[38]。北日本汽船会社の記録によると、野村治一良が取締役社長に就任したのは1929年（昭和4）2月13日であった[39]。

　野村治一良は、1939年（昭和14）に北日本汽船会社の設立25周年を迎えた時も社長であった。記念事業の一環である社史『北日本汽船株式會社二十五年史』の序において次のように述べている。

　昭和十四年は恰も我社創立二十五周年に相當す。回顧すれば我社は大正三年三月樺太北海道方面の海運を開拓すべき使命を負ふて創立せられ、直ちに歐洲大戰の劃期的海運進展の時機に恵まれ、船舶の建造數隻、其の他幾多の基礎を樹立せられたりしも、大正八年以後の反動期に入りて、右盛況時の施措は却て社運進轉途上の禍根ともなりて、爾来經營困難裡に數年を送りしが、北海道樺太の拓計の進につれ此の方面の物資の移動良々順調となるに従ひ徐々に業態を改善し得んとする矢先き昭和三年より七年迄の五年間、我が國經濟界の不振に際會して、一般船舶業者と共に受難の底に彷徨せしも其の間鋭意經營の合理化と航路擴充改進の積極的方針確立に依り、幸に業績順調となり、今事變に即應して一層積極的に活躍し、今日社礎彌々堅きを見るに至れり[40]、

と述べるように、野村治一良の北日本汽船会社社長就任によって、同社の社風が大いに改善され、1933年（昭和8）上半期には配当を復活することになった[41]。

　野村治一良は、北日本汽船会社の社長に就任した1929年（昭和4）2月から、国策により新たに1939年（昭和14）12月設立された日本海汽船会社の社長として1946年（昭和21）1月に退任するまでの17年にわたり、日本海航路を運航した汽船会社の社長の任にあったのである。

　この日本海航路における汽船航運業を指揮した野村治一良の足跡を振り返ってみたい。外務省外交史料館の「分割：亜連絡国際列車関係一件」によると、

　昭和5　四二九　平莫斯科　十日後発　本省一月十一日前着

　　幣原外務大臣　　　　　　　　　　　田中大使

　第一三号

　東支紛争一段落ニ付、交通部ニ於テハ満洲里経由欧亜連絡ヲ紛争前通リ復旧スル事ニ決シ、本月二十二日当地ヨリ満洲里行初列車ヲ発車セシムル事トナリタル旨、新聞ニ掲載セラレタルヲ以テ、交通部ニ確メシメタル処、本件ニ付テハ同部ヨリ東支ニ電照中ニテ、先方ヨリ承諾ノ返電アリ次第前記ノ通リ取運ヒ度キ意向ニテ、サスレハ浦潮斯徳当地間急行ハ従前通リ、

毎週金曜当地発一回ト為ル旨答ヘタリ。在欧各大使、瑞典、瑞西、墺、蘭、智恵古、波蘭、奉天、哈爾賓、浦潮へ転電セリ。

京乙第七号

　　昭和五年一月拾参日

　　北日本汽船株式会社　社長野村治一良代理

　　　大阪商船株式会社

　　　東京支店長渥美育郎

外務省通商局長武富敏彦殿[42]

とあり、1930年（昭和5年）1月に北日本汽船株式会社の社長として野村治一良は中国東北部の満洲里において、ウラジオストクから毎週金曜日に欧州アジア連絡鉄道と乗換が容易になるように交渉を行っている。

　また外交史料館の文書である「「ソ」連ノ開港場」には次のように見られる。

　　昭和九年五月十二日

　　　北日本汽船株式会社　社長野村治一良代理

　　　　東京市麹区内幸町一丁目

　　　　大阪商船株式会社東京支店内

　　　　北日本汽船株式会社　東京在勤員中屋取式

　外務省通商局局長来栖三郎殿

　　ソ連邦開港場ニ関スル件

　　ソ連邦陸海軍人民委員会ハ、水路部事項トシテ、四月十四日附ヲ以テ、外国産商船ノ開港場トシテ左記港名発表ノ旨、弊社浦汐代理店ヨリ報告ニ接申候間、御参考迄御通知申上候。

　　水路部一九二六年十月十二日第二八七号一九三三年十月二十日付第七三二号ノ変更　左記

　　黒海　　一、オデッサ、二、ニコラエフ、三、ヘルソン、四、エブパトーリヤ、五、ホルルイ、六セバストポール、七、ヤルタ、八、フエオドシヤ、九、ケルチ、一〇、ノヴオロシイスク、一三、ボーテイ、一四、バトウム（注：一一、一二を欠く）

 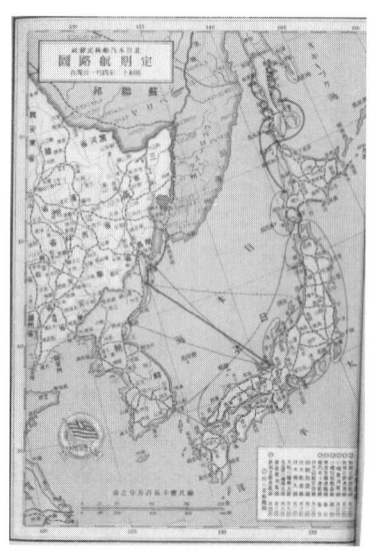

北日本汽船会社「北日本　定期航路案内」(1937年(昭和12))

太平洋　一、ウラジオヴストック、二、テテウヘ、三、グラセエヴツチ、
四、ニコライフスク、五、ペトロバウルフスク、六、オホーツク、
七、ウスツ（カムチャック）、八、ウスク（ボリシエレツ）、九、アレク
サンドルフスク、一〇、オハ　　　　　　以上[43]

1934年（昭和９）５月に北日本汽船会社は、ソ連邦とソ連の開港場への入港
が可能な港湾の確認を行っている。

北日本汽船会社が刊行した1937年（昭和12）版の『北日本　定期航路案内
昭和十二年版』[44]が知られる。同書によれば、当時北日本汽船会社は、樺太西
岸航路、樺太東岸航路、内地北海道連絡航路（青森室蘭連絡線）、内地航路（大
阪小樽樺太線及名古屋小樽樺太線）、朝鮮及裏日本航路（伏木敷香線）、日満歐亞
連絡航路（敦賀北鮮線）を運航していた。この中でも最有力航路が「日満歐亞
連絡航路」であった。その案内に、

日本から満洲へ、満洲から日本への經路は種々ありますが、満洲國の首府
新京と我が商工中心地とを結ぶ最短最捷路は、「敦賀―北鮮線」及「敦賀
北鮮浦潮線」の利用を第一に擧げなければなりません[45]。

羅津港（「滿鐵エハガキ」第1輯、1936年版による）

とあり、この航路には満洲丸（敦賀北鮮線）の総屯数3,054屯、さいべりや丸（敦賀北鮮浦潮線）総屯数3,462屯が配備されていた[46]。満洲丸は毎月1日、11日、21日の午後2時に敦賀を出港して、3日、13日、23日の午前6時に清津に入港し、同11時に出港して、同日の午後2時30分に羅津に、同日午後8時に羅津を出港し、同日の午後6時に雄基に到着して、毎月の5日、15日、25日の午前11時に雄基を出港し、羅津、清津に寄港して、敦賀には毎月の8日、18日、28日の午前8時に到着する運航が行われ、さいべりや丸は毎月の6日、16日、26日の午後3時に敦賀を出港し、清津、羅津に寄港し毎月の9日、19日、29日に浦潮すなわちウラジオストクに到着し、毎月の10日、20日、30日または31日の午後3時にウラジオストクを出港して、羅津、清津に寄港して敦賀には毎月の13日、23日、3日の午前8時に敦賀に到着する運航であった[47]。

　この航路に見られる朝鮮半島東北の港市に見える清津と羅津と雄基について、1936年（昭和11）12月出版の視察記に見られる。清津は1935年（昭和10）の秋に「竣成したばかりの港は、岸壁とブイとで三千噸乃至一萬噸級の巨船を同時に十隻繋ぐことが出来る素晴らしい設備を持つてゐる」[48]とされ、羅津には満鉄により1935年当時「水深九米乃至一〇米、一萬噸級船舶十三隻を同時に繋留し得る岸壁を完成し」[49]ていた。雄基は「呑吐能力六〇萬噸といふ。港の水面積は大きいとは言へないが、水深あり、潮の干満の差殆ど無く冬季も季節風の

力で凍らぬ良港」[50]とされる港であり、北日本汽船会社の3,000総屯級の汽船が問題なく接岸できる岸壁が存在していた。

　この航路に就航していた汽船は、

　　就航船は日本海の浮城として知られる巨船揃で而も日本海のつばめの名に反かぬ快スピードを有して居ります。又兩船共時代の要求に應ずべく客船としての施設を凝した優秀豪華船で日本海の双璧として輝しく、其の重大使命達成にベストを畫して居ります[51]。

とあるように、北日本汽船会社は、「日満歐亞連絡航路」に3,000総屯数級の2隻を配し、毎月6回の定期運航を実施していたのであった。

　ついで「北日本汽船株式会社関係」には、北日本汽船会社の営業拠点の変更が申請された。

　　北日本汽船株式会社関係　記録件名　本邦汽船会社

　　　本店住所移転御届

　　弊社儀本店ヲ樺太大泊ニ置キ営業致シ来リ候処、近来業務頓ニ進展中央方面トノ関係日増ニ密接ヲ加フルニ至リ候ニ付、今般左記ノ通リ本店ヲ東京市ニ移転仕リ候間、御高承被下度此段御届申上候。

　　本店住所（旧）樺太大泊郡大泊町大字大泊字栄町浜通二十一番地

　　　　　　（新）東京市麹町区内幸町二丁目一番地三（大阪ビルデイング内）

　　　昭和十三年九月一日

　　　　北日本汽船株式会社　取締役社長野村治一良

　　外務省欧亜局第一課御中

　北日本汽船会社は、従来本店を樺太大泊に設置していたが、業務の関係から東京に本社を移設する届けが、1938年（昭和13）9月1日付で出された。これも野村治一良が取締役社長の時代である。

　野村治一良が、北日本汽船会社の社長であった時代の同社の日本海航路に関する航路案内（215頁）が知られる。どのように日本海航路が運航されていたかを見てみたい。

　1939年（昭和14）3月10日発行の「日満連絡　内地への近路　新潟—北鮮航

212

路案内　敦賀—北鮮航路案内」があり、その「内地への近路」には、

　　満鮮から内地へ、また内地から鮮満への経路は種々ありますが、北鮮及び
　　満洲國の首都新京と日本の心臓、即京阪神、名古屋地方及首府東京とを結
　　ぶ最短最捷路は『敦賀—北鮮線』『新潟—北鮮線』及『敦賀北鮮浦潮線』
　　の利用コースを第一に擧げられます。それは此の三航路の利用が其の所要
　　時間の點より見ても、又其の經費の點を比較しても他の何れの經路より最
　　も早く且つ低廉でありからであります[52]。

とある。「満洲」から日本への航路案内の視点で紹介されている。表紙には日
本家屋の前に桜が開花して、その前にたたずむ和服姿の女性を描いた表紙に
なっている。

　これに対して1939年（昭和14）9月15日発行の「日満連絡　満洲への近路
新潟北鮮航路案内　敦賀北鮮航路案内」[53]は、1939年（昭和14）に刊行された
もので、その最初に「満洲への近路」とあり、上記の3月版とは逆に日本から
の航路の視点で書かれ、次のように見られる。表紙は中国の風景を背景にチャ
イナドレスを着た女性を描いた表紙となっている。

　　日本から満鮮へ、また満鮮から日本への經路は種々ありますが、満洲國の
　　首府新京と日本の心臓即ち京阪神、名古屋地方及東京とを結ぶ最短最捷は、
　　「敦賀—北鮮線」「新潟—北鮮磚」及「敦賀北鮮浦鹽線」の利用コースを第
　　一に擧げられます。それは此の三航路の利用が其の所用時間の點より見て
　　も、其經費の點を比較しても他の何れの經路よりも最も早く且つ低廉であ
　　るからであります。

　　各航路は共に敦賀又は新潟を起點とし往航に於て前二者は清津を經て羅津
　　に至り清、羅二港に於て鮮満鐵道と結ぶ日満連絡最捷線で、後者は清津及
　　び羅津を經て蘇國浦潮に至り、北鮮に於て鮮満鐵道と結び、更に浦潮に於
　　てウスリー鐵道を介してシベリヤ鐵道及濱綏線（舊北鐵）と結ぶ本邦唯一
　　の日満亞歐連絡最捷線で、復航即ち満洲よりは兩航路共羅津を經て清津よ
　　り敦賀又は新潟に直行し敦賀又は新潟に於て鐵道省線と連絡致します[54]。

北日本汽船会社のこの航路を利用すると、新潟を第一日目の午後3時に出港

し、第3日目の午前6時に清津に到着した。39時間で日本海横断を横断したのであった。

　北日本汽船会社は、日本海航路の他に樺太航路も運航していた。1928年（昭和3）度の「樺太航路の志るべ」が残されている。

　さらに年代不明であるが、北日本汽船会社の社名入りの樺太の地図（次頁下右）もある。

　この「樺太航路の志るべ」の「我社と樺太航路」には次のようにある。

　　……大正三年三月に是等の船主が合同して一汽船會社を創立致しました。是弊社即ち北日本汽船株式會社でありまして、爾來星霜を重ねますこと十有余年此の間、弊社の社運は波瀾重疊を極め幾多の難關に遭遇しましたが、桔据經營の結果御陰を以て今日まで商業當時に比し、所有船隻噸數に於ても五倍い以上の勢力を有するに至り樺太に對する經營も年々新しき施設と内容の堅實を計りまして今日に於ては樺太の津々浦々に至るまで弊社船の船影を止めぬ所はなく常に煙突に□の社標を入れた船は皆々様の御目に留めて戴いて居る次第でありまして、樺太との交通の大半は弊社其任に當つて居る所と自信して居ります[55]。

　北日本汽船会社が樺太航路を運航したのは1914年（大正3）3月のことであり、野村治一良が同社の社長に就任したのは1929年（昭和4）2月13日で、同社の創立15周年に当たっていた。北日本汽船会社創立15周年当時の1929年（昭和4）度において12航路を運航し、所有船は18隻、備船は5隻、合計23隻で総屯数は3万5,592屯であった[56]。創立15周年時点の定期航路は次の12航路を運航していた。

小樽恵須取急行線	夏期　月5回	小樽─恵須取	使用船	臺北丸	2,469総噸
	冬期　月4回	小樽─泊居			
小樽大泊連絡線	小樽─大泊	月4回		京城丸	1,165総噸
小樽知取敷香急行線	小樽─敷香	週1回		京城丸	
稚内本斗連絡線	稚内─本斗	毎日		鈴谷丸	897総噸
				三國丸	896総噸

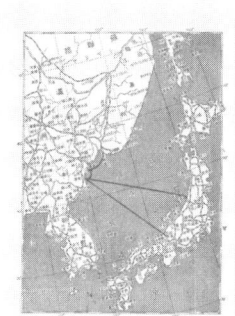

北日本汽船会社「日満連絡　内地への近路」(1939年(昭和14))

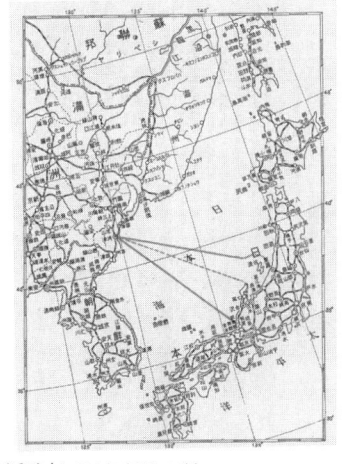

北日本汽船会社「日満連絡　満洲への近路」(1939年(昭和14))

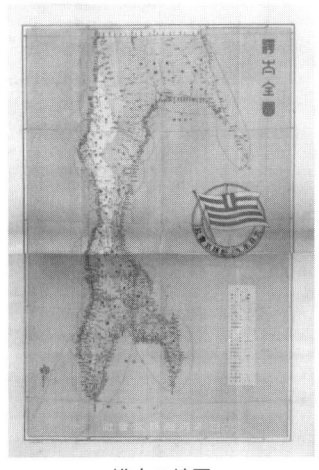

北日本汽船会社「樺太航路の志るべ」(1928年(昭和3))　　　　樺太の地図

青森室蘭連絡線	青森—室蘭	毎日	宮島丸	1,535総噸
			交通丸	1,542総噸
函館安別間	函館—安別	月4回	海和丸	1,064総噸
			宗像丸	984総噸
函館能登線	函館—能登	月4回	豊原丸	805総噸
			天佑丸	733総噸
伏木樺太線	伏木—恵須取	月4-5回	能登呂丸	1,214総噸
			眞岡丸	1,206総噸
			喜代丸	1,424総噸
大阪樺太線	大阪—恵須取	月6回	豊碕丸	2,203総噸
			青龍丸	1,896総噸
			朝熊丸	2,012総噸
			東榮丸	2,272総噸
			天海丸	3,138総噸
東京樺太線	東京—恵須取	週1回	愛徳丸	1,328総噸
			菊　丸	1,769総噸
			天光丸	1,272総噸
敦賀浦潮線	敦賀—浦潮斯徳	週1回	天草丸	2,346総噸
敦賀清津線	敦賀—清津	月3回	伏木丸	1,332総噸[57]

　このように北日本汽船会社の定期航路は、北海道の小樽、稚内、函館を、日本海側では青森、富山県の伏木、福井県の敦賀を、それに東京、大阪を加えた地を起点とする航路を運航していた。

　しかし、北日本汽船会社の経営は苦境にあった[58]。そこで、野村治一良が社長となって以降に新航路が開設されたものは次の航路である。

　1929年（昭和4）には敦賀ウラジオストク直航線を大阪商船会社から継承し、1931年（昭和6）には大阪商船会社から温州丸、福州丸、新高丸、桃園丸、安南丸、朝鮮丸の6隻の譲渡を受け、1932年（昭和7）には敦賀樺太線を開設している[59]。

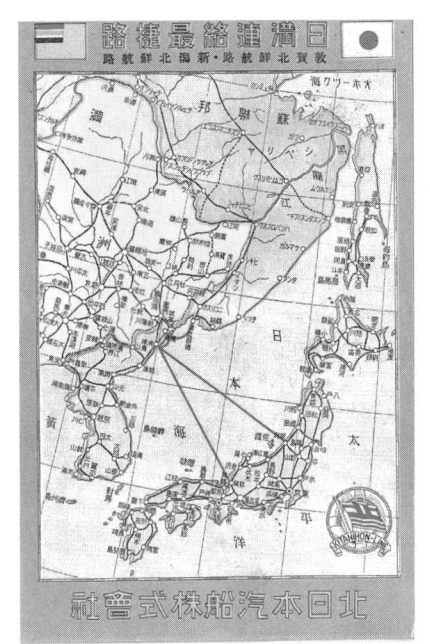

北日本汽船会社「日満連絡最捷路」(1940年
(昭和15))

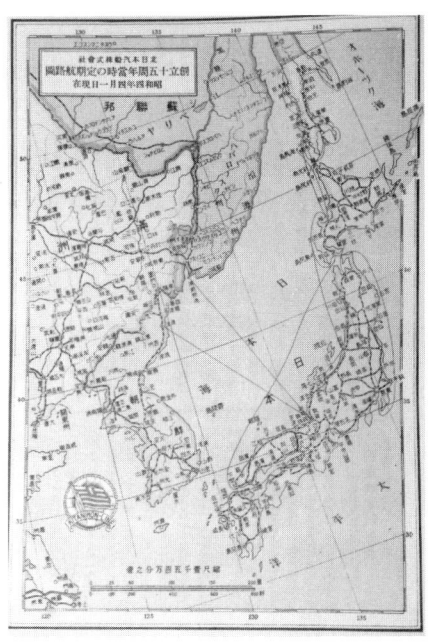

北日本汽船会社「創立十五周年当時の定期航
路図」
(『北日本汽船株式会社二十五年年史』1939年、86
頁地図)

　1928年（昭和3）1月に創設された敦賀と朝鮮半島東部沿海の清津を結ぶ直
航船は、1933年（昭和8）4月には逓信省の補助航路となり、毎月6の日に出
港する定期運航を実施するようになる[60]。敦賀ウラジオストク航路は、1907年
（明治40）に大阪商船会社が逓信省の命令航路として創設し、1929年（昭和4）
4月に北日本汽船会社が継承したものである。1929年（昭和4）度は船客数が
1,081人で、1932年（昭和7）迄1,000人台前後を推移し、1933年（昭和8）度
は3,000人を越え、1936年（昭和11）には10,000人台を越え、1938年（昭和13）
には2万1,017人と2万人台に至っている[61]。

　1934年（昭和9）3月31日に、北日本汽船会社は創立20周年を迎え、同日の
記念式典が挙行された。その際に、同社の物故者に対する追悼法会が行われ、
野村治一良が社長として追悼の辞を読み上げている。その辞の中に、北日本会

社の創設から20年間の歴史が述べられた。

　　顧レバ大正三年三月三十日北日本汽船株式會社ハ汽船六隻總噸数五千噸ヲ
　　以テ北海道樺太間定期航海ヲナス目的ヲ以テ生レ、爾来二十星霜ノ今日ニ
　　及ビ、幾多ノ困難辛苦ヲ重ネ克ク營業ノ發展ニ努力ヲ重ネ、又親父系タル
　　大阪商船會社ノ多大ナル援助ヲ蒙リ今日ニ於テ基礎漸ク安定シ、現在ニ於
　　テ所有船舶二十六隻、総噸数四萬七千噸トナリ、樺太、北海道ノ定期ハ本
　　州ニ延長シ、一ハ日本海沿岸ノ各港ニ及ビ、一ハ日本海ヲ經テ關門ヨリ阪
　　神、一ハ太平洋岸ノ京濱、名古屋ニ至リ、更ニ數年前ヨリ敦賀ヨリ日本海
　　横斷北鮮ノ清津、雄基間並ニ浦潮斯徳間ノ航路ヲ開始シ、一ハ浦潮經由西
　　伯利亞鐵道ニテ歐亞連絡運輸ニ任ジ、一ハ新建國満洲國ノ經濟發展ニ順應
　　スベキ日満連絡運輸ニ任ズベキ受命ヲナス等着々將來ノ發展ヲ樹立シ、
　　……62)

　この文から北日本汽船会社の創業時の苦難の歴史と、野村治一良が社長と
なって以降の5年間の会社の発展の事情を読み取ることができるであろう。

2）　日本海汽船会社時代

　1935年（昭和10）3月28日に北日本汽船会社と嶋谷汽船会社63)とが合併し、
日本海汽船株式会社が設立される64)。業務は新潟と朝鮮半島北部の清津、羅津、
雄基を結ぶ航路の運航にあった65)。運航は、1935年（昭和10）度は毎月3回が、
1937年（昭和11）度は毎月3回、1937-38年（昭和12-13）度は毎月3～4回が
行われた66)が、1939年（昭和14）1月31日で北日本汽船会社が、この日本海汽
船を買収し、同社の既存権益を1939年（昭和14）2月1日以降、北日本汽船会
社が継承している67)。この間、この日本海汽船会社の社長が野村治一良であっ
た68)。

　1937年（昭和12）になると「日華事変の勃発となり、日本海航路、特に北満
と日本海諸港との関係は改めて見直されるにいたつた」69)ことで、野村治一良
にも大きな変化が生じている。

　軍は日本海航路を、満鉄の事業の延長として経営したい意向を示してきた。

　　海運業者としての私はもちろん、主務官庁たる逓信当局もむろんこれに反
　　対して対立した。種々なる曲折を経て昭和十四年十月、北日本汽船の日満
　　航路を根幹とし、それに満鉄と朝鮮郵船の二社が加わり、三社連合して国
　　策会社、日本海汽船を設立することに意見一致し、十月三十日に創立、翌
　　昭和十五年二月一日から営業を開始することになつた[70]。

　国策によって北日本汽船会社は日本海汽船に統合されたのであった。

　野村治一良は、その後、1939年（昭和14）12月29日に就任してから1946年
（昭和21）１月15日に退任するまで日本海汽船会社の社長であった[71]。日本海
汽船会社は、日本政府の日本海横断諸航路を統制する国策会社を設立せよとの
要請を受け、1938年（昭和13）11月11日の閣議による「東北満洲裏日本交通革
新並に北鮮３港開発に関する件」として決定されたことに依拠するものであっ
た[72]。とくに日本海航路として、日本の新潟、敦賀を起点に朝鮮半島の清津、
羅津、雄基そして沿海州のウラジオストクを結ぶ航路の拡充であった。すでに
この航路を運航していた北日本汽船会社は、日満航路の運航を日本海汽船会社
に依拠することになり、昭和18年には政府の海運企業の統合策により、北日本
汽船会社は大阪商船会社に吸収合併されたのであった[73]。

　野村治一良は日本海汽船会社の社長に就任した当時の、状況を次のように自
著に記している。

　　その時北日本汽船から供出した船舶は、月山丸、白山丸、気比丸、西伯利
　　亞丸、満洲丸、射水丸、北鮮丸、はるぴん丸、天草丸の九隻、満鉄側より
　　烟台丸、河南丸、河北丸、泰安丸の四隻、朝鮮郵船より金剛山丸の一隻、
　　計十四隻で発足したのであつた[74]。

　日本海汽船会社は、北日本汽船会社から９隻、南満洲鉄道会社から４隻、朝
鮮郵船会社から１隻の汽船を提供されて、新海運会社を創業することになった
のである。

　1940年（昭和15）４月15日発行の日本海汽船会社の航路案内がある。「日満
連絡　日本海ルート案内」[75]である。和服姿の女性と、チャイナドレスの女性
が並んで座り談笑する光景を表紙にしたものである。その「満洲への近路」に

は、

> 日本から満鮮へ、また満鮮から日本への經路は種々ありますが、満洲國の
> 首都新京と日本の心臓、即京阪神、名古屋地方及東京とを結ぶ最短最捷路
> は日満連絡日本海ルート即ち「新潟―北鮮航路」「敦賀北鮮浦潮航路」及
> 「伏木北鮮航路」の利用コースを第一に擧げられます。それは此の三航路
> の利用が其の所要時間の點より見ても、其經費の點を比較しても他の何れ
> の經路より最も早く且つ低廉でありからであります[76]。

とあり、基本的には北日本汽船会社の航路案内を踏襲しているが、新たに「伏
木北鮮航路」が登場した。右の同案内の地図にも新潟、敦賀からの航路の間に
富山県の伏木からの航路が見られる。

　1940年（昭和15）度下期の日本海汽船株式会社の「第参回營業報告」が知ら
れる。それによれば、当時の定期航路はつぎの「新潟北鮮航路、敦賀北鮮航路、
敦賀北鮮浦鹽航路、伏木北鮮航路、自由航路」[77]であった。

　その後、1941年（昭和16）5月21日付の『讀賣新聞』第23108号、「日満支交
通懇談會　来月廿六、七兩日開催」に日本海汽船の名が見られる。

> 鐵道省では來月廿六、七日の兩日、日満支交通懇談會を開き、去る二月十
> 四日の閣議で決定した「交通國策要綱」の具体化について協議する。懇談
> 會出席者は日、満、支の陸、海、空運關係官民交通機關の首脳者で、日満
> 支を一貫した交通輸送力の増強及び、これが統合調整を目指してゐる。

> 　廿六日は鐵相官邸で開催、交通國策要項中當面の緊急施策を決定、翌廿
> 七日は鐵道省大會議室で一般會議を開きこの決定事項の實行方法につい
> て審議する。

> 懇談會に出席する重要十四交通機關は左の如くである。

> 　【鐵道關係】國鐵、満鐵、華北交通、華中鐵道、朝鮮鐵道局、臺灣交通局
> 　【海運關係】日本郵船、大阪商船、東亞海運、日本海汽船、大連汽船
> 　【航空關係】大日本航空、満洲航空、中華航空

とあるように、「日満支交通懇談會」は、日本政府が国内のみならず、植民地
下の地域や中国東北部と中国と日本を結ぶ交通網の確保を強固に掌握しようと

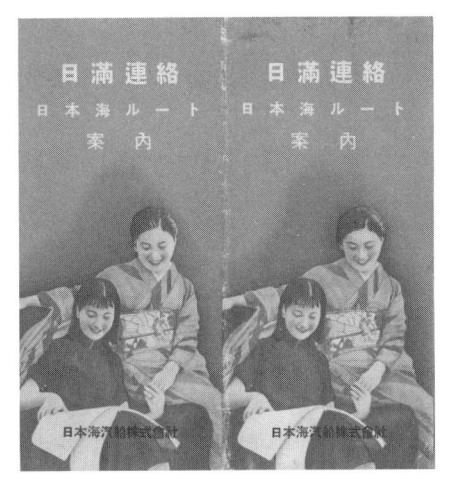
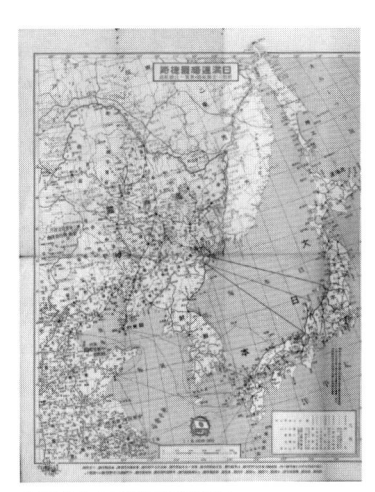

日本海汽船「日満連絡　日本海ルート案内」(1940年(昭和15))

考えていたことがわかる。その懇談会の記録が外交史料館に残された「日満支
交通懇談会関係一件」[78]であろう。それによれば、

　　本月廿七日、廿八日の両日に亘つて、日満支の連絡運輸に参加してゐる省、
　　鮮鐵、臺鐵、滿鐵、華北、華中の六鐵道及び日本郵船、大阪商船、東亞海
　　運、日本海汽船、大連汽船の五汽船會社並に大日本航空、満洲航空、中華
　　航空の三航空會社、合せて十四の運輸機關の主脳代表が集つて「日満支交
　　通懇談會」第一回會合を催しました。
　　主要な共通話題は、輸送力擴充計劃及日満連絡運輸統一規定の制定に關す
　　る協定等の業務上の問題を中心問題として、運輸機關だけの□意のない懇
　　談を行つて見ましたが、色々非常に有益な意見がでました。……[79]

とあり、この文書には年月が明記されていないが、先の『讀賣新聞』の記事か
ら、1941年（昭和16）6月27、28日に開催されたことは歴然であろう。この懇
談会に、「日本海汽船株式會社　社長　野村治一良」[80]が加わっていた。

　日本海汽船会社が、創業時点で北日本汽船会社から引き継いだ汽船に気比丸
がある。気比丸は1938年（昭和13）に建造された4,522総屯[81]であるが、1941
年（昭和16）11月5日午後10時に東経131度03分、北緯40度39分の朝鮮半島東

221

気 比 丸

北沿海の清津の沖合85海里の海上で機雷に抵触して沈没した。気比丸には船客342名、乗員89名が乗船していた。この沈没で、船客136名、乗員20名が犠牲となったが、気比丸の乗員の機敏な行動によって、乗客221名、船員69名が救助された[82]。これに対して、時の逓信大臣寺島健から日本海汽船会社に対し、1941年（昭和16）12月7日付にて賞状が授与されている。それには、

　　……沈没ニ瀕スルヤ乗組員一同船長ヲ核心トシテ一致協力船客ノ避難ニ死力ヲ盡シシ幾多殉職者ヲ出シタルモ克ク船客ノ大部分ヲ危険ヨリ救ヒタル行為ハ正ニ非常日本船員ノ意氣ヲ遺憾ナク發揮セツルモノニシテ一般船員ノ儀表トスルニ足ル仍テ茲ニ賞状ヲ授與ス[83]

とある。そして1942年（昭和17）3月1日付にて社長の野村治一良が「気比丸遭難追悼録」[84]を認めている。また文豪の徳富蘇峰も「気比丸遭難追悼録発刊に就ての所感」を記した[85]。日本海汽船会社は『氣比丸遭難追悼録』を刊行し、序を野村治一良が記し、また弔辞も認めている。弔辞において気比丸航行事情を次のように記している。

　　氣比丸ハ昭和十四年竣工以来、日本海ノ最新客船トシテ、日夜風濤ト闘ヒツツ、日鮮満相互貨客ノ輸送ニ従事シ、殊ニ現非常時局下臨戰體制ノ一翼ヲ擔シ、ソノ寄與セル功績ハ、誠ニ顕著ナルモノアリ[86]。

　気比丸は、北日本汽船会社が浦賀ドックに発注した汽船で、敦賀・ウラジオストク航路に就航し、総屯数4,522屯、定員一等20名、二等58名、三等615名、速力17海里であり、建造時点は「日満連絡の新鋭船」として紹介された[87]。その後、日本海汽船会社の船として、日本から朝鮮半島東北の羅津、清津へ渡航する最新鋭の汽船であった。その汽船の遭難は大きな衝撃であった。沈没の原

因は「五日夜の氣比丸遭難事件はその後調査の結果、ソ連領水域より流出浮游してゐた機械水雷によるものである事が明白に認定されるに至つたので」[88]とされたのであった。

日本海汽船会社が操業開始した直後の1940年（昭和15）2月11日時点で船舶11隻3万8,884総屯であった[89]。その後まもなく、アジア太平洋戦争が始まる。この戦争中に日本海汽船会社が所得した船舶は14隻2万5,142総屯であり、戦争によって喪失したのは19隻5万5,371総屯であり、残存した船舶は8隻1万5,912総屯であった[90]。

日本海汽船会社は敗戦とともに全ての既存航路を喪失したが、残存の船舶8隻、1万5,912総屯によって敗戦後の米軍管理下のもとで、海外邦人の帰還輸送や国内の生活必需品の輸送業務に従事した[91]。

戦時下の船舶不足から鋼材がなく、木造の100屯から200屯程の機帆船を造船した北海機船株式会社が1943年（昭和18）6月に設立され、野村治一良はその取締役会長に就任している[92]。そして九州などの石炭を大阪、名古屋方面への輸送を行う西日本石炭輸送統制会社の設立に協力し、1944年（昭和19）10月に社長に就任し、終戦後もこの会社は西日本石炭輸送株式会社として存続し、1949年（昭和24）6月まで、野村治一良は社長であった[93]。

4　小　　結

野村治一良は1875年（明治8）に京都で生まれ、1896年（明治29）に関西法律学校を卒業後、1897年（明治30）大阪朝日新聞社に入社し、1898年（明治32）には新聞記者として北京に駐在していた。その後、帰国し大阪商船会社に就職する。1921年（大正10）11月から1927年（昭和2）まで大阪商船会社の東洋課長として在任し、ソビエト連邦汽船部と日本海航路の運営についての交渉を行っている。ついで、1929年（昭和4）に大阪商船会社の子会社であった北日本汽船会社の社長となり、経営不振であった北日本汽船会社の発展に尽力した。

さらに10年後に、国策によって汽船会社の統廃合が行われ、1939年（昭和14）
10月に新設された日本海汽船会社の社長に就任して終戦を迎えている。

　野村治一良の壮年期の大半は、大阪商船会社の東洋課長として、北日本汽船
会社と日本海汽船会社では社長に就任し、主として日本海航路における日本汽
船の運航業務に携わったと言っても過言ではあるまい。日本の大陸侵略時代で、
しかも航空機の定期運航が未発達な時代において、基幹交通であった汽船に
よって日本と日本海に面する主要港湾都市を結ぶ定期航路の汽船会社の社長と
して活躍したのである。

　上記のように、野村治一良が、1921年（大正10）から1946年（昭和21）まで
25年以上にわたって日本海航路の経営に尽力していた事実は看過できないであ
ろう。

　〔注〕
　1）　「最近内外國汽船總頓數比較圖」『日本郵船株式會社　創立満三十年紀念帖』日本
　　　郵船株式会社、1915年12月による。
　2）　宮本三夫『太平洋戦争　喪われた日本船舶の記録』成山堂書店、2009年3月、4
　　　頁。
　3）　中川敬一郎『両大戦間の日本海運業』日本経済新聞社、1980年9月、序文1（1
　　　～262）頁。
　4）　中川敬一郎「両大戦間の日本海運業―その経営史的考察―」中川敬一郎編『両大
　　　戦間の日本海事産業』中央大学出版部、1985年2月、1（1～26）頁。
　5）　北日本汽船会社と日本海汽船会社に関する研究としては僅かに次の2論文のみで
　　　ある。
　　　　三鍋太朗「戦間期日本の中堅海運企業における高級船員の人事管理―三菱商事と
　　　北日本汽船の事例―」『大阪大学経済学』第61巻第1号、2011年6月、120～137頁。
　　　　大宮誠「アジア・太平洋戦争期の日本海海上輸送」『現代社会文化研究』52号、
　　　2011年12月、33～50頁。
　6）　野村治一良『米壽閑話』私家版、1963年12月、21～22頁。
　7）　同書、29～31頁。
　8）　同書、32～33頁。
　　　　泊園記念会会長、関西大学文学部吾妻重二教授の教示によれば、泊園書院の門人
　　　の名簿として明治37年（1904）7月に編纂された『登門録』の滋賀県近江國の項目
　　　に「野洲郡祇王村字本原　野村治一良」（44頁）、吾妻重二編『泊園書院歴史資料集

　　―泊園書院資料集成 1 ―』関西大学出版部、2010年10月、459頁。この記録から、詳
　　細は不明であり、野村治一良の自著には記録が無いが、一時期ではあるが、泊園書
　　院の門人であった可能性が高い。教示頂いた吾妻重二教授に謝意を表する次第であ
　　る。

9）　野村治一良『米壽閑話』48頁。

10）　同書、8〜49頁。

11）　野村治一良『わが海運六十年』国際海運新聞、1955年12月、17頁。

12）　同書、17〜18頁。

13）　同書、273〜330頁に「清韓見聞録」として収録されている。

14）　野村治一良『米壽閑話』59頁。

15）　野村治一良『わが海運六十年』19頁。

16）　同書、19頁。

17）　同書、37頁。

18）　神田外茂夫編『大阪商船株式會社五十年史』大阪商船株式会社、1934年 6 月、639
　　頁。

19）　野村治一良『わが海運六十年』37〜38頁。

20）　神田外茂夫編『大阪商船株式會社五十年史』662頁。

21）　外務省外交史料館：B-3-6-6-28_001。

22）　同上、3 葉（全69葉）。

23）　野村治一良『わが海運六十年』89〜91頁。

24）　同書、94頁。

25）　外務省外交史料館：B-3-6-4-37_003。

26）　外務省外交史料館：B-3-6-4-38。

27）　同上、5 〜 6 葉（全 9 葉）。

28）　同上。

29）　野村治一良『わが海運六十年』121頁。

30）　大阪商船株式会社「浦塩航路案内」大阪商船会社、1926年 9 月、「敦賀より浦鹽斯
　　徳へ」による。

31）　同上「使用船嘉義丸」による。

32）　同上「發着日時」による。

33）　同上「船客運賃」による。

34）　週刊朝日編『値段史年表』朝日新聞、1988年 6 月、92頁。

35）　大阪商船株式会社「浦塩航路案内」の「歐洲への最捷路と西比利亞鐵道の利用」
　　による。

36）　北日本汽船株式会社編『貳拾週年史』北日本汽船株式会社、1934年 3 月、1 （1
　　〜34）頁。

37）　同書、1 〜 2 頁。

38)　野村治一良『わが海運六十年』123頁。

39)　田邊貞蔵・畠中隆輔編『北日本汽船株式會社二十五年史』北日本汽船株式会社、1939年 6 月、年表21頁。

40)　同書、序による。

41)　野村治一良『わが海運六十年』123～127頁。

42)　外務省外交史料館：F-1-5-0-13_002。

43)　外務省外交史料館：E-3-1-1-2_2。

44)　森田初三郎・畠中隆輔編『北日本　定期航路案内』北日本汽船株式会社、1937年 5 月（改訂第貳巻）、 1 ～340頁。

45)　森田初三郎、畠中隆輔編『北日本　定期航路案内　昭和十二年版（改定第貳巻）』275頁。

46)　同書、275頁。

47)　同書、275頁。

48)　杉原正行編『皇軍慰問産業調査　満洲北支視察記』大阪実業組合連合会、1936年12月、 4 （全458）頁。

49)　同書、13頁。

50)　同書、15頁。

51)　森田初三郎、畠中隆輔編『北日本　定期航路案内　昭和十二年版（改定第貳巻）』276頁。

52)　北日本汽船会社「日満連絡　内地への近路　新潟—北鮮航路案内　敦賀—北鮮航路案内」（1939年（昭和14） 3 月14日発行）（縦37.8×横35cm、縦 2 折、横 4 折）の「内地への近路」による。

53)　北日本汽船会社「日満連絡　満洲への近路　新潟—北鮮航路案内」（1939年（昭和14） 9 月15日発行）（縦38×横35cm、縦 2 折、横 4 折）。

54)　「日満連絡　満洲への近路　新潟北鮮航路案内　敦賀北鮮航路案内」1939年（昭和14） 9 月、「満洲への近路」による。

55)　1928年度（昭和 3 ）の「樺太航路の志るべ」。

56)　田邊貞造・畠中隆輔編『北日本汽船株式會社二十五年史』85頁。

57)　同書、86頁。

58)　「昭和四、五、六、七年の四ヶ年間連続して無配當の余儀なきに陥った」（同書、87頁）の状態であった。

59)　同書、87頁。

60)　同書、87～90頁。

61)　同書、97頁。

62)　同書、115～116頁。

63)　嶋谷汽船株式会社は、1895年（明治28）に嶋谷徳三郎が神戸において個人営業として創業し、1917年（大正 6 ） 5 月に株式会社となり、1936年（昭和11）当時にお

いて、「朝鮮北海道大連航路　月 4 回、北海道北鮮航路月 2 回、小樽稚内航路月 6、
7 回、伏木根室航路月 4 回」（畝川鎭夫『海事要覧』海事彙報社、1936年12月発行、
1937年 5 月再版、64頁）を運航していた。

64）　田邊貞造・畠中隆輔編『北日本汽船株式會社二十五年史』324頁。

65）　同書、327頁。

66）　同書、327〜328頁。

67）　同書、326頁。

68）　同書、325頁。

69）　野村治一良『わが海運六十年』198頁。

70）　同書、198〜199頁。

71）　日本海汽船株式会社社史編集委員会編『日本海汽船株式会社五十年史』日本海汽
　　　船株式会社、1990年 5 月、187〜188頁。

72）　同書、12頁。

73）　野村治一良『わが海運六十年』197〜201頁。

74）　同書、199頁。

75）　日本海汽船株式会社「日満連絡　日本海ルート案内」（1940年（昭和15） 4 月15日
　　　発行、縦38.2×52.5cm、縦 2 折、横 6 折）。

76）　同上「満洲への近路」による。

77）　日本海汽船株式会社『昭和十五年度下期（自昭和十五年十月一日至昭和十六年度
　　　三月三十一日）第参回営業報告』1941年 3 月、 3 〜 7 頁。

78）　外務省外交史料館所蔵：F-1-0-0-9。全 6 葉（324〜329コマ）。

79）　同上、324コマ。

80）　同上、326コマ。

81）　日本海汽船株式会社社史編集委員会編『日本海汽船株式会社五十年史』16頁。

82）　同書、249〜251頁。

83）　同書、251頁。

84）　同書、249〜251頁。

85）　同書、261〜262頁。

86）　畠中隆輔編『氣比丸遭難追悼録』日本海汽船株式会社、1943年10月、259（全429）
　　　頁。

87）　『讀賣新聞』第22359号、1939年（昭和14） 4 月27日、 7 面。

88）　『讀賣新聞』第23277号、1941年（昭和16）11月 7 日、 1 面。

89）　日本海汽船株式会社社史編集委員会編『日本海汽船株式会社五十年史』24頁。

90）　同書、30頁。

91）　同書、32頁。

92）　野村治一良『米壽閑話』105頁。

93）　同書、106頁。

第 4 編

社外船と航路案内

第1章　原田汽船会社と青島航路

1　緒　　言

大阪の海運業者であった原田十次郎が1916年（大正5）9月に叙位され従六位[1]を受けている。その際の功績調書に次のようにある。

> 原田十次郎
>
> 右ハ夙ニ海運業ニ従ヒ日露及日獨戰役ニ際シテハ多數ノ軍用船ヲ提供シ能ク奉公ノ誠ヲ效シタルノミナラズ、常ニ意ヲ海外航路ノ發展ニ留メ近クハ青島航路ヲ創メテカツ郵便物逓送ノ任務ニ竭シ、曩ニハ北韓航路ノ開キ後又南陽航路ヲ開テ南洋郵船會社ヲ創設シ、又北清及南洋貿易地ノ發展ニ資益スル所アリ。更ニ先年來造船業ヲ経営シ、其ノ成績亦大ニ見ルベキモノアリ。終始一貫直接間接ニ我ガ海運業ノ發展ニ貢献シタル所勘少ナラス。其ノ功績最モ顯著ナル者ニ候處、頃日疾病ニ罹リ危篤ニ陥リ候ニ就テハ此ノ際、特旨ヲ以テ相當位ニ叙セラレ度、謹テ奏ス。
>
> 大正五年九月二日
>
> 　　逓信大臣箕浦勝人　　逓信大臣之印[2]

原田十次郎の危篤をもって急遽叙位を申請されたものと思われるが、上記の奏上からまもなくの9月9日付にて「特旨ヲ以テ従六位」[3]が与えられている。

原田十次郎の訃報広告が『東京朝日新聞』第10843号、1916年（大正5）9月12日付に掲載されている。

> 従六位原田十次郎儀、豫テ病気ノ處、養生不相叶、本日午後五時二十分死去仕候。就テハ來ル十七日午前九時途中葬列ヲ廃シ、阿倍野葬儀場ニ於テ神葬相營候間、此段謹告仕候。
>
> 追テ供花放鳥ノ御寄贈ハ御辞退申上候

　　　大正五年九月九日

　　　　　大阪市北區中之島四丁目

　　　　　喪主　原田六郎　（以下省略）[4]

　同広告についで同日の日付で「大阪市北區中之島四丁目　原田汽船株式會社」[5]と「大阪市南區木津川町三丁目　合資會社原田造船所」[6]の広告も掲載されている。同広告は同紙の第1084号、9月15日付にも掲載された。原田十次郎は叙位を受けた当日に死去したことがわかる。

　原田十次郎の海運業の草創期に関し判明する公的な記録が、外務省外交史料館に残されている[7]。

　　滋賀縣滋賀郡大津町字招本四百五番邸、原田十次郎所有小蒸氣船瀬田川丸ハ目下韓人ノ借用ニ係リ、當港ト北関間ノ航海ニ従事シ、契約期限中ナルヲ以テ、本邦ヘ廻航差支候事情有之、依テ當館ニ於テ定期検査ヲ發度旨、各月十七日申請致候ニ付、明治二十七年七月送第八三及八四号御訓示ニ依リ日本郵船株式會社瀛船長門丸船長村井保、同機関士森信次郎ニ嘱託シ、本官立會ノ上、船体及機関部共、夫々検査ヲ遂ケ互當ト認メタルニヨリ、當館ヘ送付スヘキ。別紙検査報告書寫相添、此段及上申候。敬具。

　　　明治三十二年三月二日

　　　　　在元山

　　　　　二等領事　小川盛重　┌在元山日本帝国領事┐

　　　外務次官都筑聲六殿[8]

　この文書からも明らかなように、滋賀県滋賀郡大津町の原田十次郎が、1899年（明治32）時点では、既に瀬田川丸と言う小型汽船を保有し、朝鮮半島において汽船航運業に関与していた。原田十次郎が叙位を受けた1916年（大正5）まで、この間17年に及んでいた。しかし原田十次郎の汽船航運業の活動に関してこれまで看過され注目されることはなかった[9]。さらに原田十次郎が創業した原田商会、原田商行とそれを引き継いだ原田汽船会社は、1943年（昭和18）7月に大阪商船会社に合併され11月には同社に吸収された[10]。

　そこで本章は、原田十次郎の汽船航運業と、彼の汽船会社が精力を注いだ日

本と青島航路とについて述べるものである。

2　原田十次郎と原田汽船の創業

1936年12月に発行された『海事要覧』第三編海事興信録に「原田汽船株式會社」の記載が見られ、原田汽船会社の沿革について次の記述で始まる。

　　明治二十七年四月先々代原田十次郎氏が原田商行を起し汽船を購入して海運業を始めたのが同社の濫觴である。爾来業績大いに擧り明治三十六年には南區（大阪市）木津川町に造船所を併設するに至つた。偶々明治三十七、八年戰役に際會して益々業態隆盛を來したので明治四十二年十二月合資會社原田商行と改組して海運業と造船業を併合したが、大正三年歐州戰乱の勃發に依り我國海運界未曾有の活況を呈するや活躍大いに務め大正五年四月資本金五拾萬圓を以て組織を株式會社に商號を原田汽船會社と改稱、越えて同七年一月資本金を貳百萬に増資した。

　　大正六年十一月従来の造船所を拡充し資本金貳百萬圓の株式會社原田造船所を設立（原田商行は解散）後、資産を併合して大正十年四月資本金を參百萬圓に増資したが、爾来海運界の不況に遭遇するや資本金を百七拾萬圓に減資し内容の充實を計つた。

　　従来經營して來た青島定期航路は鋭意業務の改善充實を圖つた結果、大正十二年四月政府より命令航路に指定され今日に及んでゐる外、昭和四年四月以來、廣島、愛媛、岡山三縣の命令を受命し瀬戸内、大連航路を開設した。

　　尚前社長原田六郎氏は南洋郵船會社及大阪鐵工所長たりしが、昭和十一年二月長逝されたので同社經營の便宜上大阪商船系重役多數を入れて協力し業務の發展に努力されつゝある。

　　營業状況　現在資本金壹百七拾萬圓（全額拂込済）所有船舶五隻噸數一萬五千六百餘噸を以て青島航路並に、瀬戸内、大連航路に各一隻を配給し

他は何れも大阪商船會社其他に貸船してゐる。

　　　經營航路

航路名　　航路度數　　　寄港地

青島線　　月二回以上　　大阪、神戸、門司、青島、（復航）門司、
　　　　　　　　　　　　廣島、阪神

大連線　　毎月二回　　　宇野、今治、高濱、廣島、門司、大連、
　　　　　　　　　　　　（復航）門司、廣島、尾道、宇野

船　名　　總噸數　　　　重量噸

盛運丸　　四、七八二　　七、三五五

照國丸　　三、五八八　　四、二八四

原田丸　　四、一〇九　　四、一九〇

慶運丸　　一、九二一　　三、〇〇〇

七原田丸　一、二六九　　一、九八五

　　　會社幹部

　　　　取締役會長　　　太田丙子郎

　　　　専務取締役　　　長崎佐太郎

　　　　取締役　　　　　奈良橋茂三郎

　　　　同　　　　　　　香春敏夫

　　　　監査役　　　　　武田貞之助

　　　　同　　　　　　　奈良秀治

　　　　青島支店長代理　小早川　雄

　　　支店　所在地

　　　　青島支店　　　　青島中山路八二號[11]

　この記述から、原田十次郎が汽船会社を創始したのは1894年（明治27）4月のことで、原田商会を創業し汽船を購入して海運業を始めた。その後、1903年（明治36）には大阪市の南区木津川町に造船所を併設している。1904、1905年（明治37、38）の戦役すなわち日露戦争に際して、政府に軍需関係の輸送船舶として自社の船舶を提供した。1909年（明治42）12月には原田商会は合資会社原

田商行と改組して海運業と造船業とを行った。1914年（大正3）には第一次世界大戦により日本の海運界の盛況にともない、原田商行は1916年（大正5）4月に資本金50万円として株式会社組織に改編し、原田汽船会社となったのである。ついで1918年（大正7）1月に資本金を200万円に増資した。

原田商行、原田汽船会社が得意とした航路に青島航路があり早くから定期航路の運航を試み、1923年（大正12）4月には日本政府より「命令航路」に指定され、政府からの補助金の下付を受けることになった。1929年（昭和4）4月以降は広島、愛媛、岡山三県の命令を受けて瀬戸内、大連航路なども開設したのである。

原田商行の朝鮮半島への航運に関して次の記録が残されている。

　　木浦外四港及釜山外五港並大連外一港寄港補助命令ノ件

　　今般木浦外四港寄港補助ニ付テハ大阪商船株式會社へ、釜山外五港寄港補助ニ付ては合資會社原田商行へ、大連外一港ニ付テハ阿波國共同汽船株式會社へ別冊ノ通、孰レモ命令書ヲ下付シタリ。

　　　明治四十四年四月六日

　　　　遞信大臣男爵後藤新平　遞信大臣之印[12]

原田商行は1911年（明治44）に朝鮮半島の釜山港などへの寄港に関する補助を遞信省から受けている。その命令書には次のようにある。

　　　命令書

　　　　　　合資會社　原田商行

第一條　其會社ハ明治四十四年四月一日ヨリ明治四十五年三月三十一日ニ
　　　　至ル間、下關發航ノ船舶二艘ヲ左ノ所ニ寄港セシムヘシ

　　　一　釜山　毎三週二回以上通シテ三十四回以上

　　　二　元山　毎三週二回以上通シテ三十四回以上

　　　三　城津　毎三週二回以上通シテ三十四回以上

　　　四　鏡城　毎三週二回以上通シテ三十四回以上

　　　五　清津　毎三週二回以上通シテ三十四回以上

　　　六　雄基　毎三週二回以上通シテ三十四回以上

前項ニ定ムル釜山、元山、城津、鏡城及清津ノ寄港回數ハ往航及復航ノ寄港ヲ併セ一回トシテ計算ス

第二條　其會社ハ第一條ノ船舶ヲ定メ豫メ逓信大臣ニ届出ツヘシ。其之ヲ變更セントスル場合亦同シ逓信大臣ハ前項ノ船舶ヲ不適當ト認ムルトキハ、此ヲ變更ヲ命スルコトアルヘシ。

第三條　其會社ハ本命令書ニ定ムル業務ヲ實施スル前十四日ニ於テ第一條ノ船舶ノ發着日時表ヲ調製シ、逓信大臣ニ届出ツヘシ。

逓信大臣ハ公益上必要ト認ムルトキハ前項ノ發着日時表ヲ變更セシムルコトアルヘシ。

第四條　其會社ハ第一條ノ船舶ヲ以テ運搬スル旅客貨物ノ運賃表ヲ調製シ、豫メ逓信大臣ニ届出ツヘシ。

其之ヲ變更セントスル場合亦同シ。

逓信大臣ハ公益上必要ト認ムルトキハ前項ノ運賃定額ヲ低減セシムルコトアルヘシ。

第五條　第一條ノ船舶同様ノ各港ニ寄港シタルトキハ帝國郵便局所ニ届出テ發着證明ヲ受クヘシ

前項ノ證明書ハ一箇月毎ニ逓信大臣ニ差出シ、其檢閲ヲ受クヘシ。

第六條　其會社ハ逓信大臣ノ規定スル手續ニ依リ第一條ノ船舶ヲ以テ郵便物ヲ無賃ニテ逓送スヘシ。

前項ニ於テ郵便物ト稱スルハ郵便法、郵便條約其他將來發布ニ係ル法律、命令又ハ條約ニ依リ郵便物トシテ取扱フモノ及其運搬ニ要スル諸器具ヲ謂フ以下郵便物ト稱スル亦同シ。

其會社ハ天候不良其他止ムコトヲ得サル事由ニ因リ、鏡城ニ於テ郵便物ノ船積陸揚ヲ爲ス能ハサルトキハ清津ニ於テ之カ船積陸揚ヲ爲スコトヲ得、此場合ニハ相當証明書ヲ添ヘ逓信大臣ニ届出ツヘシ。

第七條　郵便物ノ逓送ヲ命セラレタルトキハ盗難、湿気、火災等ノ虞ナキ安全ナル場所ヲ區劃シテ之ヲ蔵置スヘシ。

第八條　遞送ヲ命セラレタル郵便物ハ本船ノ船長一等運轉士又ハ事務長カ
　　　　取扱ヲ爲スヘシ。

第九條　第一條ハ船舶航海中遭難、其他ノ事由ニ因リ郵便物ヲ遞送スルコ
　　　　ト能ハサルトキハ適當ノ方法ニ依リ、其會社ノ費用ヲ以テ之ヲ遞
　　　　送スヘシ。

第十條　第一條ノ船舶同條ノ各港ニ出入スルトキハ帝國國旗及郵便旗章ヲ
　　　　掲揚スヘシ。

第十一條　其會社ハ第一條ノ各港ニ支店又ハ代理店ヲ設置シ、其店名、所
　　　　在地名及該店業務擔當人ノ氏名ヲ遞信大臣ヘ届出ツヘシ。其之ヲ
　　　　變更シタル場合亦同シ。遞信大臣ハ支店ノ業務擔當人又ハ第一條
　　　　ノ船舶ノ船長、運轉士、機關長、機關士及事務員ニシテ職務又ハ
　　　　事務取扱上怠慢、懈怠其他ノ失行アリト認ムルトキハ、其交代ヲ
　　　　命スルコトアルハシ。又代理店ノ事務取扱上怠慢、懈怠其他ノ失
　　　　行アルト認ムルトキハ代理店ノ變更ヲ命スルコトアルハシ。

第十二條　遞信大臣ハ本命令書有効期間中、第一條第一項ノ寄港ニ對シ左
　　　　ノ割合ヲ以テ寄港補助金ヲ支給スヘシ。

　　　一　釜山　一回ニ付金　五拾圓
　　　二　元山　一回ニ付金　五拾圓
　　　三　城津　一回ニ付金　五拾圓
　　　四　鏡城　一回ニ付金　五拾圓
　　　五　清津　一回ニ付金　五拾圓
　　　六　雄基　一回ニ付金　百　圓

　　　前項ノ補助金ハ一箇月毎ニ終了シタル寄港回數ニ應シ、之ヲ支給
　　　スヘシ。但釜山、元山、城津、鏡城又ハ清津ニ往航又復航ノ一方
　　　ノミ寄港シタル場合ニ於テハ其寄港ニ對シ、前項ニ定ムル一回分
　　　補助金ノ半額ヲ支給スルモノトス。

　　　本命令書有効期間中寄港ニ對シ支給スヘキ補助金ノ總額ハ金壹萬
　　　千九百圓ヲ超過セサルモノトス。

第十三條　其會社ハ本命令書ハ本命令書ニ定ムル業務ノ實況ヲ調査シ、収
　　　　支ノ計算ヲ整理シ本命令書有效期間内ニ一回逓信大臣ニ具申スヘ
　　　　シ。

第十四條　第一條ノ各港ニ寄港セサルトキハ、其他各條ノ義務ヲ履行セサ
　　　　ルトキハ、一回ニ付百圓以下ノ違約金ヲ徴収スヘシ。但天災其他
　　　　抗拒スヘカラサル強制、又ハ命令ニ起因シタル場合ハ此限ニアラ
　　　　ス。

第十五條　前項ノ違約金ハ毎回支給スル補助金又ハ保證金ヨリ差引キ不足
　　　　アルトキハ、其會社ヨリ徴収スヘシ。

第十六條　其會社ニ於テ天災其他抗拒スヘカラサル強制ニ因リタル場合ノ
　　　　外、三回以上同一寄港地ニ於ケル寄港ヲ欠キタルトキハ、本命令
　　　　ヲ解除シ且保證金ヲ没収スヘシ。但既ニ執行シタル寄港ニ對スル
　　　　補助金ハ之ヲ支弁スルモノトス。

第十七條　其會社ハ本命令書ニ定ムル義務履行ノ保證トシテ通貨金千貳百
　　　　圓又ハ之ニ相當スル政府ノ公債證書、若ハ逓信大臣ニ於テ適當ト
　　　　認ムル其他ノ公債證書ヲ差出スヘシ。
　　　　保證金第十五條ニ依リ減額シタルトキハ一箇月以内ニ之ヲ補充ス
　　　　ヘシ。
　　　　保證金ハ其會社ニ於テ本命令書ニ定ムル義務ノ履行ヲ終リタルト
　　　　キ、既ニ差引シタル金額アルトキハ之ヲ除キ其會社ニ還付スヘシ。

第十八條　本命令書有效期間ハ明治四十四年四月一日ヨリ明治四十五年三
　　　　月三十一日マテトス。

　　　　明治四十四年四月一日

　　　　　　逓信大臣男爵後藤新平[13]

　この命令書からも明かなように「明治四十四年には合資會社原田商行に於て
下關より釜山・元山・城津・鏡城・清津・雄基間航路を經營せり」[14]と、下関
から朝鮮半島南東の釜山を経て元山等の朝鮮半島東岸の諸港に寄港し、東北端
の雄基までの航路の運航が日本政府より命令されたのであった。

このように原田十次郎が創業した汽船会社は原田商行、原田汽船会社等へと変遷を経るが、1894年（明治27）以降、大阪を拠点に瀬戸内海航路から中国へ青島、大連航路に定期航路を開設した汽船会社であった。

3　原田汽船会社の「青島航路案内」

第一次世界大戦の際の1914年（大正 3 ）に、日本はドイツに宣戦布告し山東半島の青島周辺への攻略に乗り出し、占領することになる。このころから日本から青島への汽船航路が重要となったのであった。大阪商船会社は、

> 日獨戦争開始の結果、青島が我軍の手に歸するや、直ちに大正三年八月大阪青島線を開始せしが、同航路は十二年四月以降日本郵船・原田汽船との共同受命航路となった[15]。

とあるように、1914年 8 月から大阪青島航路を開始している。

他方、日本郵船会社が青島航路を開設するのは、1915年（大正 4 ） 1 月のことである。

> 当社は第一次世界大戦勃発前から本航路（大阪青島線）の開設を計画していたが、大正三年十一月わが軍が青島を占拠したので、翌年一月六日から大阪出帆の山東丸を第一船として二週一回の定期航路を開始した。大正五年一月原田汽船及び大阪商船とともに陸軍運輸部と船積契約を締結し、陸軍省命令航路として運航、大正十二年四月から遞信省命令航路となり三社にて共同受命した[16]。

日本郵船会社は、1915年 1 月から山東丸を配船して大阪青島間の 2 週間に 1 回の定期航路を開設したのであった。

この日本郵船、大阪商船の巨大船会社に対抗し、大阪青島航路を運航した原田汽船とはどのような会社であったか、そして原田汽船会社が運航した青島航路についても述べたい。

原田汽船の前身であった原田商行が青島航路を開始したのが1906年（明治

39）4月のことであった[17]。ドイツは1897年（明治30）に、青島を含む膠州湾
一帯を清朝政府から租借し、青島に要塞を建設してドイツ東洋艦隊を配備した
経緯がある。その青島に原田十次郎は早くから着目していたようである。

　原田商行が、定期航路を行うのは、第一次大戦時の日本の青島占領以降のこ
とである。『大阪朝日新聞』第11793号、1914年（大正3）12月1日付の「青島
航開始期」には、

> 青島航路開始につきては屢々報道せる如く大阪商船、原田商行等各々其の
> 準備中なるが、何分青島に於ける一般開放期未定なると新航路開始の許否
> につき特許の形式を取るか、又は他の方法をとるかさへ未決定なる爲、従
> つて定航開始の日取りは確定せず。されど掃海事業は本月十日を以て終了
> の豫定にもあり、且其の間には青島における私公有財産の區別等面倒なる
> 手續きは略終了すべきにより遅くも十五日過ぎには開航の事となるよし。

とあるように、ドイツとの戦争で青島附近において沈没した船舶等の掃海事業
が12月10日頃に終了し、日本から青島への汽船の通行が可能となると見られた。
ついで同紙の第11805号、12月13日付に「青島就航決定」と大阪商船会社の青
島航路の開始が予告された。

> 大阪商船會社に對し、其筋より特許されたる青島航路は來る一月中に開始
> さるべきが、就航船は漳州丸（一千六百八噸）安平丸（一六百九十八噸）福
> 岡丸（二千七百四十四噸）の三隻にて該航路は大阪發神戸下關に寄港した
> る上、關門より青島に向け直航することに決定せりと。

　大阪商船会社の青島航路は大正4年（1915）1月より開始され、その行程は
大阪から神戸に下関に寄港して青島に赴くものであった。

　原田商行が、青島航路を運航していた実績に関して『大阪朝日新聞』第
11870号、12月15日付の「青島航路如何」の記事中に、

> ……日露戦争以前には大阪商船此地に航路を開きしが、戦後大連に力を注
> ぎて復青島を顧みず、只原田商會が三、四隻の船を以て殆ど准定期的に二
> 週間一回廻航し來るのみ他は随時忽然として入り來るに過ぎず、今後青島
> 市場の形成自から大變革を來すべきと共に海運關係も全く變化せざるを得

ず、……

と記しているように、原田商会こと原田商行が、日露戦争（1904〜1905）後における日本から青島への汽船航路の開拓者的存在であったと言える。

しかし青島航路には不安があった。そのことを指摘する記事が『大阪朝日新聞』第11815号、12月23日付の「青島貨物不況」に見える。

> 青島航路は愈郵商両社共に一整に開始する事となりしが、何分今日に於ても青島本邦間の文書交通に多少の困難を感じつつある折柄なれば、思惑的輸入を試みんとする商人も尠き關係にや、明二十四日出帆の商船大信丸は尚豫約七百噸程しか集まらず、郵船會社の山東丸は出帆期明年一月以後なる爲、目下不明なるも大體に於て初航船は何れも大したる好況を呈せざるべしと云ふ。貨物の大部分は燐寸、綿布、食料品を示し居れり。因に當市（大阪）の原田商行は汽船二隻を以て一週一回の定期航海を營むに決し、第一船として松丸（二、一〇〇噸）を二十六日差立つるに決定せり。

とあるように、日本から青島への貨物量の少なさに各社は苦慮していたことが知られる。そのような中で、巨大船会社である日本郵船や大阪商船に比べ小規模ではあるが青島航路への実績を持つ原田商行が注目された。

> 『大阪毎日新聞』第11283号、1914年（大正3）12月26日付の「社外船青嶋航路」に、青嶋開放の報に接したるを以て、豫て同航路を計畫せる原田商行は神戸東源號と共同して青嶋航路を開始する事となり。本月廿六日所有船松丸（總噸数二、一〇三噸）を差立て、正午大阪發、同日午後神戸を出發せしめ、三十一日中に青嶋入港の筈にて、積荷は紡績、マッチ、野菜其他の食料品にして、積荷の申込は大阪二百噸、神戸三百五十噸、門司三百噸見當にて、乗客運賃は二等二十圓、三等十二圓なりと。

とあるように、日本郵船や大阪商船の巨大船会社は社船と呼称されたのに対して、中小の船会社は一般的に、社外船と呼ばれた。その社外船の一つであった原田商行が青島航路を運航することになった。その運航を助けたのが神戸に拠点を持っていた華商であった東源号であった。原田商行の松丸は東源号の協力を得て、12月26日に大阪を出港し、神戸、門司に寄港して青島に31日に到着す

る予定であった。松丸の積荷は紡績品や燐寸（マッチ）の他に野菜などの食料品で、大阪から200屯、神戸で350屯、門司では300屯合計850屯を積載することになっており、乗客の運賃は 2 等が20円、 3 等が12円であった。

　事実、『大阪朝日新聞』第11821号、12月29日付の「大正三年海運界概観（下）」においても、

> 之より先き青島が、愈我軍政部の管轄を受ける事となつて以來、青島本邦間の定期航海を計畫するもの頻々として現れたが、其の内實際確定したものは郵船會社、商船會社及び原田商行の三者であった。商船は二十四日に大信丸を原田は二十七日松丸を出帆させた。郵船會社は明年一月早々山東丸を差立てる筈である。

と述べるように、青島航路の開設に各社が戦々恐々とするなかで、巨大船会社の日本郵船会社と大阪商船会社に並んで原田商行が参画したのであった。『大阪朝日新聞』第11816号、12月24日付の大阪港からの出航広告に原田商行が登場する。

　　　青島航路再開始

　　松丸　廿六日正午大阪、同日午後十時神戸、

　　　　　廿八日後四時門司　出帆

　　［社旗］　合資會社　原田商行

　　扱店　大阪本田　　東源號支店

　　　　　神戸海岸一　　東源號

　　　　　門司驛前　　巴組支店

　この広告は同紙第11818号、12月26日付にも見られ、

　　　青島航路再開始

　　松丸　廿六日正午大阪、同日午後十時神戸、

　　　　　廿八日後四時門司　出帆　直航

　　［社旗］　合資會社　原田商行

　　扱店　大阪本田　　東源號支店　電西三五七

　　　　　神戸海岸一　　東源號　　　三宮三九一

　　　　門司驛前　　　巴組支店　　　電長四六

とあるように、若干相違する。「直航」や取扱所の電話番号が付記されたものである。ついで同紙第11822号、12月30日付と同紙第11823号。31日付に同一の広告が見られる。

　　　青島行　定期船

薩摩丸　一月五日後四時大阪 ⎫
　　　　一月六日正午神戸　 ⎪
　　　　一月七日後四時宇品 ⎬出帆直航
　　　　一月八日後四時門司 ⎭

[社旗]　合資會社　原田商行　長電西四七四八

大阪本田　　　東源號支店　　電西三五七

神戸海岸一　　東　源　號　　三宮三九一

　宇　　品　　　海野商會　　（廣島）九八四

　門　　司　　　巴組支店　　　電長四六

年が明けて1915年（大正4）1月2日の『大阪朝日新聞』第11825号には、

　　　青島行　定期船

薩摩丸 ⎛大阪發五日後二時⎞
　　　 ⎝神戸發六日正午　⎠宇品寄港
　　　門司發八日後四時　出帆直航

[社旗]　合資會社　原田商行

　　　　大阪本田　　　東源號支店　　電西三五七

扱店　神戸海岸一　　東　源　號　　三宮三九一

　　　　宇　　品　　　海野商會　　（廣島）九八四

　　　　門　　司　　　巴組支店　　　電長四六

1915年（大正4）1月26日の『大阪朝日新聞』第11849号の広告には寧静丸2,473屯が登場する。

　　　青島行　定期船

　　　寧静丸　（二四七三噸）

大阪發廿九日後二時

神戸發三十日正午、　宇品寄港

門司發一日後四時　直航

［社旗］　合資會社　原田商行

扱店

大阪本田　　東源號支店　電西三五七

神戸海岸一　東　源　號　三宮三九一

宇　　品　　海野商會　（廣島）九八四

門　　司　　巴組支店　　電　二四五

青　　島　　原田商行支店

　先の『大阪毎日新聞』の記事や、上記の広告中に取扱所として名の上がった大阪本田東源号であるが、本店は神戸海岸通にあり、辛亥革命が勃発した際に、神戸の有力紙『神戸又新日報』の記者に質問され以下のように述べている。

　　東源號　是亦上海商館中の大なるものにて綿糸、雑貨等を取扱ひ居れるが館主は曰く、大阪川口には上海商人多きも神戸には上海人五十余名あるのみにて、商館少く重に廣東商人なれば、今回の影響を被むる者は少からん[18]。

　この記事から東源号は上海を拠点にして神戸と大阪川口を中心に活動する華商であり、従業員は広東省出身者が多かったことがわかる。大阪本田とあるが、現在では大阪市西区川口であり、古く大阪開港後に設けられた居留地に隣接する外国人雑居地に本田町があった。その本田を指すものと思われる。現在も大阪市立本田小学校がある[19]。東源号は上海を拠点にしていたと思われることから、当然青島との通商関係にも豊富な経験を有していたのであろう。

　この広告が掲載されているが、青島航路には困難が待ち受けていた。それは
『大阪朝日新聞』第11831号、1915年（大正4）1月8日付の「青島の海運界
（上）」において、青島航路の問題点を指摘している。

　　青島には未だ海運といふ程のもの復活せず、獨逸時代に最も出入の多かり
　　し上海香港方面の外國船も漢米汽船は先づホノルルと上海に拿捕を避けて
　　出で來らず、バターフィールド、ジャデンマデソン両社の汽船も追つて回
　　航する由なれど、當分は來らざるべく、今の所日本と大連とよりの船のみ
　　が辛うじて入り來るべきに過ぎす、夫さへ日本と大連とに向つて殆ど何等
　　見るに足る復荷を積み得べき見込もなき航路なり。眞正の算盤勘定よりす
　　れば、神戸青島大連の三角航路にさへ利益の如何を疑ふ程の状態なれど例
　　の補助金關係よりすれば、一日も早く青島に船を入れ而も往復共に直航航
　　路とし其復荷の全く無きことを一日も多く議會開會中に知悉せしむる必要
　　もありしならん。現に今日確定したりといふ大阪商船と原田商會の日本青
　　島間直通定期船なるものも見す見す損失に歸するを承知の上にて愚なる競
　　争を爲すを避け一切の妥協成立し、一週各々一回づつ廻航すべきが、最初
　　の評判の三千噸級が半減の千五百噸級を用ひても、元より復航は船腹を紅
　　くするが覺悟なり。此外尚七、八人の定期航路出願者あれど總て却下せら
　　るべし、さて又假りに商船か原田商會かが前記三角航路を開く如き事あら
　　ば、大連根拠の船會社に取りては由々敷大敵なり。……

青島がドイツ占領下から日本の占領下に変わったことで、港市の状況が極め
て不安定化していたのである。同日の「青島航路不況」の記事にも同様な状況
が見られる。

　　郵船會社青島航路第一番船山東丸は六日大阪發航海の途に上りたるが、大
　　阪よりの積荷は僅かに百八十噸にして、之とて綿絲綿布雑貨等の一般商品
　　は甚だ尠く、大部分は青島移住者の家財家具等なりと。尚先月二十四日大
　　信丸を最初とし、今日に至るまで原田商行、大阪商船、日本郵船の青島に
　　仕向ける汽船は既に五隻に達したれども、青島秩序未だ回復せず、商取引
　　は尚開始の運びに至らざるため、大阪より同地に仕向くべき貨物のみにて

も二千噸級に上り居れるも同地より積荷を申込み來る有様なれば各社とも
目立ちたる積荷なく、當分の處現状を維持するの外ならんといふ。今日ま
で各社の積荷高を挙ぐれば左の如し。

二十四日出帆　　大信丸　　一八〇噸
二十六日　　　　松　丸　　六七〇
三十一日　　　　臺北丸　　三九〇
五日　　　　　　薩摩丸　　　五〇
六日　　　　　　山東丸　　一八〇

とあるように、日本郵船、大阪商船のみならず原田商行にとっても青島航路の
運航は厳しい状況であったと思われる。

　この運航表からみて原田商行は、薩摩丸と寧静丸をほぼ6〜8日間隔で大阪
と青島間を運航していたことがわかる。1915年1月5日から同年12月28日まで
の運航は50回を数える。この回数から言っても7日余りつまり毎週1回の運航
を行っていたのである。

　1916年（大正5）4月資本金50万円により原田商行は株式組織として原田汽
船会社と改称している[20]。その後の原田汽船の歴史は原田汽船株式会社の歴史
となる。

　『大阪朝日新聞』第12304号、1916年（大正5）4月25日付の「商業登記公
告」によると、

　　●合資會社原田商行○大正五年四月貳拾日無限責任原田十次郎、有限責任
　　社員原田ヨシ、同原田梅子ハ住所ヲ各大阪市北區宗是町參拾四番地ニ、有
　　限責任社員長崎佐太郎ハ住所ヲ同市西區
　　四條通貳丁目拾九番地ニ各移轉ス。

とある。合資会社原田商行の移転を示す記事
である。

　『大阪朝日新聞』第12291号、1916年4月12
日付の広告では「合資會社原田商行」（左図）
であるが、同紙第12305号、大正5年4月26

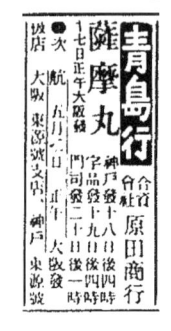

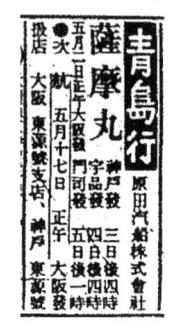

表20　1915年原田商行の大阪・青島航路運航汽船表[21]

号数	掲載日	出発日	会社名	船名	出発地	経由地
11870	1914.12.25	1914.12.26	原田商行	松　丸	大阪	神戸　門司
11823	1914.12.31	1915.01.05	原田商行	薩摩丸	大阪	神戸　宇品　門司
11833	1915.01.10	1915.01.13	原田商行	寧静丸	大阪	神戸　宇品　門司
11841	1915.01.18	1915.01.21	原田商行	薩摩丸	大阪	神戸　宇品　門司
11849	1915.01.26	1915.01.29	原田商行	寧静丸	大阪	神戸　宇品　門司
11855	1915.02.01	1915.02.06	原田商行	薩摩丸	大阪	神戸　宇品　門司
11855	1915.02.01	1915.02.14	原田商行	寧静丸	大阪	神戸　宇品　門司
11863	1915.02.09	1915.02.22	原田商行	薩摩丸	大阪	神戸　宇品　門司
11870	1915.02.16	1915.03.02	原田商行	寧静丸	大阪	神戸　宇品　門司
11878	1915.02.24	1915.03.10	原田商行	薩摩丸	大阪	神戸　宇品　門司
11887	1915.03.05	1915.03.18	原田商行	寧静丸	大阪	神戸　宇品　門司
11894	1915.03.12	1915.03.26	原田商行	薩摩丸	大阪	神戸　宇品　門司
11902	1915.03.20	1915.04.03	原田商行	寧静丸	大阪	神戸　宇品　門司
11910	1915.03.28	1915.04.11	原田商行	薩摩丸	大阪	神戸　宇品　門司
11918	1915.04.05	1915.04.19	原田商行	寧静丸	大阪	神戸　宇品　門司
11926	1915.04.13	1915.04.27	原田商行	薩摩丸	大阪	神戸　宇品　門司
11934	1915.04.21	1915.05.04	原田商行	寧静丸	大阪	神戸　宇品　門司
11942	1915.04.29	1915.05.11	原田商行	薩摩丸	大阪	神戸　宇品　門司
11949	1915.05.06	1915.05.18	原田商行	寧静丸	大阪	神戸　宇品　門司
11956	1915.05.13	1915.05.25	原田商行	薩摩丸	大阪	神戸　宇品　門司
11970	1915.05.27	1915.06.01	原田商行	寧静丸	大阪	神戸　宇品　門司
11970	1915.05.27	1915.06.08	原田商行	薩摩丸	大阪	神戸　宇品　門司
11977	1915.06.03	1915.06.15	原田商行	寧静丸	大阪	神戸　宇品　門司
11984	1915.06.10	1915.06.22	原田商行	薩摩丸	大阪	神戸　宇品　門司
11991	1915.06.17	1915.06.29	原田商行	寧静丸	大阪	神戸　宇品　門司
11998	1915.06.24	1915.07.08	原田商行	薩摩丸	大阪	神戸　宇品　門司
12005	1915.07.01	1915.07.13	原田商行	寧静丸	大阪	神戸　宇品　門司
12014	1915.07.10	1915.07.20	原田商行	薩摩丸	大阪	神戸　宇品　門司
12019	1915.07.15	1915.07.27	原田商行	寧静丸	大阪	神戸　宇品　門司
12026	1915.07.22	1915.08.03	原田商行	薩摩丸	大阪	神戸　宇品　門司
12033	1915.07.29	1915.08.11	原田商行	寧静丸	大阪	神戸　宇品　門司

12040	1915.08.05	1915.08.17	原田商行	薩摩丸	大阪	神戸	宇品	門司
12048	1915.08.13	1915.08.25	原田商行	寧静丸	大阪	神戸	宇品	門司
12054	1915.08.19	1915.08.31	原田商行	薩摩丸	大阪	神戸	宇品	門司
12062	1915.08.27	1915.09.08	原田商行	寧静丸	大阪	神戸	宇品	門司
12068	1915.09.02	1915.09.14	原田商行	薩摩丸	大阪	神戸	宇品	門司
12080	1915.09.14	1915.09.22	原田商行	寧静丸	大阪	神戸	宇品	門司
12082	1915.09.16	1915.09.28	原田商行	薩摩丸	大阪	神戸	宇品	門司
12090	1915.09.24	1915.10.06	原田商行	寧静丸	大阪	神戸	宇品	門司
12096	1915.09.30	1915.10.12	原田商行	薩摩丸	大阪	神戸	宇品	門司
12104	1915.10.08	1915.10.20	原田商行	寧静丸	大阪	神戸	宇品	門司
12110	1915.10.14	1915.10.26	原田商行	薩摩丸	大阪	神戸	宇品	門司
12118	1915.10.22	1915.11.02	原田商行	寧静丸	大阪	神戸	宇品	門司
12124	1915.10.28	1915.11.09	原田商行	薩摩丸	大阪	神戸	宇品	門司
12131	1915.11.04	1915.11.16	原田商行	寧静丸	大阪	神戸	宇品	門司
12139	1915.11.12	1915.11.23	原田商行	薩摩丸	大阪	神戸	宇品	門司
12145	1915.11.08	1915.12.03	原田商行	寧静丸	大阪	神戸	宇品	門司
12152	1915.11.25	1915.12.07	原田商行	薩摩丸	大阪	神戸	宇品	門司
12161	1915.12.04	1915.12.15	原田商行	寧静丸	大阪	神戸	宇品	門司
12166	1915.12.09	1915.12.21	原田商行	薩摩丸	大阪	神戸	宇品	門司
12174	1915.12.17	1915.12.28	原田商行	寧静丸	大阪	神戸	宇品	門司

表21　1916年5〜9月原田汽船会社の大阪・青島航路運航汽船表[22]

号数	掲載日	出発日	会社名	船名	出発地	経由地		
12305	1916.04.26	1916.05.02	原田汽船	薩摩丸	大阪	神戸	宇品	門司
12305	1916.04.26	1916.05.17	原田汽船	薩摩丸	大阪	神戸	宇品	門司
12321	1916.05.12	1916.06.01	原田汽船	薩摩丸	大阪	神戸	宇品	門司
12340	1916.05.31	1916.06.16	原田汽船	薩摩丸	大阪	神戸	宇品	門司
12383	1916.07.13	1916.07.16	原田汽船	薩摩丸	大阪	神戸	宇品	門司
12383	1916.07.13	1916.07.31	原田汽船	薩摩丸	大阪	神戸	宇品	門司
12401	1916.07.31	1916.08.15	原田汽船	薩摩丸	大阪	神戸	宇品	門司
12402	1916.08.01	1916.08.15	原田汽船	薩摩丸	大阪	神戸	宇品	門司
12415	1916.08.14	1916.08.30	原田汽船	薩摩丸	大阪	神戸	宇品	門司
12430	1916.08.29	1916.09.14	原田汽船	薩摩丸	大阪	神戸	宇品	門司

日付の広告から「原田汽船株式會社」（246頁右図）と社名が変更されている。

　原田汽船株式会社となっての最初の青島行きは1916年（大正5）5月2日正午に大阪を出港し、3日は神戸を午後4時に、宇品を4日午後4時、門司を5日午後1時に出港して青島に赴いた。次号は5月17日正午に大阪を出港するとする広告である。

　このことから、原田汽船会社の青島行きは15日間隔すなわち毎月2便の運航が行われていたことがわかる。

　そのことを具体的に示す運航の実態が『大阪朝日新聞』の大阪出港広告からわかる。

　表21に示したように、原田汽船会社の薩摩丸はほぼ毎月初めの1日頃と中旬の15日頃の月2回の大阪・青島間の航路を運航していた。

　原田汽船会社の案内と同社の汽船原田丸についての案内が『日本汽船件名録』[23]1926年の11版に掲載されている。

　社名広告（250頁図）では、

　　　　逓信省命令航路青島線定期船（貨客船）

　　　汽船　原田丸（總噸數四、一〇九噸　速力十六海里）月二回往復

　　　　起點　神戸　終點　青島　　寄港地　門司、宇品、大阪

　　　　船客定員　一等三六人　二等四二人　三等一六二人

とあるように、原田汽船会社の原田丸は総屯数4,109屯で速力が16海里であり、乗客を一等36名、二等42名、三等162名の合計240名を搭乗させられる貨客船で、神戸から大阪、宇品、門司を経由して青島に至る航路を毎月2回運航していたのことがわかる。

　この原田丸は、1902年（明治35）にイギリスのスコットランドで造船された総屯数4,109.31屯の鋼鉄製の貨客船で全長373フィート、約113.4m、幅が45フィート、約13.7m、深さ29.5フィート、約9mの船体を持っていた[24]。そして「本船ハ無線電信ノ設備アリ。本船 No.3艙口ハ冷蔵庫ニシテ352噸ノ容積ヲ有シ牛肉積載ニ適ス。荷役ハ全部水壓「クレーン」ニテ騒音ナシ」[25]とされる機能を有する汽船であった。

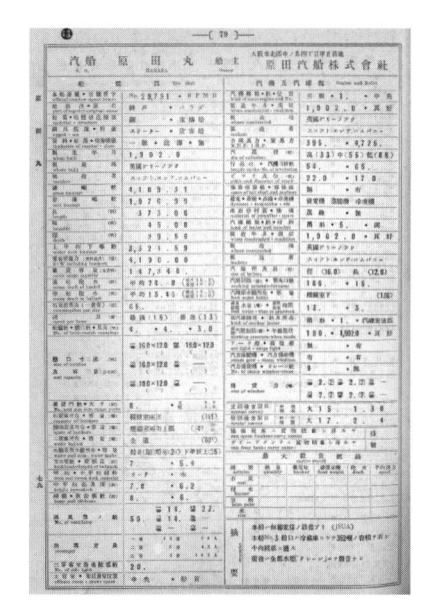

『日本汽船件名録』　　（1926年12月11版、13、79頁）

　『時事新報』1922年（大正11）7月30日付に「海運共同計算　原田汽船加入問題」と題する記事が掲載された。この当時、日本から中国の山東半島の青島への航路を運航していた日本郵船会社、大阪商船会社並びに原田汽船のうち、前二社は日本を代表する大型汽船会社であり、他方、原田汽船は大阪に本社を有する一汽船会社であった。

　　海運界不況の対策として曩に計画された郵（日本郵船）商船（大阪商船）両社の協調問題は、去る十二日大阪商船本社に於て開かれた。両社の協議会に於て愈具体化し、先ず近海航路である天津船及び青嶋船にプール即ち共同計算を行う事に決定した事は既報の通である。而して青嶋航路に就きては、従前から運賃協定に加入して居る原田汽船に対し、共同計算に加わるよう勧誘する事となったが、其の後大阪商船では同社に対し右共同計算加入を勧誘した所、原田汽船では趣旨には大いに賛成であるが、現在青嶋航路に配船中の自社船腹は、郵・商船に較べて幾分遜色があるのみならず、共同計算実施後の成績も今の処未知の問題に属して居るから、当分自社と

しては郵商両社の共同計算には加入する事は尚研究を要するといって拒絶的な回答を為した模様であるが、若し原田汽船が青嶋航路のプールに加入せぬこととなれば、郵・商船両社で共同計算を行う事になるしいらが、右に就き原田汽船の一幹部は左の如く語った。「青嶋航路は従来から郵商船と原田汽船の三社で運賃を協定して居たが、其の関係で郵・商船両社から共同計算加入方を勧誘されたのであるが、原田汽船としては決して趣旨に反対するのでもなく、又就航船が郵・商船の夫れに比較して遜色がある為めに、不利な立場となるから加入を見合せたのではない。要は唯だ時期の問題に就て、郵・商船側と意見を異にして居るのであって、原田汽船は間島の撤兵が早晩行われるのであるから、其の際には御用船となる事がないとも限らぬから、共同計算を行うならば其の後にしては如何かと云うので、問題は其儘になって居るような始末である。（大阪二十八日電話）[26]

国立公文書館の『公文雑纂』1923年（大正12）第十一巻に「青島線補助航海命令ノ件」文書が見え、「船監第四九三号」として次のようにある。

　　　青島線補助航海命令ノ件

　　今般日本郵船株式会社、大阪商船株式会社及原田汽船株式会社ニ対シ青島線航海補助ニ付別冊ノ通命令書ヲ下付致候条此段及報告候也。

　　大正十二年四月一日

　　　　　　　遞信大臣子爵前田利定

　　内閣総理大臣男爵加藤友三郎殿

　　　命令書　日本郵船株式会社　大阪商船株式会社　原田汽船株式会社

　　第一条　其ノ会社ハ大正十二年四月一日ヨリ大正十三年三月三十一日ニ
　　　　　　至ル一箇年間、郵便物遞送及旅客貨物運搬ノ為、本命令書ニ定ム
　　　　　　ル航海ニ従事スヘシ。

　　第二条　其ノ会社ノ従事スヘキ航海線路ハ青島線トス。

　　　　　　前項線路ニ於テハ往航神戸ヲ発シ、門司ニ寄港シテ青島ニ着キ、
　　　　　　復航青島ヲ発シ、門司及宇品ニ寄港シテ神戸ニ著スヘシ。……
　　　　　　（下略）[27]

　原田汽船会社は、1923年（大正12）4月1日付をもって逓信大臣から日本郵船会社と大阪商船会社の二大会社にならんで神戸発の門司寄港を経て青島に赴く航路の運航に関する「補助航海命令」を下付されたのであった。

　さらに特高秘第六一〇八号、1923年（大正12）12月14日付の福井県知事からの「青島航路配船ニ関スル件」によれば次のように見られる。

　　本月十一日午前八時十分神戸及宇品ヲ経由大阪ヨリ管下門司入港ノ汽船寧静丸ノ事務員ノ談片左記ノ通リニ付御参考迄

　　　　左記

　　従来郵、商船及原田汽船ノ三社ニ於テ小形汽船各一隻宛ヲ配船青島内地間貨客ノ運送ニ当リ居タルカ、郵、商船両社ニ於テハ一般商況不振ノ折柄、貨客ノ吸集策トシテ昨年春頃ヨリ一層本航路ニ力ヲ致シ、郵船ニ於テハ春日丸（三、四九一噸）、商船ニアリテハ嘉義丸（三、三四六噸）ヲ何レモ客船トシテ配船シタルカ、両汽船共設備完全ニシテ、且十四浬以上ノ速力ヲ有スル汽船ナリ。然ルニ原田汽船会社ニアリテハ、之等両船ニ対抗スル優秀船ナキ為メ、同社所有船寧静丸（一、五八二噸）ヲ以テ運航シ居リシモ京濱地方震災後ハ支那各地ヨリ同方面ニ向ケ輸送スラル貨物輻輳シ、殊ニ今後結氷ト共ニ支那奥地ヨリ貨物ノ出回リモ漸次増加ノ見込ニテ、目下同航路復航ハ何レモ食料品及復興材料等満載シ船腹不足ノ好況ヲ呈シ居レリ。是等状況ニ鑑ミ原田汽船会社ニ於テモ、之ニ順応スヘク、且ツ一方郵、商船ニ対抗スル為メ今回英印度汽船會社ヨリ四千噸以上ノ快速船ヲ購入シ、目下大阪港ニ於テ客室改造中ノ趣カ、本船ハ原田丸ト改称シ、來ル十三年一月ヨリ寧静丸ニ交代シ、大阪、神戸、宇品、門司、青島間ノ月二回定期航海ニ就航スル筈ナリ云々。

　　　右及申（通）報候也。

　　　申（通）報先

　　　内務大臣、外務大臣、大蔵大臣、指定廳、縣長官、青島領事[28]。

　原田汽船会社は、日本郵船会社、大阪商船会社の二巨大会社に対抗して青島航路を運航しようとしたが、郵船、商船両社の3,000屯級の汽船には及ばない

半分の規模であった。そこで両船を越える4,000屯級の汽船をイギリスから調達し、原田丸と命名して、日本から青島へ毎月2回の就航を完遂しようとしていたのであった。

　この原田汽船の青島航路に関する「青島航路案内」（次頁）が残されている。出版年代は不明ではあるが、昭和前期のものと思われる。その表紙は、青島の港付近を背景にする沿海に小型の中国帆船を描く、当時の青島の雰囲気を彷彿とさせる構図になっている。その内容はつぎのように見られる。

　　沿革、気候、名所古蹟、我社と青島航路、使用汽船、航海日数と浬程、船客運賃と手荷物、観光団と宿舎、青島より海陸連絡、船車連絡、青島経由日支聯絡旅客及手小荷荷物運送、関係支店及代理店

以上の項目にわたって記している。この中で原田汽船会社の足跡を知る上で貴重な記録が、「我社と青島航路」の記述である。次のその部分を掲げてみたい。

　　門司から海上五百七十海里を僅かに二晝夜で渡航する事が出来まする青島と吾社とは関係淺からざる関係があります。吾社が青島の将来発展に着眼し微力を以て率先本航路を企図したのは實に遠く明治三十九年四月に定期航路を開きたるに始まります。當時は美応益も微々たるもので幾多の苦き経験を嘗めたる國運開發上、本航路は吾社に於て維持経営の必要あるを認め不撓不屈の精神を以て努力せし結果、逓信省より郵便物航運の下命あり、漸次輸出入貨物も膨張せし爲更に使用船を増加し、以て日支両國人に多大の利便と交驩とを與へました。我軍占領後、吾社汽船も陸軍御用船として就航する事となりましたから、吾社は飽迄素志を貫徹する目的にて青島に支店を設置し、一層業務の改善を圖り國運發展の萬一に貢献せんと致しました結果、新に大正十二年四月より政府の命令航路として定期就航する事になりました。これ吾社が長き歳月の下に隠忍自重したると廣く一般人士の愛顧御引立の賜なりと深く感謝する次第であります。

とあり、原田汽船の青島航路開設に対するなみなみならぬ意気ごみが知られる。

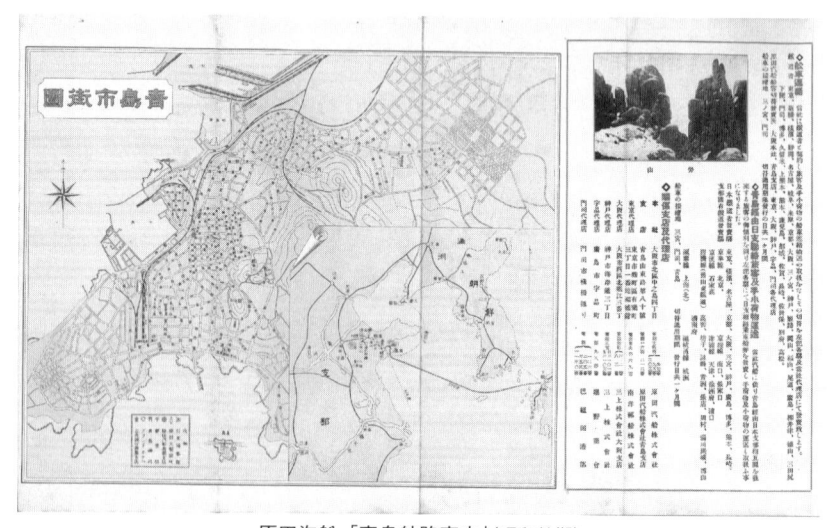

原田汽船「青島航路案内」(昭和前期)

4　小　　結

　原田十次郎が1894年（明治27）4 月に原田商会を創業し、汽船を購入して海運業を始め、1903年（明治36）には大阪市の南区木津川町に造船所を併設した。ついで1904、1905年（明治37、38）の日露戦争に際して日本政府の軍需輸送に船舶を提供し、1909年（明治42）12月には合資会社原田商行に改組し海運業と造船業とを行う組織に拡大したのである。さらに1914年（大正 3 ）には第一次世界大戦による日本の海運界の盛況の影響を受けて、同社は事業の拡大をはかり、原田商行は1916年（大正 5 ）4 月に資本金50万円として株式会社原田汽船会社となり、1918年（大正 7 ）1 月には資本金を200万円に増資したのであった。

　この原田商行、原田汽船会社が全力を注いだ航路の一つが巨大船会社の日本郵船会社と大阪商船会社と同時に運航した青島航路であった。1923年（大正12）4 月には日本政府より、日本郵船会社、大阪商船会社とともに大阪青島航路を運航する「命令航路」に指定され、政府からの補助金の下付を受けたのであった。1915年（大正 4 ）1 月 5 日から 1 年の内に50回の運航を行っており、ほぼ毎週 1 回の大阪青島間の運航を行ったのであった。

　〔注〕
　1 ）　アジア歴史資料センター：Ref. A11112554600、叙位裁可書・大正五年・叙位巻二十四（国立公文書館）（全 7 葉）による。
　2 ）　同上、第 4 ～ 5 葉（全 7 葉）による。
　3 ）　同上、第 7 葉（全 7 葉）による。
　4 ）　『東京朝日新聞』第10843号、1916年（大正 5 ）9 月12日。
　5 ）　同上。
　6 ）　同上。
　7 ）　外務省外交史料館：B-3-6-3-39「滋賀県民原田十次郎所有小氣船瀬田川丸元山ニ於テ檢査施行之件」（全 3 葉）。

8） 同上、第 2 葉（全 3 葉）による。

9） 安住勝臣「原田汽船　船舶史」、船舶部会「横浜」編輯『船舶史稿　海運会社船歴編　第七巻』船舶部会「横浜」、1992年 9 月、3 ～50（全218）頁。安住勝臣「原田汽船　船舶史」が、原田商店、原田商行、原田汽船時代の推移に関して就航船を中心に述べるものの、参考文献はあるが、出典に関しては明記されていない。

10） 岡田俊雄編『大阪商船株式會社80年史』岡田俊雄、大阪商船三井船舶株式会社、1966年 5 月、670頁。

11） 畝川鎮夫『海事要覧』海事彙報社、1936年12月発行、1937年 5 月再版、90～91頁。

12） アジア歴史資料センター：Ref. A04010244400、公文雑纂・明治44年・第16巻・逓信省（国立公文書館）第 1 葉（全14葉）による。

13） 同上、第 5 葉（全14葉）による。

14） 小武家芳兵衛編『朝鮮郵船株式會社二十五年史』朝鮮郵船株式会社、1937年 6 月、「朝鮮の海運」 5 頁。

15） 神田外茂夫編『大阪商船株式會社五十年史』大阪商船株式会社、1934年 6 月、260頁。

16） 日本郵船株式会社編『七十年史』日本郵船株式会社、1956年 7 月、137頁。

17） 原田汽船会社「青島航路案内」の「吾社と青島航路」による。

18） 『神戸又新日報』第9068号、1911年10月21日付の「清國商館の動静」による。

19） 大阪市設置の「川口居留地跡」（大阪市西区川口一丁目 5 ）の説明文を参照。松浦章「神戸華商と辛亥革命」『史泉』第95号、2002年 1 月、32（21～42）頁。

20） 畝川鎮夫『海事要覧』90頁。

21） 『大阪朝日新聞』のマイクロフィルムにより作成。

22） 同上。

23） 菅谷子頼編『日本汽船件名録』日本汽船件名録発行所、1913年 8 月初版、1926年11月第11版による。

24） 同書、79頁。

25） 同書、79頁、「摘要」欄による。

26） 『時事新報』1922（大正11）.7.30付「海運共同計算　原田汽船加入問題」。

27） アジア歴史資料センター、レファレンスコード：A04018234800。

28） アジア歴史資料センター、レファレンスコード：B-3-6-4-38（外務省外交史料館）。

第2章　阿波国共同汽船会社の中国東北沿海航運

1　緒　言

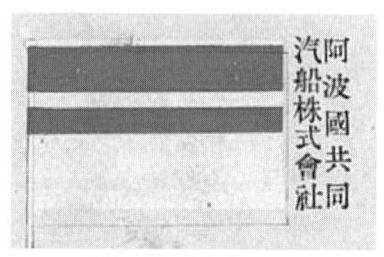

阿波国共同汽船会社社旗

1887年（明治20）9月14日に四国徳島に創業した有限責任阿波国共同汽船会社は、所有船阿津丸総屯数135屯の小型汽船一隻で阿波摂津の航路を運航したのであった[1]。

その後、1893年（明治26）6月に至り、阿波国共同汽船株式会社と改称する[2]。そして翌1894年（明治27）に起こった日清戦争によって、阿波国共同汽船株式会社の汽船も御用船として軍需物資の輸送に従事している[3]。

ついで阿波国共同汽船株式会社は日露戦争の際にも軍需品の輸送に関係し、同社の汽船の第七共同丸、第六共同丸を陸軍に、第三共同丸を海軍に徴用されている[4]。この日露戦争終了後は、大連に根拠地を持って渤海湾や朝鮮半島沿海の航運事業に従事したのである[5]。

しかし、阿波国共同汽船会社が中国沿海部で航運事業を展開したことに関しては、詳しくは知られていない。たとえば、徳島県史編さん委員会編『徳島県史　第五巻』（徳島県、1966年9月）第二章、第十二節「交通運輸」に、

> 有限責任阿波国共同汽船会社……明治三十九年から大連・チーフへの定期航路に進出し、昭和十二年（一九三七）には十二隻、一二，四八八トンの汽船を保有するに至った[6]。

と指摘されるのみである。中国沿海へどのような経緯で進出し、具体的にどのような航運事業を展開していたのかなどの問題はほとんど知られていない。

　そこで本章は、この阿波国共同汽船株式会社が海運事業を展開した東北沿海
の航運状況について述べたい。

2　阿波国共同汽船株式会社の航運事業

　阿波国共同汽船株式会社が創立された背景には、1884年（明治17）5月に設
立された大阪商船会社の航路運航と関係する。大阪商船会社の独占に対抗する
意味合いがあった。

　　獨占的の傾向を帯び地方貨客殊に阿波國の如く阿波藍の全國的に著名にし
　　て而も纏まりたる貨物を取引するものには、配給取扱等其の意に滿ざる
　　もの不尠について、その關係者のみならず縣民の總意に依り對抗機關を設
　　くる事となったので是が即ち吾社の發祥とも云ふべきものであり共同汽船
　　と稱する會社名の因りて生じたる所以も亦共同一致し縣内産業文化の發展
　　に資せんとする精神の外ならないものである[7]。

とあるように、大阪商船会社の航運事業が、地方の特殊性を重視しない不満が
阿波国共同汽船会社の設立の大いなる要因であった。

　そのため阿波国共同汽船会社は、

　　所有船阿津丸（總噸數一三五噸）僅か一隻を以て阿摂航路を開始して強大
　　なる大阪商船に拮抗したので其の經營の苦心は當時を回顧して感慨の新た
　　なるものがある[8]。

と、阿波国共同汽船会社は、135総屯の阿津丸1隻で、巨大船会社の大阪商船
会社に対抗しようとしたのである。

　1887年（明治20）5月の「阿波國共同滊船會社設立趣意書」が残されている。

　　抑我阿波國ノ地タルヤ四面環海ニシテ船ヲ頼マサレハ、一歩モ進ム能ハス。
　　隋テ曩ニ數多ノ滊船ヲ造営セシ者アリシモ、彼是ノ都合ニ依リ終ニ今日此
　　海國ニシテ一ノ滊船ヲ具備ナキニ至リシハ、實ニ遺憾トスル處ナリ。若一
　　朝事アルニ際セハ阿波國人民ハ言ヘカラサルノ不幸ヲ讓スモ、亦計リ難シ。

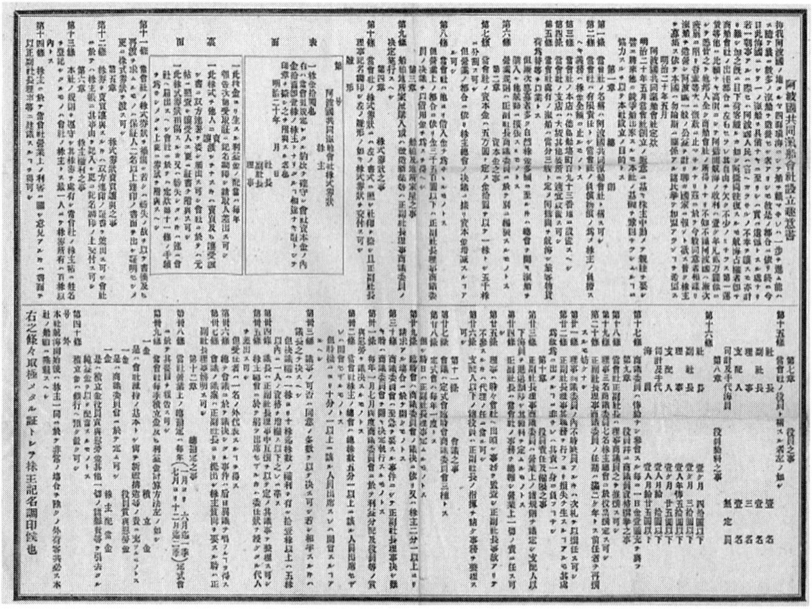

阿波国共同汽船会社設立趣意書

加之既ニ目下客荷織ルカ如ク阿摂間往復スルモ航海占権者即チ商船會社ノ出港都合ニ左右セラレ、其自由ヲ欠ク、不少ノミナラス、第一運賃等他ニ比類ナキ高價ニシテ、阿摂間航海ノ収利ハ壹ケ年凡貳万圓餘ニシテ、悉皆之ヲ他邦人全ク商船會社ノ所得トナリ。不知不識阿波國ハ漸次疲弱ニ陥リ、吾輩等大ニ概歎ニ止マサルナリ。茲ニ於テ今般同意者相謀リ、凗船ヲ造営シ、阿波國一般ノ公益ヲ計リ、聊カ國家ニ報シト欲ス。普ク株主ヲ募集ス。依テ本國ハ勿論斯ニ關係アル諸氏擧テ加盟アランコトヲ希望ス。

　阿波国共同汽船会社の設立の趣旨が述べられ、大阪商船会社による「商船會社ノ出港都合ニ左右セラレ、其自由ヲ欠ク、不少ノミナラス」とあるように、阿波の人々の都合を考慮しない汽船運航等への不満が、阿波国共同汽船会社の設立の根本的な要因であったことが明確に記されている。

　同趣意書の第三条には、

當会社ノ本店ハ徳島船場町百九十三番地ニ設置スヘシ

とあるように、現在のJR徳島駅に近い新町川右岸の船場町に本店が設置された。その航運事業について、同第五条に、

　　當會社處有ノ滊船ハ當分三艘ト定メ阿摂間ヲ航海シ、旅客物貨荷爲替等ヲ
　　以業トス

と見られるように、汽船3隻による徳島と大阪との間の旅客、貨物輸送を中心とするものであった。

　阿波国共同汽船会社と大阪商船会社とは烈しい競争を展開する。『東京朝日新聞』第2565号、1893年（明治26）6月14日付の「電報」欄に次の記事が見られる。

　　汽船の競争　六月十三日午後一時二十四分徳島特發　大阪商船會社と阿波
　　共同汽船会社との競争は協議調はず、近日益々烈しく今にも無賃となるべ
　　き模様なり。

　大阪と徳島を結ぶ航路における大阪商船会社と阿波国共同汽船会社との運賃の廉価競走を展開して乗客、積荷の搭載量を競っていたが、両社ともに協議を行ったものの、決裂してさらなる廉価競争に移行すると観測されていたのである。

　阿波国共同汽船会社にとって多難な時期に、発展の機会を与えたのが日清戦争の始まりであった。日本軍の軍需物資の輸送船として、同社の大部分が御用船として徴用され、船腹不足を来たし、造船の必要が生じたのである。

　　吾社に於ても所有汽船三隻徳丸、阿津丸、蜂須賀丸を以て貨客輸送の完全
　　を欠くの状況なりしを以て、兹に汽船新造の計劃を進め、廿七年十二月之
　　が資金に充つる爲、資本金を九萬五千圓に増加すると同時に、小型汽船阿
　　津丸を賣却し、汽船共同丸總噸數二三三噸三〇、速力一時間一二浬を建造
　　し、更に翌廿八年十二月汽船第二共同丸總噸數二七八噸三五を新造するに
　　至つた。

　　更に明治廿九年六月航路の擴張を計り徳島、小松島、和歌浦航路を開き、
　　資本金も一躍五拾萬圓に増加し、拾參萬圓の拂込をなし、以て船舶の改良
　　に力め他面老朽蜂須賀丸を賣却して船隊の甦化に努めたのである[9]。

　阿波国共同汽船会社は創業の3隻の汽船徳丸、阿津丸、蜂須賀丸を使って航運事業を展開してきたが、1894年（明治27）の日清戦争の勃発期に資本金の拡充を行い、新造船の共同丸総屯数233屯を、翌1895年（明治28）には第二共同丸総屯数278屯を使って事業を拡張したのであった。そして1896年（明治29）6月には新たに徳島、小松島、和歌浦航路を開いている。

　ついで1897年（明治30）には第三共同丸総屯数307屯30、出水丸総屯数438屯88を購入し、出水丸を第四共同丸に改名している[10]。

　これらの汽船を用いて拡張した航路は次のようであった。

　　徳島、兵庫、大阪間の定期航路……共同丸、第二共同丸

　　大阪以西の神戸、高松、多度津、中国地方の各港、博多、唐津、呼子、伊萬里、平戸、佐世保、長崎への定期航路……第三共同丸、第四共同丸

　　北海道各港への航海……第四共同丸[11]

　これらの航路からも明らかなように阿波国共同汽船会社の航路は、基本的には徳島と阪神間を結ぶ航路と瀬戸内海から北九州に至る航路を基盤としていたのである。

　1900年（明治33）11月に阿波国共同汽船会社は本店を徳島市堀裏町[12]、同社発祥の船場町より川下で、現在の徳島県庁がある中洲町付近に移転している。

　1900年11月には新造船第五共同丸を用いて徳島・小松島間の航路を開き、1903年（明治36）3月に第六共同丸総屯数388屯86を新造し、阿摂航路に充当して昼夜2航海を開始している[13]。ついで同年7月に第四共同丸を売却し、同年10月に第七共同丸総屯数547屯28を建造して、1900年末には所有汽船は5隻となり総屯数は1,778屯となったのであった[14]。

　阿波国共同汽船の基盤となる航路は、阿波徳島と大阪等阪神間を結ぶ航路であった。同社の航路案内に、1930年（昭和5）4月の「阿波遊覧」がある。大阪商船会社と阿波国共同汽船会社との共同によって刊行されたもので次のものである。

　裏面の写真には田村丸と比羅夫丸の2隻の写真が見られる。田村丸は1907年8月に英国のダンバートンで建造された鋼鉄船、1532.9総屯数であった[15]。比

大阪商船会社・阿波国共同汽船会社「阿波遊覧」(1930年(昭和5))

羅夫丸は大阪商船が1929年（昭和4）7月に鉄道省から購入した1533.9総屯数の鋼鉄船[16]で、鉄道省時代は青函連絡船に使われていた。

さらに、1930年代の出版とおもわれる摂陽商船会社と阿波国共同汽船の「阿波案内」がある。

摂陽商船会社は、大阪商船会社が、近距離沿岸航路の独立を計画し、1914年（大正3）12月1日に資本金20万円にて設立。1942年（昭和17）5月に関西汽船会社が設立され、全航路、全設備を出資して内海航路の歴史をとじる[17]。

裏面には山水丸と第二十八共同丸の写真があり、第二十八共同丸は、1919年に英国のニューカッスルで建造された1506.7総屯数の鋼鉄船であった[18]。山水丸は摂陽商船の汽船で1899年に香港で建造された2841.8総屯鋼鉄船であった[19]。

ついで1935年6月の摂陽商船・阿波国共同汽船の「阿波案内」のは阿波の民俗玩具を描き、地図は右に本州の紀伊半島から岡山方面まで描き、淡路島四国の徳島を中心に左上には徳島県の最高峰である剣山を描く鳥瞰図である。裏面の汽船は山水丸と第二十八共同丸である。鳥瞰図の左欄外には「昭和十年六月七日　由良要塞司令部檢閲濟」とある。

摂陽商船・阿波国共同汽船の1936年7月の「阿波案内」は表紙の図案は1935年6月と同じであるが、地図が絵画から精密な地図に変更されている。汽船は裏面に山水丸と第二十八共同丸の写真が見られる。地図の左側に「昭和十一年七月十八日　由良要塞司令部檢閲濟」とある。

摂陽商船・阿波共同汽船の1938年6月の「阿波案内」は表紙は阿波踊りに興じる二人の女性を描いている。地図は1936年版とほぼ同様であるが、左上に「徳島附近」図が加えられている。汽船は山水丸とあかつき丸に替わっている。あかつき丸は1937年12月に神戸三菱重工業において製造された1038.16総屯数の鋼鉄船であった[20]。

1901年（明治34）9月19日付の『東京朝日新聞』第5456号に「芝罘道台の日本船買入」の記事が見える。清国の山東の芝罘道台が沿海巡邏の老朽化した2隻の内の飛雲号が使用できなくなり、北洋通商大臣と山東巡撫に上申して、

阿波共同汽船會社所有汽船共同丸（噸數一四四、八二）を購入する事とな

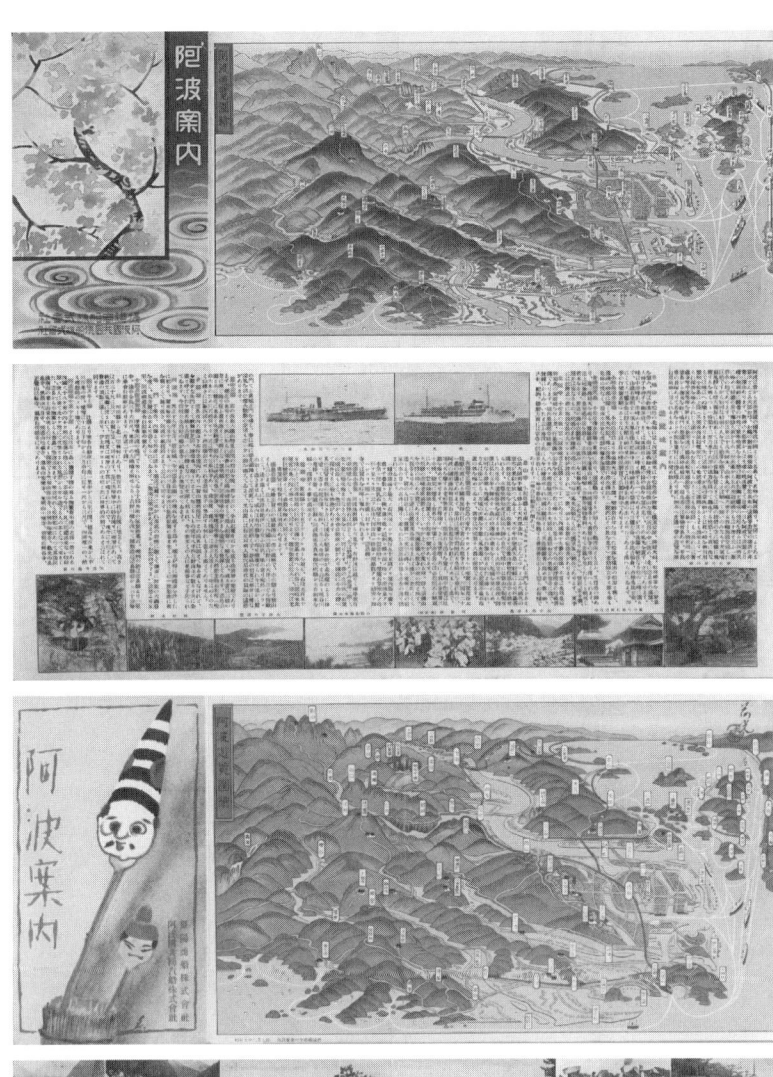

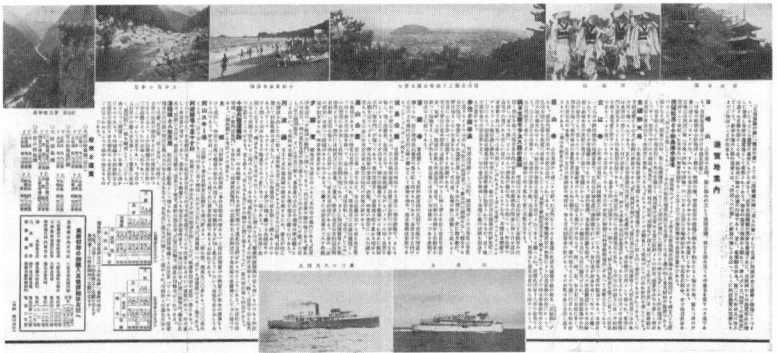

摂陽商船会社・阿波国共同汽船会社「阿波案内」(上・1930年代　下・1935年(昭和10))

摂陽商船会社・阿波国共同汽船会社「阿波案内」(上・1936年(昭和11) 下・1938年(昭和13))

り、已に同港（芝罘）に回航し授受の手續を了りたるを以て船名を靖海と改稱し、飛雲號に代つて沿海を巡航せしむといふ[21]。

とあるように、共同丸が清国に売却され芝罘沿海の巡邏船となった。『阿波國共同汽船株式會社五十年史』には、売却された時期は1901年（明治34）8月14日で、売却先は「清國　芝罘道台」[22]と記されている。

　四国の徳島に本拠地を置き、瀬戸内海航路の航運を基幹事業とする阿波国共同汽船会社が、どのようにして海外航路に関与したかは、その後に発生した日露戦争と大いに関係がある。

　1904年（明治37）2月に起こった日露戦争によって、阿波国共同汽船会社の第六共同丸、第七共同丸が陸軍に、第三共同丸が海軍へと、軍需物資の輸送船として徴用されたのであった。これらの3隻は1906年（明治39）4月までに御用船を解除されている[23]。そして1906年2月に新造した第十共同丸総屯数624屯66を加えた4隻で大連を根拠地に航運事業を展開するのである。そのことは次節で述べたい。

3　阿波国共同汽船会社の中国東北沿海の航路

　阿波国共同汽船会社は、1906年（明治39）3月に仁川、鎮南浦、龍岩浦、安東県、大連、旅順、芝罘間の定期航路、同年5月に芝罘、大連、安東県間の航路を開き同年9月には逓信省の補助命令を得ている。さらに朝鮮半島東海岸と北部中国沿海の諸港を結ぶ航路を計画し、同年9月には博多—釜山間の航路を開いている[24]。

　阿波国共同汽船会社は1906年以降において海外において開設した航路は次のものである。

　　仁川芝罘線　　1906年（明治39）3月開始　大正3年11月廃止
　　大連安東縣線　1906年（明治39）5月開始　大正5年3月不定期航路に変更
　　博多釜山線　　1906年（明治39）9月開始

　　大連仁川線　　1906年（明治39）11月開始

　　元山浦鹽線　　1914年（大正3）11月開始　　1915年（大正4）5月廃止

　　元山雄基線　　1915年（大正4）1月開始　　1917年（大正6）2月廃止

　　大連青島線　　1915年（大正4）12月開始

　　仁川天津線　　1928年（昭和3）3月開始

　　大連芝罘線　　1931年（昭和6）8月開始

　　営口龍口線　　1934年（昭和9）6月開始[25]

　これらの航路はいずれも日露戦争後のものである。

　1906年（明治39）8月27日付にて阿波国共同汽船株式会社の取締役川眞田徳三郎の名で逓信大臣山縣伊三郎宛に「航海補助金下附願」が申請され、次のように記されている。

　　明治三十七八年戦捷ノ結果ニ依リ國運隆昌ニ伴ヒ各種事業發展イタシ、就キ清韓沿海ニ於ケル航運業大ニ開発シ、欧米各國ノ船舶モ遠ク來テ、之レカ経営に従事シ勢ヒ激甚ナル競争ヲ試シツツアリ。當會社モ顧ミス本年三月以来汽船第六共同丸、第九共同丸ヲ以テ芝罘安東縣間及芝罘旅順間ノ運輸ヲ開始シ、專ラ貨客ノ便利ヲ圖リ以テ國家ニ貢献セントスルノ決心ヲ以テ定期航海爲致居申候。然ルニ既往ノ成蹟ヲ以テ將來ヲ推測スル時ハ別表ノ如キ結果ヲ得ルニ至ルヘク、斯クテハ小資本ノ會社ナルヲ以テ維持難致苦境ニ陥リ可申、殆ント當惑罷在候。當初國家ニ聊カニテモ貢献ノ實ヲ挙ケ度ト存シ、貨客ノ取扱上百般ノ改良ヲ加ヘ附帯ノ費用トシテ収得スヘキ金額ノ減少ヲ斗リタルト該航路ニ願クヘカラサル外國船トノ競争ノ起リタルニ原因セイルモニテ甚タ遺憾ニ奉存候、附テハ事情御汲濟ノ上相當ノ御補助金御下附被成下爲得ハ御命令ニ基キ定期航海ヲ繼續シ、當初ノ素志貫徹仕度奉存候旨、何卒願意御株用様成下度此段奉願候也。

　　　明治三十九年八月二十七日

　　　　徳島縣徳島市大字堺裏町六十五番屋敷

　　　　　阿波國共同凮船株式會社

　　　　　取締役川眞田徳三郎

逓信大臣山縣伊三郎殿[26]

　阿波国共同汽船会社は、「明治三十七八年戦捷ノ結果」とあるように1904〜1905年の日露戦争の結果、「清韓沿海ニ於ケル航運業大ニ開発シ」として、日本のみならず欧米各国の船舶が進出してきて激甚な競争となる環境の中で、阿波国共同汽船会社も1906年（明治39）３月から第六共同丸と第九共同丸を使って芝罘・安東県間と芝罘・旅順間の運航を開始し、「専ラ貨客ノ便利ヲ圖リ以テ國家ニ貢献セントスルノ決心ヲ以テ定期航海」と、国家に貢献する一環として定期航路の運航を開始したのであった。

　芝罘の順義公司を代理店として大連もしくは安東県の間の委託航海の命令書[27]を受けたのは、第十共同丸387トンと第六共同丸243トンであった[28]。

　『東京朝日新聞』第7237号、1906年（明治39）10月７日付の「北清航路の繁昌」の記事が「六日芝罘特派員發」として次の記事が見られる。

　　　阿波共同汽船會社の第六共同丸は芝罘、大連、安東県間の命令航路船として今後一週一回毎航三百五十圓の補助を政府より受くることとなれり。此間を航行する船舶は只さへ競争に苦しめる際なれば、一般同業者は大打撃を受くることとならん。

　阿波国共同汽船会社の名が阿波共同汽船と略称されてはいるものの、同社の第六共同丸を使用して、芝罘・大連・安東県を結ぶ航路の定期運航を、日本政府から補助を受けて開始されることになったのである。

　大連で刊行されていた新聞である『満洲日日新聞』の1911年（明治44）に阿波国共同汽船の大連からの出港案内が掲載されている。

　　阿波共同汽船出帆廣告　逓信省命令航路
　　　第六共同丸　安東縣行　六月三日午後四時
　　　第十四共同丸　安東縣行
　　　　安東縣行往復割引切符（三十日間有効）
　　　　發賣致し候

明治44年6月分郵便搭載船定期運航表

安東県における豆粕の積出　（20世紀初期の絵葉書）

　　荷客は弊店に於て取扱致し候

　　芝罘行　毎日午後六時

　　阿波共同汽船會社代理店

　　芝罘　順義公司大連支店

　　　奥町二丁目（電話三〇五番）[29]

　この広告から大連を舞台に、遼東半島と朝鮮国境の義州に近い安東県への航路を運航している。安東県は1903年（光緒29）の中美通商条約、中日通商航海条約訂定によって対外開港された港で、長白山山系からの木材を搬出する港であった。

　1903年（光緒29）の中日商約、一名通商商行船条約に、

　　……索開盛京之奉天府、大東溝兩處爲商埠、美約既已允日約、遂亦照辦、

　　雖美索安東縣、日索大東溝爲稍異、其實相距不遠無關輕重[30]。

とあるように、日本が開港を求めたのは大東溝であったが、既に締約国であったアメリカとの条約では安東県が開港されていた。両所は距離も近く税関も問題にならないとして認められた。

　安東県は鴨緑江口より少し上流の北岸にあって大連まで、157海里であった[31]。1920年代の後半には沿海航路として、大連汽船、怡隆洋行、政記公司、太古洋行と阿波国共同汽船が就航していた。これらは安東から大連、天津、営口、芝罘、山東の龍口などの渤海沿海が主要な航路で、さらに上海と結ぶ航路もあった。そして安東から搬出される産物として木材、柞蠶糸布（タッサーシルク）や穀類であった[32]。

　芝罘は「北支那航路の要衝に當り、金州半島と相對して渤海灣の樞鑰をなす。……當港は天津牛荘の如く冬季と雖も結氷の虞なきを以て、四時船舶の往來絶ゆることなし」[33]とされる港で、1862年（同治元）3月に対外開港された山東半島における唯一の貿易港で、山東の貨物の集散地として、また中国の南北を航行する船舶の寄港地として知られていた[34]。山東の工業としては豆餅、紙巻煙草、絹紬、柞蠶絲製造、葡萄酒の醸造などがあり、豆餅は中国沿海商港であるが特に広東東北部の汕頭、福建東南部の厦門などのほかに一部は日本へも輸

表22　1911年６月阿波国共同汽船の大連発航路表

年月日	号数	出港日	時刻	船名	出港地	目的地
1911.06.01	1307	６月４日	午後４時	第６共同丸	大連	安東縣
1911.06.01	1307			第14共同丸	大連	安東縣
1911.06.01	1307	毎日	午後６時		大連	芝罘
1911.06.10	1316	６月10日	午後２時	第６共同丸	大連	安東縣
1911.06.10	1316			第14共同丸	大連	安東縣
1911.06.10	1316	毎日	午後６時		大連	芝罘
1911.06.20	1318	６月12日	午後２時	第６共同丸	大連	安東縣
1911.06.20	1318			第14共同丸	大連	安東縣
1911.06.20	1318	毎日	午後６時		大連	芝罘
1911.06.13	1319	６月14日	午後２時	第６共同丸	大連	安東縣
1911.06.13	1319			第14共同丸	大連	安東縣
1911.06.13	1319	毎日	午後６時		大連	芝罘
1911.06.15	1321	６月17日	午後２時	第６共同丸	大連	安東縣
1911.06.15	1321			第14共同丸	大連	安東縣
1911.06.15	1321	毎日			大連	芝罘
1911.06.18	1324		午後２時	第６共同丸	大連	安東縣
1911.06.18	1324			第14共同丸	大連	安東縣
1911.06.18	1324	毎日			大連	芝罘
1911.06.25	1331	７月２日	午後２時	第14共同丸	大連	安東縣
1911.06.25	1331			第６共同丸	大連	安東縣
1911.06.25	1331	毎日			大連	芝罘

出されていた[35]。

　阿波国共同汽船の汽船は、これらの地と大連との往復航路を運航していたのである。その運航表を整理したものが表22である。

　大連港に関する紹介書の『大連港』があるが、その1913年（大正２）の第三版の定期航路に関して阿波国共同汽船の航路について次のようにある。

　　阿波國共同汽船株式會社

　　　　大連芝罘線　　　　毎週一回

　　　　大連安東縣線　　　毎週一回

　　　仁川大連線　　　往航　仁川、芝罘、大連　復航　大連、芝罘、仁川

　　　　　　　　　　　毎週一回[36]

とあるように、大連を起点に山東の芝罘、遼東半島南東端の安東県、さらに朝
鮮半島の仁川への航路を運航している

　さらに1918年（大正 7 ）の『大連港』の同四版の第八章「通信及交通」、二、
交通に、

　　　阿波國共同汽船株式會社

　　　　イ、大連芝罘仁川線　　　一隻　一箇月　四回

　　　　ロ、大連芝罘安東縣線　　一隻　一箇月　四回

　　　　ハ、大連芝罘青島線　　　一隻　一箇月　五回[37]

とあり、航路の変更が見られる。いずれの航路に関しても大連・芝罘が基幹航
路となって、関連して仁川、安東県そして新たに青島が登場してきた。

　1921年（大正10） 3 月発行の『山東北支巡遊満鮮旅行案内』の「廣告」欄に
掲載された阿波国共同汽船会社大連支店の案内には次のようにある。

　　　　　　航路及船名

　　　第六共同丸　　　安東縣龍口間　　　　　　　　　　　　　　三五〇噸

　　　第二十三共同丸　大連・秦皇島・鎭南浦間　一箇月三回　　　七〇〇噸

　　　第二十一共同丸　大連・芝罘・仁川間　　　一箇月四回　一,三八〇噸

　　　第十六共同丸　　大連・芝罘・青島間　　　一箇月五回　一,四七七噸

　　　第二十二共同丸　不定期　　　　　　　　　　　　　　　一,六〇〇噸

　　　第二十六共同丸　不定期　　　　　　　　　　　　　　　二,七〇〇噸

　　[社章]　阿波國共同汽船會社大連支店

　　　　　　　　　大連市山縣通七四區七一號地　一〇〇一番　電話二八九一番

　　各地代理店　仁川　政記公司　浦鹽　野口回漕店　森回漕店　政記公司

　　　　　　　　青島　岩代商會　元山　田口回漕店

　　　　　　　　鎭南浦　朝鮮商工株式會社船舶部[38]

　さらに同書の「汽船之部」に阿波国共同汽船会社の運賃と浬表が見え、この
時刻表のみが掲載されている。次の同書の写真を掲げた。

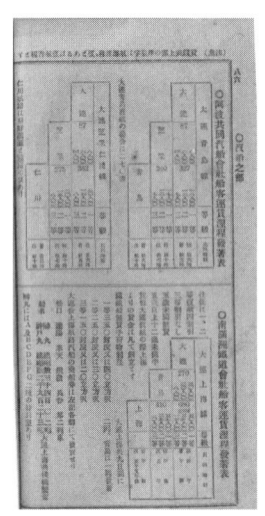

『山東北支巡遊満鮮旅行案内』（1921年（大正10））

阿波共同汽船會社船客運賃浬程發着表

大連青島線				等級	出帆時刻	
大連	87	8.00	327	18.00	一等	往　後六時
		6.00		13.00	二等	着　前五時
		4.00		7.00	三等	
	芝罘		240	17.00	一等	往　前十時
				12.00	二等	着　後七時
				7.00	三等	
	青島					着　前八時
						往　前十時

大連青島直航の場合は二七〇浬

大連芝罘仁川線				等級	出帆時刻	
大連	87	8.00	362	20.00	一等	往　後六時
		6.00		15.00	二等	着　前五時
		4.00		8.00	三等	
	芝罘		240	20.00	一等	往　前十時
				15.00	二等	着　後七時
				8.00	三等	
	仁川					着　前八時
						往　前十時

仁川航路は朝鮮鐵道と連絡の便あり 39)

『盛京時報』第1363号、1911年 5 月27日（宣統 3 年 4 月29日）付の「東三省新聞」の「大連」に「輪商整頓同盟舊約」に、

中日輪船公司在連埠・烟臺・安東間、従事航業、嚮者爲破除競争弊害起見、故特聯合同盟、以期維持公平、惟自鼠疫流行以來、頗受影響、客貨寥落、各船商均、急保自己營業、以致視盟約、爲具閒聞、近時各輪商、復意欲實行舊約、且圖擴張、互相會議、擬將同盟輪數增至十五隻、按三月結帳所有損益、均歸共同、計算辦理、至于分配利益、方法則斟酌各商船舶噸數、營業經歷信用程度、以相規定、所謂分配率噸數者、照該船噸數、以分担損益、連埠安東間、定於五月十六日起、遵照航駛其分配率噸數如左。

船　名	大連烟台間	烟台安東間	烟台三道浪頭間
勝　利	三〇〇噸	七〇〇噸	五〇〇噸
三　宝	三五〇噸	八八〇噸	七〇〇噸
廣　利	七五〇噸	七五〇噸	五三〇噸
廿永田	三〇〇噸	五八〇噸	四六〇噸
萬成源	三七〇噸	九六〇噸	七七〇噸
弓　張	二五〇噸	六五〇噸	四六〇噸
六　共	四八〇噸	五三〇噸	四三〇噸
日　進	四八〇噸	四〇〇噸	三六〇噸
十九永	四五〇噸	四〇〇噸	三二〇噸
寧　靜	四三〇噸	四〇〇噸	三二〇噸
蓬　莱	一八〇噸	一八〇噸	一八〇噸
國　深	二八〇噸	六五〇噸	四三〇噸
國　瑞	三〇〇噸	七五〇噸	五三〇噸
扶　桑	三〇〇噸	六二〇噸	四五〇噸[40]

ここには汽船会社の名は見られない。日進、十九永は日進丸と第十九永田丸の略称で政記公司の船舶であり、六共は第六共同丸の略称とすると阿波国共同汽船の船であることは明らかである。この記事に見える「三道浪頭」であるが、三道浪頭錨地は安東より約三海里下流の現在では日本領朝鮮の管轄となつ

てゐる柳草島と支那本土との間に略弧形をなした長さ約三千呎の錨地であ
る。……三道浪頭は純粋の錨地にして埠頭設備は何等ない。木材積取船は
殆んど全部本錨地に入港する[41]。

とされる安東県下の木材積載地の船舶停泊地であった。

　1928年（昭和3）頃における阿波国共同汽船会社の運航は、大連・芝罘・威
海衛・仁川航路を運航していた。

　イ配船　第二十六共同丸（阿波國汽船會社）、利通號（利通輪船有限公司）
　ノ二隻ハ一週一回ノ往復航路ヲ取リ、合同計算トシ、絶對競争ヲ避ケアリ。
　從來本航路ハ両船ノ一大競争ヲ爲シアリテ、調停者モ其ヲ奏セサリシカ、
　昭和元年芝罘岩城商會高見義男、青島岩城商會田邊郁太郎ノ両氏ハ両社ノ
　依頼ニ依リ調停案ヲ作製、遂ニ完成ヲ得テ今日ニ至レリ。本航路ヘ臨時船
　ノ割込モ困難ニテ両船ノ獨占航路タリ。

　阿波国共同汽船会社は大連・芝罘・威海衛・仁川航路において利通輪船公司
と毎週1回の運航を寡占していた。その運航に際しての積荷に関しては、

　ロ集荷　大連ヨリ威海衛・仁川向ケ石炭其他、芝罘及各地揚雑貨、殊ニ冬
　季ニ於ケル威海衛・仁川ノ原塩、仁川・大連ノ莚・叭・糠・其他雑貨ト、
　芝罘・仁川ノ雑貨ニテ、其収運貨年額三十万圓ニ達ス。
　近時上海・仁川航路カ朝鮮郵船ニ依リ開カルルヤ、芝罘・仁川ノ雑貨モ次
　第ニ減少スル至リシカ、尚年六千屯ニ達シツツアリ。
　ハ乗客　本航路ノ生死ヲ左右スル苦力カ客ハ芝罘・威海衛・仁川間ニ絶大
　ニシテ、春季威海衛・芝罘・大連客モ亦相當有リ。
　賃率左ノ如シ。

　　　大連―芝罘　　　　銀　　二弗
　　　大連―威海衛　　　銀　　三弗
　　　芝罘―威海衛　　　銀　　一弗五十仙
　　　威海衛―仁川　　　銀　　四弗
　　　芝罘―仁川　　　　銀　　五弗

　出盛期ニ於テハ各船八百位ノ定員ヲ乗セ、時ニ無制限ニモ近キ二千餘人ヲ

乗船セシムルコトアレトモ、近時税關港務部海務局等ノ檢査嚴シク定員ヲ
限定セラレタルモ、常ニ監督官ノ目ヲ盜ミ乗客一千名ヲ越エル場合少カラ
ス。

ニ採算　非常ニ有利ニシテ年額各船三万弗以上ノ純利ヲ見ルニ至リ、本年
度ノ如キ五万弗ンニ達スルナラント推算セラル[42]。

とあり、1927年頃に阿波国共同汽船は、大連・芝罘・威海衛・仁川航路におい
て貨物としては雑貨が中心であったが、乗客は中国の山東地方の労働者の遼東
半島方面への出稼ぎやその帰郷などへの交通手段として大いに利用されていた
ようで、大きな収益を上げていた。

また阿波国共同汽船会社は、1927年当時において大連・芝罘・威海衛・青島
航路を運航していた。

イ配船　第二十一共同丸、第十六共同丸（各二千屯型阿波國共同汽船株式會
社）ハ毎週一回ノ定期船ニシテ第十六共同丸ハ關東廳ノ命令補助航路ナリ。
大連—青島間ニハ自由航路トシテ競争船甚タ多キモ當地廻リハ、其性質ヲ
異ニシ、又補助金ナクハ採算不如意ナル爲競争船ノ割込甚タ稀ナリ。

ロ集荷　大連—青島ノ雑糧及各地揚ケノ雑貨ヲ主トスルモ、青島—大連間
集荷余リ芳シカラス。

ハ乗客　大連各港間ノ乗客ハ多カラサルモ青島・大連間ノ苦力客ハ年中ヲ
通シ、殆ト満船ノ状態ナリ。

賃率安キニ過クルモ常ニ満船ナルト各地間ノ運送客モアリテ本航路ノ金櫃
ト稱サレアリ。

ニ採算　昔日ノ如キ利益ハ望マレサルモ往航復航共特殊關係ニ在ル關係上
相當ノ成績ヲ上ケ、一往復八千圓位ノ収入ヲ見ルハ稀ナラスト[43]。

1927年当時において阿波国共同汽船会社は、大連・芝罘・威海衛・青島航路
を第二十一共同丸と第十六共同丸を使って運航していた。第十六共同丸は関東
庁から補助金を受けた命令航路に就航していた。この航路を運航する大きな収
益は、貨物の積載量は多くはなかったが、人的移動の交通機関として恒常的に
利用されていたことである。とくに山東地方の中国人労働者の遼東地方への移

動の手段として、出稼ぎ先と郷里を結ぶ最短の交通手段となっていた。

　1927年当時において阿波国共同汽船会社は、山東半島の北の港である芝罘と南の港である青島と大連とを横Y字型のような航路を運航し、山東半島と遼東半島を結ぶ有用な交通機関の一翼を担っていたのであった。

　1936年（昭和11）10月に、大連の『海友』誌が「開港三十周年記念號」として大連港開港三十周年の特集号を発行している。その広告に阿波国共同汽船も広告を掲載している。その当時に運航していた航路は次のようであった。

　　　阿波國共同汽船株式會社

　　　関東州廳　朝鮮總督府　命令定期航路

　　　大連芝罘威海衛青島線　　第十六共同丸　　　　月六航海

　　　大連芝罘威海衛仁川線　　第三十六共同丸　　　月五航海

　　　大連天津仁川鎮南浦線　　長山丸　　　　　　　月三航海

　　　大連芝罘線　　　　　　　第十八共同丸　　　　月十航海

　　　營口龍口線　　　　　　　早隆丸　　　　　　　月五航海

　　　　　各船は完全なる客室の設備有之候

　　　　　朝鮮鐵道とは旅客貨物共連絡扱の便利有之候

　　大連市山縣通二〇〇

　　　阿波國共同汽船株式會社

　　　　　　大連支店　　電話二―五〇〇一、二―六八九一

　　切符代賣所　大連市伊勢町

　　　　　ジャパンツーリスト　ビューロー支店　　電話二―五五五四

　1936年当時の阿波国共同汽船の航路は、大連芝罘威海衛青島線が第十六共同丸により毎月6航海、大連芝罘威海衛仁川線が第三十六共同丸により毎月5航海、大連天津仁川鎮南浦線が長山丸により毎月3航海、大連芝罘線が第十八共同丸により毎月10航海、營口龍口線が早隆丸により毎月5航海が運航されていた。

　そして、1937年（昭和12）3月末時点で運航されていた阿波国共同汽船会社の海外の定期航路として次のものがあった。

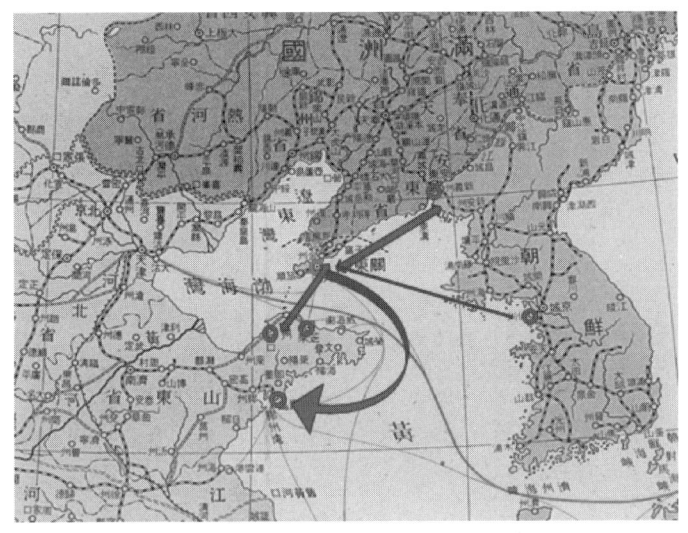

阿波国共同汽船の大連を中心とする航路

第十六共同丸（『阿波國共同汽船會社五十年史』による）

　　　大連青島線　寄港地：大連・芝罘・青島　使用隻数２隻　第十六共同丸、
　　　　　　　早隆丸
　　　　　　航海回数：月十回　関東局命令船
　　　大連仁川線　寄港地：大連・芝罘・威海衛・仁川　使用隻数１隻　第三十
　　　　　　　六共同丸
　　　　　　航海回数：月一回　朝鮮総督府並ニ関東局命令船
　　　大連・天津線　寄港地：大連・天津
　　　大連・鎮南浦線　寄港地：大連・仁川・鎮南浦
　　　　　使用隻数：２隻　長山丸、第三壽丸　航海回数：月六回　朝鮮
　　　　　　　総督府命令船
　　　大連・芝罘線　寄港地：大連・芝罘　使用隻数１隻　第十八共同丸
　　　　　　航海回数：一月一回　関東局命令船
　　　営口・龍口線　寄港地：営口・龍口　使用隻数：一隻　早隆丸
　　　　　　航海回数：一月六回　　休航[44]

　1937年（昭和12）３月当時の阿波国共同汽船会社の運航航路は大連を中心と
する５航路があった。
　1941年（昭和16）３月13日付にて法律68号「東亞海運株式會社法」が発布さ
れた。同法の総則には次のようにある。
　　　総則東亞海運株式会社ハ支那ヲ中心トスル本邦海運業ノ振興發展ヲ図ルヲ
　　　目的トスル株式会社トス　東亞海運株式会社ノ資本ハ一億圓トス但シ政府
　　　ノ認可ヲ受ケ之ヲ増加スルコトヲ得　政府ハ東亞海運株式会社ニ対シ出資
　　　ヲ為スコトヲ得……[45]

　すなわち日本政府によってアジア海域に展開する日本の海運会社の統合を
図ったのであった。その結果、阿波国共同汽船会社の中国東北沿海で展開して
いた航路もその傘下に吸収されることとなったのである。
　しかしすでに1939年（昭和14）９月時点では、阿波国共同汽船の第二十八共
同丸総屯数1,506屯、純屯数893と第十八共同丸総屯数794屯、純屯数534屯が東
亜海運株式会社の所有船[46]となっていたことから、阿波国共同汽船の東北沿海

での航運事業は1939年時点までであったと思われる。このうち第十八共同丸は、東亜海運株式会社の大連芝罘線を命令定期の貨客船として毎月8回の運航を行い、寄港地は大連と芝罘であったが、山東の龍口と威海衛に寄港することもあった[47]ことが知られる。

4　小　結

　1887年（明治20）9月14日に四国徳島において設立された有限責任阿波国共同汽船会社は、大阪商船会社の瀬戸内海航路とくに大阪徳島航路に対抗すべく、阿波徳島と摂津阪神間を結び、とりわけ阿波の顧客の便宜をはかる目的で創業を開始する。その航路の運航は大阪港と神戸港そして和歌山港と四国の徳島港、小松島港を結ぶ航路を運航していたように大阪湾と紀淡海峡そして淡路島南岸を中心とする航路の運航が中心であった。

　その後、1904年（明治37）2月に起こった日露戦争によって、阿波国共同汽船会社の第六共同丸、第七共同丸が陸軍に、第三共同丸が海軍へと、軍需物資の輸送船として徴用され、1906年（明治39）4月までに御用船を解除されると、1906年2月に新造した第十共同丸総屯数624屯66を加えた4隻で大連を根拠地に航運事業を展開する。これを契機に、大連を基盤に中国の山東半島沿海と遼東半島南沿海を結ぶ定期航路の運航を開始する。その後の阿波国共同汽船会社は、大連を中心として大連から渤海・黄海への航路を運航し、仁川芝罘線、大連安東県線、大連仁川線、大連青島線、仁川天津線、大連芝罘線、営口龍口線などを1939年（昭和14）に東亜海運会社が設立されるまで運航していた。

　阿波国共同汽船会社は、1906年から1939年の30余年間にわたり、中国の遼東半島沿海と山東半島沿海の航運事業を展開していたのであった。

〔注〕
　1）　天羽壽郎編『阿波國共同汽船株式會社五十年史』阿波国共同汽船株式会社、1938

年12月、4頁。

2）　同書、5頁。

3）　同書、6頁。

4）　同書、8頁。

5）　同書、8頁。

6）　徳島県史編さん委員会編『徳島県史　第五巻』徳島県、1966年9月、505頁。

　　　泉康弘「阿波国共同汽船」（徳島新聞社調査事業局編『徳島県百科事典』徳島新聞社、1981年1月、108頁）に、「大阪商船会社に対抗する藍玉輸送会社として設立された」など国内の航路について説明するが、中国沿海での航路運航については述べていない。

7）　『阿波國共同汽船株式會社五十年史』3頁。

8）　同書、4頁。

9）　同書、6頁。

10）　同書、6頁。

11）　同書、6頁。

12）　同書、7頁。

13）　同書、7頁。

14）　同書、7頁。

15）　同書、28頁。

16）　神田外茂夫編『大阪商船株式會社五十年史』大阪商船株式会社、1934年6月、432頁。

17）　『大阪商船株式会社八十年史』1966年、665頁。

18）　『阿波國共同汽船株式會社五十年史』28頁。

19）　菅谷子頼編『日本汽船件名録』日本汽船件名録発行所、1926年11月第11版、1213頁。

20）　『阿波國共同汽船株式會社五十年史』28頁。

21）　『東京朝日新聞』第5456号、1901年9月19日、1面。

22）　『阿波國共同汽船株式會社五十年史』34頁。

23）　同書、8頁。

24）　同書、8頁。

25）　同書、20～21頁。

26）　アジア歴史資料センター、レファレンスコード：B11092485300による。

27）　「写　阿波共同㳄船會社㳄船六共同丸芝罘大連安東縣間定期航海ノ関スル件」、アジア歴史資料センター、レファレンスコード：B11092485300による。

28）　「公信第九五號　芝罘安東縣及大連間航行ノ船舶ニ関シ回報ノ件」、アジア歴史資料センター、レファレンスコード、B11092485300による。

29）　『満洲日日新聞』マイクロフィルム版による。以下同。

30)　田濤主編『清朝条約全集』黒竜江人民出版社、1999年6月、第3巻、1268頁。

31)　佐田弘治郎編『南北満洲の主要海港河港』満鉄調査資料第67編、南満洲鉄道株式会社、1927年6月、229、232頁。

32)　同書、232～233頁。

33)　東亜同文会調査編纂部『山東及膠州灣』博文館、1914年12月、1915年1月再版、305～306頁。

34)　同書、311頁。

35)　同書、310頁。

36)　南満洲鉄道株式会社大連埠頭事務所編『大連港』南満洲鉄道株式会社大連埠頭事務所、1913年6月、8頁。

37)　同書、43頁。

38)　南満洲鉄道株式会社、同京城管理局検閲『山東北支巡遊満鮮旅行案内』満鮮旅行案内社、1921年（大正10）3月28日発行、「廣告前ノ三」による。

39)　同書、86頁。

40)　『盛京日報』第1363号、宣統3年4月29日、『盛京時報』影印本、第19冊、盛京時報影印組輯印、1885年、2月、128頁。

41)　佐田弘治郎編『南北満洲の主要海港河港』241～242頁。

42)　「膠東地方偵察報告送付の件（3）」、簿冊昭和3年「陸支密大日記　第7冊」、アジア歴史資料センター、レファレンスコード：C0421745700。

43)　同上。

44)　『阿波國共同汽船株式會社五十年史』、第三節「現在航路表」22～23頁。

45)　アジア歴史資料センター、レファレンスコード：A03022547100。

46)　「改訂東亞海運株式會社所有船舶一覧」（總噸數順　昭和十四年九月二十日現在）（社長席企畫課）による。

47)　東亜海運株式会社営業部貨物課「日支線及長江沿岸線就航船舶現勢（一）」（昭和十五年二月二十八日調）による。

第3章　嶋谷汽船会社と日本海定期航路

1　緒　　言

　近代日本の交通史を見るに、鉄道網が未発達の時期に重要な交通手段として活躍していたのが汽船航運であった。その中でも注目されるのが西日本を中心に発展した九州・瀬戸内海航路であった。この航路の運航を中心に巨大企業に成長したのが1884年（明治17）に誕生した大阪商船会社である[1]。大阪商船会社は、その後において日本を代表する海運会社に成長して行く。しかしこの航路において一翼を担った船舶業主に、山口県岩国市の由宇港を基点に海運業を展開した嶋谷汽船会社があった。嶋谷汽船の創業者嶋谷徳三郎は、江戸時代から発展してきた大和型帆船と幕末明治にかけて日本に導入された西洋型帆船とを使って海運業を展開し、さらに蒸気船を購入して近代的な海運業者と成長していった[2]。

　その後、嶋谷汽船会社は朝鮮総督府の命令航路を受命し、北海道から日本海沿海の諸港に寄港して朝鮮半島の西沿海諸港に至る定期航路を開設して、さらに新潟から日本海を横断し、朝鮮半島北西部の諸港に至る定期航路を開設するなど、現在では忘却の彼方にある航運事業を展開して行った。

　この嶋谷汽船会社が一時期ではあったが、日本海航路において北日本汽船会社[3]などと拮抗して大陸との航運業を行っていたことはほとんど知られていない。

　そこで、本章において近代日本の一社外船としての汽船会社であった嶋谷汽船会社の日本海航路に関して述べてみたい。

2　嶋谷汽船会社の沿革

　嶋谷汽船会社の歴史を簡潔に記したものとして、畝川鎭夫編『海事要覧』第三編「海事興信録」に収録された「嶋谷汽船株式會社」[4]が知られる。

　　沿革　　同社（嶋谷汽船株式會社）は前社長嶋谷徳三郎氏が、明治廿八年より經營せる個人營業を大正六年五月繼承し、資本金五十萬圓を以て組織を株式會社に變更し其創立を見た。爾來同社は順調の發展を遂げ逐年隆昌に赴き大正七年二月には資本金を倍額に増資し、同年八月には二百萬圓に大正十五年六月には三百萬圓に、昭和八年七月には更に五百萬圓に増資し、昭和九年十一月には昭和三年十二月來分離し居りたる嶋谷商船株式會社（本社小樽、資本金百萬圓）を合併せる爲、六百萬圓に増資し今日に及んで居る。

　　創業當時同社の所有汽船は六隻總噸數六千五百七十二噸であつたが、現在に於ては十八隻、總噸數四萬九千四百五十二噸に激増せる外、更に造船中のもの二隻約四千噸がある[5]。

と記されている。嶋谷汽船会社の前身は、1895年（明治28）から嶋谷徳三郎が経営していた個人企業で、1917年（大正6）5月に株式会社に改編し、嶋谷汽船株式会社が誕生する。そして1934年（昭和9）11月には1928年（昭和3）12月から分離していた嶋谷商船株式会社と合併して資本金600万円の嶋谷汽船株式会社となったのであった。

　この記事が書かれた1936年（昭和11）当時の嶋谷汽船会社の「經營定期航路」として次の定期航路があった。

　　　朝鮮総督府命令航路　　　朝鮮・北海道・大連航路　　　　　月四回
　　　　　　　　　　　　　　　使用船　明石丸、天海丸、朝海丸、日本海丸
　　　地方廳命令航路　　　　　北海道・北鮮航路　　　　　　　　月二回
　　　北海道廳命令航路　　　　小樽・稚内航路　　　　　　　　　月六、七回

　　　同　　　　　　　　　　　伏木・根室航路　　　　　　　月四回[6]

　嶋谷汽船会社が、北海道沿海の航路と日本海航路を中心に定期航路を運航していたとしていたことが知られる。朝鮮総督府の命令航路として朝鮮・北海道・大連航路に就航していたのは、明石丸総屯数3,173屯、天海丸総屯数3,204屯、朝海丸総屯数2,681屯、日本海丸総屯数2,681屯の 4 隻であった[7]。

　嶋谷汽船会社は、1936年（昭和11）当時、本社を「神戸市神戸區明石町十八番地」[8]に設け、支店を小樽と大連に、出張所を富山県の伏木と朝鮮の「京城」[9]に設けていた。

　大正時期の嶋谷汽船会社の活動を知る手がかりが、幾つかの新聞記事に見られる。『讀賣新聞』第16552号、1923年（大正12） 4 月14日付の「外國船購入船價上向く」に、嶋谷汽船会社が外国船を購入する記事が掲載されている。

　　【橫濱電話】　海運界は漸く安定を見るに至つたので最近は海外汽船の賣買漸く盛んとなり、既に本年に入り、本邦船主の外國汽船を購入したものは暹羅政府所有汽船レーンハムド號（一六〇〇噸）ハンハムド號（二〇一九噸）の二隻を島谷汽船會社で、噸當り四磅半位で買入れた兩汽船は元獨逸汽船で、大戰當時暹羅の港に進入したのを暹羅が聯合國側に加入した爲め没收したもので、何れも貨物船である。……[10]

　この記事では「島谷汽船」とあるように、以下に引用する記事のほとんどが、「島谷」であって「嶋谷」ではないが、本章では引用を除いて嶋谷として述べたい。嶋谷汽船会社は、暹羅国（タイ国）が第一次世界大戦の際に連合国側に属していたことから、連合国の一員として接収したドイツの汽船を、暹羅国から嶋谷汽船会社が購入することになっていた。

　嶋谷汽船が日本海航路に定期航路を保有するのは1926年（大正15）からである。『讀賣新聞』第17537号、1926年（大正15） 1 月 7 日付の「裏日本が　命令航路　年六万圓の補助で四月一日から」によれば、「京城」すなわちソウルからの情報が知られる。

　　（京城六日帝通發）仁川・大連・釜山・敦賀・北海道の裏日本航路は來四月一日より年六万圓の補助を以て命令航路とするに決定したが、受命會社は

大阪の島谷汽船に決するだろうと[11]。

　ここでも島谷とあるが嶋谷汽船のことで、同汽船が北海道と敦賀から朝鮮半島の釜山、仁川と遼東半島の大連を結ぶ命令航路を受託する予定になっていたことが知られる。この航路は、嶋谷汽船会社が朝鮮総督府から受命した命令航路であった。

　『新潟新聞』1929年（昭和4）4月17日付の「大泊、仁川航路寄港地に新潟差加へらる　島谷汽船會社の命令航路　寄港地整理行はる」の記事に、嶋谷汽船の北海道と大連を結ぶ航路の運航状況が知られる。

　　従來大連、南朝鮮、日本海沿岸諸港、函館を島谷汽船會社で二隻をもつて朝鮮総督府の補助のもとに命令航路をしてゐたが、該航路は新潟港へは寄らず、且つ又樺太へは往復しなかつたばかりでなく、裏日本寄港地中には餘り必要なきところもあつたのを朝鮮総督府並びに同會社では深く感するところがあつた上に、朝鮮米の樺太方面への販路擴張の必要にせまられたため該航路を樺太まで寄港地の整理もなすこととした。その結果五月五日から同社では、長成丸といふ一、三等乘客、重量噸數二千九百噸、速力十二浬半、無線電信装置の船を更に増加して次のやうな豫定で貨客輸送を實現することになつた。これによつて満洲、南朝鮮、裏日本、北海道、樺太往復航路が開始され寄港地を整理され、新潟港は大陸的活躍に一段の進歩をなしたもので、北鮮航路の叫ばれる昨今喜ぶべき現象である。それについいで新潟港の水深維持問題が一層緊急事となつたことが痛感されてゐる。

　　　往航

　　仁川　五月五日發

	着日	發日		着日	發日
大連	六	八	鎮南浦	九	一〇
仁川	一一	一一	釜山	一三	一四
舞鶴	一六	一七	敦賀	一七	一八
伏木	一九	二〇	新潟	二〇	二一
函館	二三	二三	小樽	二四	二五

大泊	二六日			
復航				
大泊	二十七日發	利尻島	二八	二八
禮文島	二八　二八	小樽	二九	三〇
函館	三一　三一	新潟　[六月]	二	二
伏木	三　　三	敦賀	四	五
舞鶴	六　　六	門司	七	八
釜山	八　　九	仁川	十一日[12]	

　この『新潟新聞』の記事から、嶋谷汽船が北海道から朝鮮半島の仁川までの航路をほぼ一ヶ月かけて運航していたことがわかる。この記事中の見える長成丸重量屯は2,900屯であるが、畝川鎭夫編『海事要覧』には「長成丸　總噸数一，七二八　重量噸數二，七〇〇」[13]とあるように、総屯数は1,728屯、重量屯は2,700屯であった。

　嶋谷汽船にとって重要な航路が大陸への航路であった。『新潟新聞』1930年（昭和5）2月4日付の「島谷會社から專務取締役來港　北鮮定期航路開設について　各方面に挨拶廻り」の記事に、その状況が見られる。

　　島谷商船株式會社專務取締役島谷俊郎氏は、二日來港、……会議所その他諸關係へ挨拶をなし、今回島谷汽船會社による北鮮定期航路開始に關し説明し了解を求むるところあつた。多分明四日神戸に向つて歸路につくはず。記者に向つて、

　　　伏木、敦賀の北鮮航路も最初は十七萬圓、二十萬圓といふ補助を貰つて命令航路となつたものであつて縣市費補助により船舶の寄港地を整理して運賃の低下をはかり、ますます貨物の集中を有意義ならしめるものです。その結果、今では八萬圓位でしたかと思ひます。新潟における現在の北鮮定期航路では勿論損失は覺悟で、その損失額は先般補助請願中に示したやうに、一年十八回乃至二十回航海で約五萬八千圓位の見込みです。我々は決して前の伏木、敦賀の様な大額の補助はあてにしてゐません。北鮮新潟両者の關係特に東京との距離近接の暁に於ける新潟港の使

命開發に貢献する覺悟で新潟港に客貨集中の實積を促進せしむる意味に於て或期間一定の補助を得て命令航路を開設繼續したいと思ふのです。某新聞紙上で鍵三船舶部が朝鮮に於ける船主と荷主との契約である運賃協定に加入することを嶋谷が邪魔して入れなかつたと云はれましたが、そんな卑怯な画策は決してしません。運賃協定加盟會社は現在は大阪商船、川崎汽船、北日本汽船、朝鮮郵船、島谷汽船、同商船、栃木商船です。云々。

と語つた[14]。

嶋谷汽船会社が、朝鮮北東部の港市と新潟との定期航路を開設するに当たり、新潟の商工関係者に事前の挨拶をしたことをこの記事が伝えている。この航路における嶋谷汽船会社にとっての競争相手は、大阪商船、川崎汽船、北日本汽船、朝鮮郵船などであった。

大阪商船会社は、「大阪北鮮線」として、大阪元山線、大阪浦塩線、大阪城津線、大阪北韓線、大阪清津線、大阪北鮮線などを1902年（明治35）9月以降、改廃を繰り返して運航し、1911年（明治44）9月以降は大阪清津線と改称して、2隻の汽船で毎月3航海を運航していた[15]。その後、1930年（昭和5）当時には、大阪清津線として2隻の汽船で毎月4航海を運航していた[16]。

川崎汽船会社は、1924年（大正13）11月より阪神・北鮮航路を開設し、阪神から朝鮮半島西沿海の元山、雄基間の諸港に寄港して帰阪する航路を運航し、冬季には月3回、夏季には月1回の配船を行っていたが、1928年（昭和3）5月以降は、不定期配船となっていた[17]。

北日本汽船会社は、1929年（昭和4）当時、1928年に創始した敦賀・清津線を毎月3回と1929年に逓信省の命令航路であった敦賀浦塩線を毎週1回運航していた[18]。

これらの競争会社と競業関係にあった嶋谷汽船会社が、「北鮮航路」の設置を強く望んでいたことが知られる。この記事に見られる嶋谷俊郎は、1936年（昭和11）当時においても嶋谷汽船株式会社の専務取締役であった[19]。

以上のように、瀬戸内の海運業者であった嶋谷は、大正末期から日本海を横

断して大陸へ赴く汽船の定期航路を運航する汽船会社に成長していったのであった。

3　嶋谷汽船会社の日本海航路と航路案内

　それでは嶋谷汽船会社が日本海航路を具体的にどのように運航していたかについて、同社の残された航路案内から探ってみたい。

　『新潟毎日新聞』1933年（昭和8）4月27日付に「島谷汽船會社が新潟北鮮直通航路　日満を結ぶ吉會線全通を機會に　五月三日第一航」の記事が掲載されている。

　　日満聯絡の輝く使命のもとに新潟北鮮間の海路を繋がんとすることは島谷汽船會社、大連汽船會社の兩社が最も熱心に要望し競争の形となつて縣民の關心をあつめてゐたが、こんど島谷汽船會社は愈々就航計畫を發表し満洲國獨立後の北鮮航路に新紀元を劃することになつた。すなはち島谷汽船會社は既報の鮮海丸（總噸数二、〇二六噸、重量噸數三、二〇〇噸、速力一三・五浬）を以つてこの就航船とし、來る五月三日朝新潟港から記念すべき第一航海に乗り出すことになつた鮮海丸は、准客船で客室は一、二、三等を有し娯楽室の設備を完備してゐるもので新潟雄基間二晝夜を樂々と過し得る見込である。なほ鮮海丸の毎月の寄港並に定期發着日時は左の通りである。

新潟發	三日	十三日	廿三日
雄基着	五日	十五日	廿五日
同　發	五日	十五日	廿五日
清津着	五日	十五日	廿五日
同　發	八日	十八日	廿八日
雄基着	八日	十八日	廿八日
雄基發	九日	十九日	廿九日

　　　　新潟着　　十一日　　　廿一日　　　　一日

　　なほ同會社はこの他に從來の笠戸丸をも運航せしむるのでこれを通ずれば
　　一ヶ月に四航海乃至五航海となるわけで日満交通の上に重大なる役割をつ
　　とむることになつたわけである[20]。

　新潟港を起点に「日満聯絡」として、朝鮮半島東北沿海を結ぶ嶋谷汽船会社
の定期航路を同社の鮮海丸総屯数2,026屯、重量屯数3,200屯、速力13.5海里を
使って毎月3回の定期航海に就航することになった。

　嶋谷汽船会社の鮮海丸が就航するに際して『新潟新聞』1933年（昭和8）5
月4日付の記事「新潟＝北鮮定期直通航路　春雨煙る新潟港を　鮮海丸初の船
出　雄基港指して一路直航　賑はふ縣營埠頭」を掲げ、

　　日満新捷路を結ぶ新潟―雄基、清津間定期直通航路就航船鮮海丸はいよい
　　よ三日正午縣營埠頭を解纜、一路北鮮さして初航海についたが、これより
　　先に朝來より鮮海丸の新潟港解纜に押しかけた一般観覧者に雑踏を呈した。
　　日満新航路の開設に重き任務を擔ふた鮮海丸はけふの輝かしき門出を祝ひ
　　萬船飾を施し春雨に煙る岸壁に巨體を横たへて出帆の時刻を待ち受てゐる。
　　埠頭には平和の使者の門出を祝福するため

　　　安藤縣議、若松實業聯合會主事、森重島谷汽船専務、鹽野運送艀専務、
　　　鹿島同支人その他多数名士の見送りあり。

　　かくて島谷社長乗船して正午のサイレンを合圖に船中に祝杯を擧げ鮮海丸
　　は静々と埠頭を放れ、絹糸のやうな春雨を衝いて雄基港さして一路直航の
　　途上につき間もなく水平線の遙か彼方へ船影を没した[21]。

とある。嶋谷汽船会社の鮮海丸の雄基、清津港へ向けての直航航路への出港が、
「輝かしき門出を祝ひ」として表現されるように、新潟県民にとっていかに大
きな希望を抱かせるものであったが如実に知られるであろう。

　『新潟毎日新聞』1933年（昭和8）5月4日付の記事に「新潟港經由で支那
料理の原料輸出　抜け目のない横濱の貿易商　新潟會議所へ依頼」に次のよう
にある。

　　吉會線の全通と相俟つて新潟港が裏日本唯一の日満連絡最短距離に置かれ

　　ることになつたので、商域の開拓に抜け目のない横濱貿易商は早くも新潟
　　港に着岸し、満鮮方面へ支那料理の原料を當港を經由して輸出したいから
　　何分よろしく頼むと新潟商工會議所へ依頼してきた。……[22]

　嶋谷汽船会社による「新潟北鮮定期直通航路」の開設は、新潟県を中心とす
る日本海沿海部のみならず、関東地方の経済界にも商機の拡大と見られたのである。

　その機会を創出したのが嶋谷汽船会社であった。そこで嶋谷汽船会社の「新
潟北鮮定期直通航路」がどのように運航されていたか、管見の限り知り得た嶋
谷汽船会社が発行した次の3種の航路案内から1933〜1935年当時の嶋谷汽船会
社の運航状況を見てみたい。

　　①　「満蒙へ　嶋谷汽船會社」（縦18.0×横20.8cm、2折）嶋谷汽船會社客
　　　　船係、1933年（昭和8）7月発行。

　　②　「満洲への近道　新潟北鮮直航々路案内　日満連絡船・鮮海丸　附・
　　　　船車連絡地圖　嶋谷汽船會社」（縦35.8×横38.6cm、上下2折、左右4
　　　　折）嶋谷汽船株式會社船客係、1934年（昭和9）11月1日発行

　　③　「満洲への近道　新潟北鮮直航線案内　嶋谷汽船會社　SHIMATANI-
　　　　LINE」（縦36.0×横38.6cm、上下2折、左右4折）嶋谷汽船株式會社船
　　　　客係、1935年（昭和10）2月1日発行。

　①の1933年版の「満蒙へ　嶋谷汽船會社」の説明文は、満蒙へ、日満新捷路
―新潟北鮮直航線、新潟・北鮮直航線旅客運賃表、臨時運賃割引規定、命令航
路北海道北鮮線からなる。「日満新捷路―新潟北鮮直航線」において、

　　満洲への道は種々ありますが、五月三日より開始の本社経営「新潟北鮮直
　　航線」は兩國の首府「東京―新京」を結ぶ最も短い路であります。東京附
　　近を始め東北奥羽地方より御入満の御方は本航路を御利用なさるのが最も
　　早く且つ経済的であります。満洲國視察には是非本航路の御利用の程お願
　　ひ致します[23]。

と述べ、就航船の鮮海丸総屯数2,126屯、速力13,5海里、客室定員一等12名、
二等27名、三等202名とあり、合計241名が乗船可能であった[24]。

　鮮海丸は、毎月の3日、13日、23日に新潟を出港し、朝鮮半島東北沿海の雄

基には毎月の 5 日、15日、25日に到着し、同日
に羅津に寄港し、同日に清津に入港した。そし
て清津を毎月 8 日、18日、28日に出港し、毎月
の 9 日、19日、19日に雄基へ寄港し、新潟には
毎月の11日、21日、 1 日に帰港する運航であっ
た[25]。先に触れた『新潟毎日新聞』の記事と同
様である。

　嶋谷汽船の「新潟北鮮直通航路」は開設当初
において好調であった。『新潟毎日新聞』1933
年（昭和 8 ） 7 月20日付の「新潟北鮮直通航路
鮮海丸の利用激増　統計に示された乗客」にそ
の光景の一端が見られる。

嶋谷汽船「満蒙へ」(1933年(昭和
8))

　　満洲國の建國、吉會鐵道の全通により新潟
　　港は北鮮を通じ日満聯絡の最短距離に在り、
　國策上より見る實に重要な地位に在るが、島谷汽船株式會社では今後に於
　ける新潟港の使命の重大なることを痛感、現在本縣市並に朝鮮総督府の命
　令になる新潟、北鮮間的航路笠戸丸一航では尚ほ足らずとなし、多大の犠
　牲を拂ひ去る五月三日から更に新潟、北鮮間直通航路（月三回）を開設、
　優秀船鮮海丸を就航せしめ日満鮮交通、貿易のため多大な貢獻をなしつつ
　あるが、去る五月三日の初航以來七月十三日までの乗客は二百二十五人で、
　これが地方別に見ると、

北海道	六六	縣下	四三
樺太	三四	新潟市	二七
東京	一五	朝鮮	一三
山形	九	三重	五
秋田	三	福島	二
岩手	三	長野	一
大阪	一	愛知	一

山梨　　　一　　　青森　　　一

で何んと云つても地元たる本縣人が首位を占め、これに次ぐは北海道である。次に右利用者の職業別を見ると左の如くである。

土木請負及土工	二七	湯屋	一
商人	四六	大工	二一
家族	四八	官吏	四
学生	六	家根職	一
石工	一	會社員	一一
桶職	一	鋸目立	一
女工稼人	二八	農夫	一〇
教員	二	漁業者	四
料理業	五	理髪業	一
遊藝稼人	一	旅館業	五
木材業	一		

尚この外貨物の輸移出量は一航毎日に激増を示してゐる[26]。

とある。嶋谷汽船会社の鮮海丸の雄基・清津と新潟との航海は、新潟県のみならず、東日本の地域を中心にさまざまな変化をもたらしつつあったことが、この新聞記事から読み取ることが出来よう。

②1934年の「満洲への近道　新潟北鮮直航々路案内　日満連絡船・鮮海丸附・船車連絡地圖　嶋谷汽船會社」の説明文は、「満洲へ、満洲への近道、新潟─北鮮直航線、定期發着日時、乗船、船客運賃、手荷物、北海道新潟北鮮線、北海道新潟北鮮旅客運賃表、就航船、切符購入、團体取扱、船車連絡、連絡乗車船券」からなる。「満洲への近道」において、

日本から満洲へ、満洲から日本への經路は種々ありますが、我が社の日満連絡航路「新潟─北鮮直航線」の利用は、其の所要時間の點より見ても其の經費の點を比較しても他の何れの經路よりも最も早く且つ低廉であります。又從來は何れの經路も鐵道、船舶と二重にも三重にも切符を購入する煩はしさがありましたが、弊社の「新潟─北鮮直航線」は昭和九年八月十

日より鐵道省線、朝鮮鐵道局、満鐵北鮮線、鐵路總局線、満鐵線と船車連帯運輸が開始されましたから一枚の切符で目的地に行かれる様になり、非常に便利になりました。日満間御旅行の際は何卒一日「日満連絡最捷路」たる新潟北鮮直航線並に北海道新潟北鮮線を御利用の程御願ひ申上ます[27]。

とあり、内容的には1933年の「満蒙へ　嶋谷汽船會社」の説明文を踏襲しているが、新たに汽船と鉄道との連絡切符の販売が開始され、乗客に幾度かの乗船券、乗車券購入の煩雑さを排除したことを謳っている。

就航船の鮮海丸は1933年版と同様であるが、新たに発着時間が記されている。往航は新潟の出港は毎月3、13、23日の午前11時、清津が毎月の5、15、25日の午前8時着、午前11時発、羅津が毎月の5、15、25日の午前3時着、午後6時発、雄基には毎月の5、15、25日の午後8時に到着した。復航は、雄基を毎月の9、19、29日の午前9時に出港し、清津には毎月9、19、29日の午後1時半に到着し、午後5時に出港して新潟

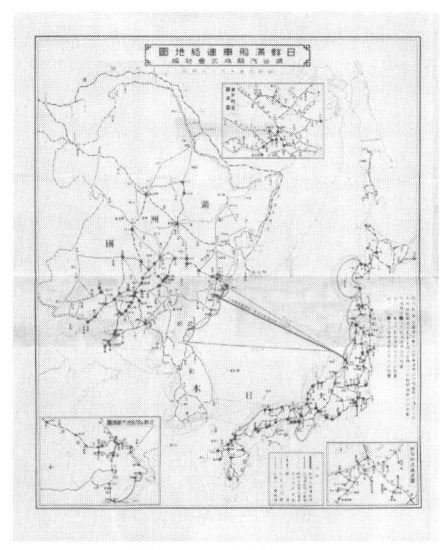

嶋谷汽船「満洲への近道」(1934年(昭和9))

嶋谷汽船「満洲への近道」(1935
年(昭和10))

に向かい、新潟には毎月の11、21、１日の正午
に入港した[28]。

　さらに同案内には、1933年版には無い昭和９
年10月１日現在とある「日鮮満船車連絡地圖」
（縦31.0×横26.5cm）が掲載されている。新潟
から北西方向に赤字の太字で「日満新捷路・新
潟北鮮直航線（900K）とある。

　この航路をはさんでいるのは、上部が新潟・
雄基航路（833K）であり、下部は新潟・元山航
路（1,040K）である。

　③1935年版の「満洲への近道　新潟北鮮直航
線案内　嶋谷汽船會社 SHIMATANI-LINE」（縦
36.0×横38.6cm、上下２折、左右４折）嶋谷汽船
株式會社船客係（1935年（昭和10）２月１日発
行）は、「満洲への近道、新潟―北鮮直航線、
定期發着日時、乗船、船客運賃、手荷物、北海道新潟北鮮線、日鮮満船車連絡
地圖、北海道新潟北鮮旅客運賃表、就航船、切符購入、團体取扱、船車連絡、
連絡乗車船券、鮮満旅行上の注意、携帯品と服装、標準時、土産品と税關、撮
影禁止場、鮮満旅行の費用と日程、旅費、日程、朝鮮北海道大連線、御案内所
及切符發賣」からなっている。

　新潟―北鮮直航線に就航していたのは鮮海丸で、基本的には1933年版、1934
年版と同様に、毎月３、13、23日に新潟を出港する定期運航であった。

　「北海道新潟北鮮線」については次のように記している。

　　本線は本邦の北門即ち樺太、北海道、東北地方より北鮮に至る航路で弊社
　　は夙に今日あるを豫期し、拾數年來多大の犠牲を拂つて經營して参りまし
　　た、現在では朝鮮総督府を始め函館市役所、青森市役所、秋田縣、山形縣
　　等の命令航路で樺太、北海道、東北地方と北鮮、満洲國との運輸交通の利
　　便を圖る重大使命を帯ぶる航路となり、最近満洲國行旅客の激増振は各方

面より注目されて居ります。

（就航船）笠戸丸　二、〇〇〇噸、速力一二浬、旅客定員特等二一人、並
　　　　　　等九七人

［寄港地］往航…小樽、函館、新潟、雄基。

　　　　　復航…雄基、清津、城津、西湖津、元山、新潟、土崎、船川、
　　　　　　　青森、函館、小樽[29]。

笠 戸 丸(嶋谷汽船「満洲への近道」1934年(昭和９)より)

　この「北海道新潟北鮮線」は、2,000屯の笠戸丸を使用して、小樽を起点に、
往航は函館、新潟に寄港し、朝鮮半島東北部沿海の雄基を目指すものであった。
復航は、雄基から朝鮮半島東北沿海部の清津、城津、西湖津そして同半島東部
の元山に寄港し、日本海を東へ横断し、新潟そして秋田市の土崎港、男鹿市の
船川、青森、函館に寄港して小樽に帰港する航路の運航であった。

　『昭和財政史資料』第６号、第63冊に抄録された「北鮮関係航路」の「東日
本方面」によると、「使用船舶　総噸数　速力　旅客定員　一等　二等　三等　進水年
月　起点地　寄港地　終点地　航海回数　備考」の項目が掲げられ、嶋谷汽船会社
の２航路が記されている。

　（二）新潟雄基清津直航線　　嶋谷汽船會社

　　鮮海丸　總噸数2,198　速力12（中略）進水年月大正15年２月（中略）

　　　　　航海回数月3回以上

　（ホ）北海道新潟北鮮線　　　嶋谷汽船會社

　　　　笠戸丸　總噸数1,422　速力1（中略）進水年月大正11年2月（中略）

　　　　航海回数　月1回以上　年8回以上[30]

と見られることから、笠戸丸は毎月1回の北海道と新潟そして朝鮮半島北部との定期運航を行っていたことがわかる。

　社外船として日本海航路において新潟、北海道から朝鮮半島北東部の港との定期航路を運航してきた嶋谷汽船であったが、アジア太平洋戦争期になると国策による整備に従わざるを得なくなった。

　『讀賣新聞』第23891号、1943年（昭和18）7月17日付の「三井船舶、嶋谷汽船合併」に見られる。

　　三井船舶（資本金五千萬圓）では海運企業整備の國策に順應して、今般嶋谷汽船（資本金九百萬圓）を合併する事に決定、十四日調印を終り、兩社とも十六日臨時株主總會を開きこれを承認。

　　　合併株式比率は一對一で三井船舶は五千九百萬圓に増資し、嶋谷汽船から取締役一名を加へることとなつてをり、目下遞信省に對して認可申請中である[31]。

　1943年（昭和18）7月、嶋谷汽船会社は三井船舶会社と合併したのであった。

　この結果、三井船舶会社は、嶋谷汽船の所有船舶18隻、78,715重量屯の他に権利義務を継承することとなった[32]。この18隻の中に、総屯数3,000屯以上に昌平丸7,277屯、武津丸5,949屯、若津丸5,123屯、玉津丸4,646屯、黄海丸3,871屯、玄海丸3,850屯、明石丸3,227屯、天海丸3,203屯の8隻が含まれていた[33]。

　明治中期に山口県の由宇港を起点に海運業を興した嶋谷徳三郎が、それまでの組織を改編して1917年（大正6）5月に嶋谷汽船会社として発足してから1943年（昭和18）まで26年に及ぶ海運事業に終止符を打つことになった。

　しかし、アジア太平洋戦争後の1951年（昭和26）10月に、父祖伝来の海運業の再建に対する希望と熱意をもって嶋谷汽船会社は再興された[34]。1943年の三

井船舶との合併で、三井船舶が取得した18隻の内、1951年時点で残された常磐丸・多聞山丸が再興された嶋谷汽船会社に移譲されている[35]。ついで1952年10月に三井船舶会社は夕張丸を嶋谷汽船会社に売却している[36]。夕張丸は総屯数4,245屯で、1925年（大正14）に英国で建造され、1951年（昭和26）に香港から三井船舶会社が購入した船であった[37]。この夕張丸は、1959年（昭和34）9月下旬に三重県から愛知県を襲った「伊勢湾台風」の際に座礁している。

　『讀賣新聞』第29775号、1959年（昭和34）9月27日付の「23隻が沈没、座礁伊勢湾内」の記事に夕張丸の座礁の記事が見られる。

　　【名古屋発】二十七日午後二時までに第四管区海上保安部に入った連絡によると伊勢湾内の海難事故は沈没四、大破六、座礁十三にのぼった。大型船では松岡汽船松盛丸（六五〇〇㌧）と島谷汽船夕張丸（四二四二㌧）大同海運高昌丸（四六八四㌧）の三隻が木曽川河口で、米船 LST（二四〇〇㌧）と同チャンシャ号（七四一一㌧）の二隻が四日市港沖でそれぞれ座礁[38]。

とあるように、島谷汽船とあるが嶋谷汽船であることは確かであり、その夕張丸4,242屯が、伊勢湾台風の影響を受け木曽川河口で座礁したのであった。

　この嶋谷汽船の廃業のニュースが『讀賣新聞』第36546号、1978年（昭和53）5月2日付の「嶋谷汽船が自主廃業」として掲載されている。

　　【神戸】近海海運会社のしにせ、島谷（本社・神戸市生田区海岸通三、岩松次彦社長）がこのほど全日本海運組合神戸支部などに自主廃業を通知、職員の退職金や持ち船処分などの残務整理をはじめた。同社は四十六年から経営が悪化。帝国興信所神戸支店などの調べでは、四十七年三月期から五十二年三月までの累積赤字は約三億円、五十二年三月期の長期借入金などの負債総額は六億七千万円余りで、売り上げも年々減少していた[39]。

とある。三井船舶会社から1951年（昭和26）に独立して、再興した嶋谷汽船会社であったが、27年の活動で廃業することとなった。

4　小　　結

　明治中期に海運業を中心に起業した嶋谷家は、日本の海運業の進展と共に、汽船会社を独立させ1917年（大正 6 ） 5 月に嶋谷汽船会社として発足し、主に日本海の航運事業を推進し、とりわけ新潟から日本海を横断して朝鮮半島東北沿海に至る航路の開設に邁進していたが、国策により1943年（昭和18）には三井船舶会社と合併することとなり、また1951年に再興後は日本の近海海運業の老舗として活動していた。

　この嶋谷汽船会社の勇姿の一端を象徴するものが、ここに掲げた「日満新捷路―新潟北鮮直航線」を謳った航路案内であった。

　1945年以前の日本の中国大陸、とりわけ東北部への交通路の一翼であった重要な汽船航路を担う汽船会社として、嶋谷汽船会は中小の社外船でありながらその一端を担っていたのであった。

〔注〕
1 ）　神田外茂夫編『大阪商船株式會社五十年史』大阪商船株式会社、1934年 6 月。
2 ）　嶋谷汽船会社の草創期に関する成果として管見の限り唯一と言える佐々木誠治の「嶋谷汽船」（佐々木誠治『日本海運業の近代化―社外船発達史―』海文堂、1961年 4 月、222〜249頁）がある。
3 ）　田邊禎造・畠中隆輔編『北日本汽船會社二十五年史』北日本汽船株式会社、1939年 6 月。
　　松浦章「野村治一良と日本海航路―大阪商船・北日本汽船・日本海汽船―」（本書第 3 編第 3 章）。
4 ）　畝川鎮夫『海事要覧』海事彙報社、1936年12月発行、1937年 5 月再版、第三編、63〜64頁。
5 ）　同書、63頁。
6 ）　同書、64頁。
7 ）　同書、64頁。
8 ）　同書、63頁。

9）　同書、64頁。

10）　『讀賣新聞』第16552号、1923年（大正12）4月14日、2面。

11）　『讀賣新聞』第17537号、1926年（大正15）1月7日、2面。

12）　新潟市合併町村史編集室編『新潟市合併町村の歴史基礎史料集6　新潟新聞・新潟毎日新聞　昭和編一』新潟市合併町村史編集室、1984年3月、224〜225頁。

13）　畝川鎮夫『海事要覧』64頁。

14）　新潟市合併町村史編集室編『新潟市合併町村の歴史基礎史料集6　新潟新聞・新潟毎日新聞　昭和編一』328頁。

15）　神田外茂夫編『大阪商船株式會社五十年史』198〜199頁。

16）　同書、199〜200頁。

17）　川崎汽船株式会社編『川崎汽船五十年史』川崎汽船株式会社、1969年8月、384頁。

18）　田邊貞造・畠中隆輔編『北日本汽船株式會社二十五年史』86頁。

19）　畝川鎮夫『海事要覧』64頁。

20）　新潟市合併町村史編集室編『新潟市合併町村の歴史基礎史料集7　新潟新聞・新潟毎日新聞　昭和編二』新潟市合併町村史編集室、1984年3月、224〜225頁、108〜109頁。

21）　同書、109頁。

22）　同書、109頁。

23）　嶋谷汽船株式会社「満蒙へ　嶋谷汽船會社」裏面説明文右頁。

24）　同上、「毎月定期發着表」による。

25）　同上、「毎月定期發着表」による。

26）　新潟市合併町村史編集室編『新潟市合併町村の歴史基礎史料集7　新潟新聞・新潟毎日新聞　昭和編二』115頁。

27）　嶋谷汽船株式会社「満洲への近道　新潟北鮮直航々路案内　日満連絡船・鮮海丸附・船車連絡地圖　嶋谷汽船會社」の「満洲への近道」による。

28）　同上、「定期發着日時」による。

29）　嶋谷汽船会社編「満洲への近道　新潟北鮮直航線案内　嶋谷汽船會社　SHIMATANI-LINE」嶋谷汽船株式会社船客係、1935年（昭和10）2月1日発行、「北海道新潟北鮮線」による。

30）　アジア歴史資料センター、レファレンスコード：09050537600による。

31）　『讀賣新聞』第23891号、1943年（昭和18）7月17日、2面。

32）　三井船舶株式会社『三井船舶株式会社創業八十年史』三井船舶株式会社、1958年9月、233頁。

33）　同書、554頁。

34）　同書、234頁。

35）　同書、554、584頁。

36）　同書、584頁。

37）　同書、557、579、584頁。

38）　『讀賣新聞』第29775号、1959年（昭和34）9月27日、3面。

39）　『讀賣新聞』第36546号、1978年（昭和53）5月2日、8面。

第4章　南洋郵船会社の航路案内

1　緒　　言

　太平洋のミクロネシア（Micronesia）地域に位置するミクロネシア連邦
（Federated States of Micronesia）は、フィリピンの東部の海域にあるカロリン
諸島を中心とする島嶼からなる国であるが、19世紀にはスペインからドイツ帝
国の支配に入り、第一次世界大戦後は日本の支配下となり、1920年以降1945年
まで日本の「委任統治領南洋諸島」となり、1922年以降は南洋庁[1]の管轄下に
置かれていた。

　日本は1902年にイギリスとの間で締結した日英同盟の関係から第一次世界大
戦に参戦し、ドイツが占拠していた中国の青島に出陣し占領したのみならず、
ドイツが支配していた南洋群島をドイツに代わり統治することになると、南洋
が俄然注目されることになる。

　南洋に関する書籍も注目されることになる。南洋に関する著作を上梓した一
人に法学者の吉野作造がいる。1915年に出版された吉野の『南洋』の中で、

　　南洋は、南米及び阿弗利加と共に現時尚は世界視聴の焦点たり。我國にあ
　　りても、国勢上貿易之の拡張を圖り、海外發展を策するの必要より、南進
　　論の唱道盛なると共に、最近邦人の視線著しく南洋に集中され來りたるの
　　観あり。偶々昨年八月、欧洲の天地に未曾有の戦乱勃発し、我國は日英同
　　盟の情誼により、端なくも独逸と砲火を交ふる事となり、皇師南に蹴して、
　　遂にカロリン、ヤーコップ其他独逸の領有たりし南洋諸島を占領し、茲に
　　根拠地を得るに至りたるは、南洋開發の天職を有する我邦人に対し、確か
　　に一大刺激を與へたるものと謂ふ可し[2]。

と述べているように、第一次世界大戦への参戦によって南洋諸島が日本の植民

地支配の視野に入ってきたのである。

　このような遙か南方の島嶼部と日本との間をどのように通航していたかについてはこれまで看過されてきた[3]。そこで本章では、この時期に誕生した日本から南方を目指した汽船会社であった南洋郵船組と南洋郵船会社の推移について述べてみたい。

2　日本の南洋航路の開設

　1912年以降、日本政府は、南洋への航路を確保する施策を取った。『東京朝日新聞』第9378号、1912年（大正元）9月8日付の「南洋航路辯難　湯川管船局長談」として次の記事が見られる。

　　南洋航路に対する逓信省の準備は一切整頓し、愈来る十月一日より開航せしむべき予定なり。世間にては同航路に対する就航船の老朽に失し、且つ寄港地も亦受命者の希望に一任せるを云々し、遠洋航路補助法の制限を破れるものゝ如く非難するやに開けるが、所謂遠洋航路補助法には其の第一条に於て欧洲、北米、南米、濠洲の四航路と規定しありて、南洋航路を包含し居らざるのみならず、海運事業の発達せる今日日本の台所にも均しき南洋航路の如き全然該法とは無関係にて、固より近海航路同様に取扱ふべきものたるなり。政府として苟も航路に補助する以上は就航船の優秀ならんことを希望するは勿論なるも、何事も当初より完全を期せんとするも到底行はれ難く、殊に本航路は遠洋航路と異なり、船舶頓数、速力、走航浬、船齢等に依りて補助金を定めたるものにあらずして、昨年東洋近海航路を整理したる結果、剰余金とも云うべき十五万円を以て一ケ年の補助額となし居る次第なれば、其の完全なる新造船を望むべからざるは論なきなり。若夫れ寄港地に就ては、予め政府より之を指示し、目下受命者側にて実地調査をなしつゝあれば、其の結果として全然寄港の必要なき所あれば、兎に角決して当業者の任意選定に放任したるものに非ざるなり。要するに本

航路の開始に対しては、当初より多大の効果を望むべきにあらず。漸次本邦と南洋諸島との貿易を伸張し、以て商業上の一勢力を南洋方面に扶植せんとするにあり云々。

南洋航路の開設は、当初から困難が予想され、政府も航路補助金を拠出して汽船業者に委託する方法を考えていたことがわかる。

ついで『東京朝日新聞』第9412号、1912年（大正元）10月12日付の「南洋航路命令」の記事に、その状況が見られる。

従来本邦南洋間には本邦船舶の定期運航に従事するものなく南洋貿易発展上、遺憾少からざりしに依り政府は曩に近海命令航路を整理したる結果新たに南洋定期航路を開始せしむるの議を定め補助豫算の成立を見たりしが爾来主務省に於ては種々調査の末、今回愈緒明圭造、原田十次郎及板谷宮吉の三氏に命令して本航路を開設せしむることとなり、三氏は南洋郵船組なる組合を組織し、此航路に従事することとなれり。本航路施設の概要左の如し。

（一）航路及び寄港地

本航路は往航神戸を發し門司、香港、新嘉坡、バタビヤ及サマランを経てスラーバヤを發し、香港を経て神戸に帰着するものとす。尚往航に於ては門司發航後、基隆に寄航するの豫定にして、又神戸碇泊中必要上に應じ航路を横濱に延長することあるべくスラーバヤ碇泊中、前記以外の蘭領東印度諸港に廻航することあるべし。

（二）使用船舶及航海度数　　本航路には北都丸（總噸数三二八二噸）萬里丸（總噸数三二三一噸）及旅順丸（總噸数四八〇五噸）の三隻を使用し、第一船北都丸は本月廿二日頃、神戸を發航する豫定にして以下、毎月一回一年期間十二回の航海を爲すべし。

（三）命令期間　　今回の命令は本年十月より大正四年三月に至る二年六ヶ月間なり。

古くから日本と南洋間を結ぶ定期航路はなく、しかし南洋貿易の発展のためには是非とも汽船による定期的な航運が必要とされ、1912年10月から2年

半にわたって日本政府は、緒明圭造、原田十次郎[4]と板谷宮吉の三名に南洋郵船組の組織を企図させた。

　この事業の中心的な人物の一人である緒明圭造の死後に官位が追賜された際の記録から、南洋との汽船航運の事情が知られる[5]。緒明圭造の追賜の際の「功績調書資料」に南洋郵船の経緯が見られる。その一部を以下に掲げたい。

　　功績調書資料
　　原籍地　静岡縣田方郡戸田村百六拾六番地
　　　　平民

　　　　　　勲四等　緒明圭造
　　　　　　慶應參年六月六日生
右ハ慶應參年六月六日静岡縣田方郡上狩野村湯ヶ島足立清次郎長男トシテ生レ、夙ニ海事ニ志シ、時恰モ明治初期ニシテ我ガ國情ニ鑑ミ、海運伸張ノ要務タルコト未ダ注目サレザルニ當リ、率先シテ之ガ隆興ヲ計ルノ緊要ナルヲ痛感シ、明治十八年品川臺場ニ在リタル緒明菊三郎經營ニ係ル造船業ニ從事シ、鋭意之ガ發展ニ努メ、明治廿三年六月緒明菊三郎、更ニ海運業ヲ開始スルヤ同人亦總理シ、後菊三郎養子トナル。（中略）同人ハ明治四十二年一月、菊三郎死没ニ因リ家督ヲ相續シ、翌四十三年海運業經營ノ爲メ、緒明合資會社ヲ設立シ代表社員トナリタルガ、其ノ後間モナク政府ニ於テ、命令航路爪哇線ノ新設ヲ計畫シ、之テ開設經營者ニ總噸數二千噸以上、最強速力十海里以上ノ船舶二隻ヲ備ヘシメ、明治四十五年（大正元年）度七萬五千圓以内、大正二、三年度各十五萬圓以内、大正四年度七萬五千圓以内ノ補助金ヲ支給スルノ案ヲ提示シ、社外船主ニ諮リタルモ當時同航路ハ前途ノ目途立タズ、經營至難ナリトシテ補助金ノ増額ヲ要求セルモノアリテ行悩ミ爲メニ、政府ハ更ニ日本郵船及大阪商船ニ之ガ受命ヲ慫慂シタルモ、兩社亦補助金少額ノ故ヲ以テ之ニ應ゼズ。茲ニ於テカ豫テ我國ハ將來南洋方面ニ對シ經濟的進出ヲ遂グルノ緊要ナルベキヲ洞察シ居リタル同人ハ國家的見地ニ立チ、採算ヲ

度外視シテ敢然之ガ受命ヲ決意シ、大正元年十月原田十次郎及板谷宮吉
兩人ヲ語ラヒ、各自ノ所有船舶萬里丸、旅順丸、北都丸ノ三隻ヲ持寄リ
南洋郵船組ヲ開設シ、自ラ代表社員トナリ補助金年額十五萬圓ヲ得テ、
一ヶ年十二回、往航神戸、門司、香港、バタビヤ、サマランヲ經テスラ
バヤニ至リ、復航スラバヤ、マカツサ、バリクバン、香港、門司ヲ經テ
神戸ニ歸着スル航路ヲ開始シ、同月廿二日第一船萬里丸ヲシテ神戸ヲ出
帆セシメタリ。

次デ大正三年十月南洋郵船組ヲ解散シ、新ニ資本金百五十萬圓ヲ以テ、
南洋郵船株式會社ヲ創立、以テ初代社長ニ就任シ、右命令航路ヲ繼承、
爾來萬難ヲ排シ、拮据經營大ニ努メタリ。則チ右組織變更ト共ニ前記三
隻ノ外汽船ボルネオ丸ヲ購入シ四隻ヲ以テ一ヶ年十六航海ヲ踐行シ、越
エテ同四年四月ニハ航海回數ヲ一ヶ年十八回ニ増加シ、更ニ同九年四月
ニハ會社資本金ヲ五百萬圓ニ増額スルト共ニ、同年ヨリ翌年ニ亙リ總噸
数四千噸型同型船サマラン丸、バンドン丸、チエリボン丸及マカツサ丸
ノ四隻ヲ相次デ新造配備シ、ボルネオ丸ヲ撤退セシメタル等大ニ業務ヲ
擴充整備シ以テ日蘭貿易交通ニ至大ノ貢獻ヲ爲セリ。

右ノ如ク同人ハ實ニ本邦ニ於ケル日蘭定期航路ノ創始者ニシテ日蘭間貿
易ガ近時ノ如ク異常ナル躍進ヲ遂ゲ本邦即外貿易中樞要ナル地位ヲ占ム
ルニ至リタルハ實ノ同人ノ先覺ト犠牲的努力ニ負フ處、極メテ大ニシテ
其ノ功績洵ニ顯著ナルモノアリト謂フベシ。

而シテ同人ハ大正六年九月病気ノ爲メ、南洋郵船社長ヲ辭任シ、同時ニ
監査役トシテ昭和十年七月同社航路ガ國策トシテ政府斡旋ノ下ニ設立セ
ラレタル南洋海運株式會社ニ合併セラルルニ至ル迄、其ノ職ニ在リタリ。
（下略）[6]

　緒明圭造は、明治43年（1910）に海運業を起業して緒明合資会社を設立し
た。大正２年（1913）の『日本汽船件名録』には汽船萬里丸の船主として、
「東京府荏原郡品川町　緒明合資會社」[7]とあり、同書の「汽船總噸數五千噸
以上所有者調（大正六年末日現在調）」の一覧表には、第１位の日本郵船会社、

第 2 位大阪商船会社、第 3 位東洋汽船会社などに並び、第 7 位に合資会社原田商行すなわち原田十次郎の会社があり、第13位に板谷商船株式会社が、そして第26位に緒明圭造の名が見られる[8]。

　原田十次郎は大阪で汽船会社を起業し、大阪と中国山東の青島を結ぶ定期航路を運航した原田商行、原田汽船会社の創業者で社長であった[9]。

　板谷商船株式会社は、板谷宮吉が明治26年（1893）に北海道沿海での汽船海運事業を創始し、明治32年（1899）には板谷合名会社を創立し、日露戦争時期には政府の御用船として使用され社運を高揚させ、明治45年（1912）2月に板谷商船株式会社と改称して社業が発展していた[10]。

　緒明圭造と原田十次郎そして板谷宮吉による汽船会社である南洋郵船組によって神戸、門司、香港、新嘉坡（シンガポール）を経由してインドネシアのバタビヤ（ジャカルタ、Jakarta）そしてサマラン（スマラン、Semarang）とスラーバヤ（Kota Surabaya）に至る定期航路の運航が開始されることになる。総屯数3,282屯の北都丸、総屯数3,231屯の萬里丸、総屯数4,805屯の旅順丸の三隻が、神戸から発航し、毎月 1 回 1 年間に12回の航海を行う計画であった。そして10月22日に北都丸が最初の航海に就航することになっていた。

　南洋航路を運航した南洋郵船組に関して、『東京朝日新聞』第9412号、1912年10月12日付の「南洋郵船組」の記事に、南洋航路に就航した 3 隻の所有者名が見える。

　　遞信省の補助を得て南洋の新航路を経営する社外船主緒明圭造、原田十
　　次郎、板谷宮吉の三氏は今回南洋郵船組なるものを組織し、事務所を京
　　橋區木挽町日本船主同盟會内に、營業所を神戸港に設け同港には原田船
　　主の代理人佐伯俊太郎氏を留めて營業の總支配を掌らしめ、來る廿二日
　　愈初航海を開始する筈にて遞信省に於ては十一日を以て公式の命令を交
　　附する筈なり。該航路に就役する船舶は北都丸（三、二八二噸、板谷氏
　　所有）、萬里丸（三、二三一噸、緒明氏所有）、旅順丸（四、八〇五噸、原田
　　氏所有）の三艘なり。

　南洋航路に関する遞信省の命令は、10月11日に交付される予定であった。

その就航船の北都丸は板谷宮吉の、萬里丸は緒明圭造の、旅順丸は原田十次郎の所有船であった。

　1913年（大正 2 ）の『日本汽船件名録』には「汽船北都丸　船主　北海道小樽區色内町十七番地　板谷商船株式會社」[11]、「汽船萬里丸　船主　東京府荏原郡品川町　緒明合資會社」[12]、「汽船旅順丸　船主　大阪西區阿波堀通五丁目　合資會社原田商行」[13]とある。同書によれば、汽船北都丸は1896年英国のニューカッスルで製造され、総屯数3,282.79屯、速力は 9 海里 1 / 2 から11海里であった。そして同船は遠洋航海において石炭4,067屯、ジャワ砂糖58,460担を搭載することが出来た[14]とある。萬里丸は1891年に英国のニューカッスルで製造され、総屯数3,231.03屯、速力 9 海里の汽船であった[15]。旅順丸は1892年に英国のダーハムで建造され総屯数4,805.71屯で速力は10海里から15海里の汽船であった[16]。

　この南洋航路の将来性に関して、当時の湯川管船局長の談話「南洋航路の前途」が『東京朝日新聞』第9413号、1912年10月13日付に掲載されている。

　　今回開始せる南洋航路に就ては悲観説あると共に、楽観説あり。何分無
　　経験の航路のこととて今後数回の往復を重ねざる限り其前途に至ては當
　　局とても何とも斷言し得ざるが、受命者たる南洋郵船組には周到なる調
　　査研究を経て受命したる次第なれば、必ずや十分の成算ありと認めざる
　　可らず。元來南洋諸島は沿革上より視るも將地勢上より云ふも本邦とは
　　密接なる通商關係を有すべきにも拘らず、是迄一定の航路なく唯僅に和
　　蘭政廳補助の下に外船の往復ありとは云へ、是れとて殆んど不定期の有
　　様にて彼我貿易品の取引は迂路を取り、又は數次の積換を爲すの要あり
　　し結果、運送期間は延長せられ市場の價格は騰貴し、延いて貿易の振興
　　を妨げしこと尠からざりしも、今回の開航は聊か斯る欠陥を補ふに足る
　　べければ其前途如何は姑く受命者の成算に委し、我貿易業者は須らく挙
　　つて本計畫と相俟ち、相當の考案を立て、此國家的事業を幇助し發展せ
　　しめられたきものなり。若夫れ本航路の前途に關して問題となり居れる
　　外船との競争に至つては、敢て憂ふるに足らざるべきか、蓋し受命者が

　　　郵船若くは商船の如き有力なる大會社なりせば、外船に與ふる刺激も亦
　　　大なるべしと雖も南洋郵船組は、勿論微力なる社外船の集合體にして、
　　　其就航船の如き孰れも古船なるが上に、同組合にては外船と運賃を同一
　　　率とし、發着時間に至ても外船とは衝突せざる様仕組み居り、可成的競
　　　争を避けんとする方針なれば、外船とても無暗に之に對抗し來るべしと
　　　は受取られざるなり。況や是等外船は對日本航路よりも蘭領諸島と上海、
　　　香港、新嘉坡間の海運に其全力を竭くしつゝ在るにておや於。

　南洋郵船組による南洋航路の運航の前途は決して洋々たるものではなかっ
た。南洋諸島と日本との海上航路は遠距離であるため、その航運の主要な狙
いは、南洋諸島と日本とではなく、それよりもこの航路上において寄港する
シンガポールや香港への物流に大いなる期待が寄せられていたことがわかる。

　南洋郵船組の第一船萬里丸の出港広告が『東京朝日新聞』第9421号、1912
年（大正元）10月21日に掲載されている。

　　　南洋航路開始　命令航路爪哇船
　　　汽船　萬里丸　十月二十二日　午前神戸出帆
　　　東京京橋區木挽町十丁目七番地
　　　　南洋郵船組
　　　　南洋郵船組營業所
　　　神戸市海岸通三丁目二番屋敷
　　　寄港地（往航）門司、基隆、香港、新嘉坡、バ
　　　　　　　　タビヤ、サマラン、スラバヤ
　　　　　（復航）香港、神戸
　　　電話　新橋三三四三　　電話　神戸四四〇七

1912年10月22日に神戸から萬里丸がインドネシアのバタビヤ、サマラン、ス
ラバヤに向けて出港していったのである。

　『神戸又新日報』第9429号、1912年（大正元）10月18日付の船舶の出港広告
欄に次の広告が見られる。

　　　社旗　滊船萬里丸

十月二十二日神戸出帆

南洋定期航路開始

寄港地門司、基隆、香港、新嘉坡、バタビヤ、

　　サマラン、スラバヤ

東京市木挽町十丁目

南洋郵船組

（電話新橋三三四三番）

神戸市海岸通三丁目二番屋敷

南洋郵船組営業所

（電話四四〇七番）

神戸市榮町二丁目佐藤商店内

南洋郵船組代理店事務所

（電話二〇二番）

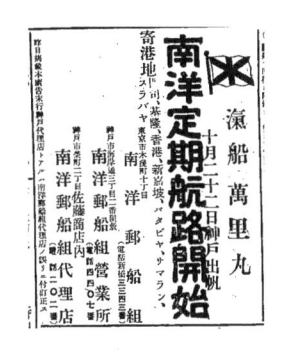

この広告は、同紙の20日まで3日間連載された。

そして11月の『神戸又新日報』第9453号、1912年（大正元）11月11日付には南洋郵船組の第二船として北都丸の出港広告が見られる。

◎南洋定期濵船

濵船北都丸　十一月十五日　神戸出帆

門司、基隆、香港、新嘉坡、バタビヤ、

サマラン、スラバヤ

東京木挽町十丁目

　　南洋郵船組　電新(三三四三)

神戸市海岸通二丁目

　　同　営業所　電(四四〇七)

同市榮町二丁目佐藤商店内

　　南洋郵船組代理店　電（二〇二）

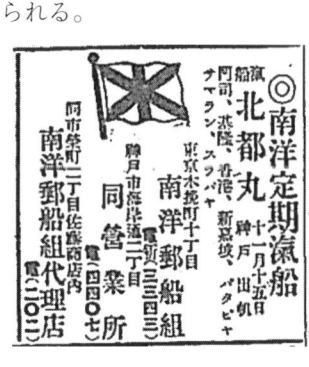

この広告は、翌々日の13日も掲載されている。

ついで翌月の『神戸又新日報』第9482号、1912年（大正元）12月10日付の出

港広告には第三船旅順丸の広告が見られる。

　　　南洋定期濸船

　　　濸船旅順丸　十二月十五日　　神戸出帆

　　　門司、基隆、香港、新嘉坡、バタビヤ、サ

　　マラン、スラーバヤ

　　　　　　東京木挽町十丁目

　　　　　　　　南洋郵船組　電話（三三四三）

　　　　　神戸市海岸通二丁目

　　　　　　　　同　営業所　電話（四四〇七）

　　　　神戸市榮町二丁目佐藤商店内

　　　　　南洋郵船組代理店　電話（二〇二）

とあり、翌々日の12日、14日と3回にわたり掲載された。

『時事新報』（東京）、1912年（大正元）10月12日付の「南洋航路の命令　令期間二個年半（十一日逓信省発表）」によれば、南洋郵船組の組織と航路に関して述べられている。

　　従来本邦南洋間には本邦船舶の定期運航に従事するものなく、南洋貿易発展上遺憾少からざりしに依り、政府は曩に近海命令航路を整理したる結果、新に南洋定期航路を開始せしむるの議を定め補助予算の成立を見たりしが、爾来主務省に於ては種々調査の末、今回愈々緒明圭造、原田十次郎及び板谷宮吉の三氏に命令して本航路を開設せしむることとなり、三氏は南洋郵船組なる組合を組織し、此航路に従事することとなれり。本航路施設の概要左の如し。

　　（一）航路及寄港地　本航路は往航神戸を発し門司香港、新嘉坡、バタビヤ及サマランを経てスーラバヤに至り、復航スーラバヤを発し、香港を経て神戸に帰着するものとす。尚往航に於ては門司発航後、基隆に寄港するの予定にて、又神戸碇泊中、必要に応じ航路を横浜に延長することあるべく、スーラバヤ停泊中、前記以外の蘭領東印度諸港に廻航することあるべし。

　　（二）使用船舶及航海度数　本航路には北都丸（総噸数三、五八二噸）、萬里

丸（総噸数二、二三一噸）及旅順丸（総噸数四、八〇五噸）の三隻を使用し、第一船北都丸は、本月二十二日頃神戸を発航する予定にして、以下毎月一回一年期間十二回の航海を為すべし。

（三）命令期間　今回の命令は、本年十月より大正四年三月に至る二年六ケ月間なり。右に関し、逓信省当局者の語る所に依れば、南洋諸島は沿革上及び地勢上より見るも、本邦とは密接なる通商関係を有すべき筈なるも、従来一定の航路なかりし為め、彼我の貿易品は迂路を取り、又は数次積換えられて取引せらるる状態にて、自然運送期間は延長せられ、市場内の価格は騰貴し、延いて貿易の振暢を妨げたりしに、今回の開航によりて、聊か右の欠陥を補いたる次第なれ共、我貿易業者に於て十分之を利用せざるに於ては、何等の効果を得ること難ければ、南洋貿易に志あるものは此計画と相待て、相当の考案を立て本線の将来をして益発展せしむる様、幇助せられたきものにて、又受命者に於ても能く本航路の主旨を体し、十分忍耐して事に当るべきは勿論なるべしと。

この記事に見られるように、南洋郵船組を組織した緒明圭造、原田十次郎及び板谷宮吉が用意した３船、北都丸、萬里丸、旅順丸によって神戸を起点に毎月１回の定期運航を行うことになった。

このうち南洋郵船組の北都丸であるが、これに乗船した人物の手記が『神戸又新日報』第9478号、1912年（大正元）12月６日付の「南洋遊記（一）」に見える。同記事は「十一月二十六日正午香港以北百潭の海上にて」とあり執筆者は「佐藤南洋生」とある。その中に、

▲北都丸

記に先だつて予は、先づ北都丸に就て一瞥する義務あり。是八十日間我生命、財産（鞄二つだけなれど）を托すべき唯一の城壁なればなり。我政府は南洋貿易開拓の目的を以て十五万圓の保護金を給し、南洋郵船組に南洋直航の航路を命ぜり。同組所属の船舶は即ち萬里丸、旅順丸及北都丸の三隻にして、萬里丸は去月二十二日出帆し、北都丸は之に次ぎ今十一月十五日神戸を出帆せしなり。（旅順丸は十二月十五日出帆の豫定）三船を比較す

るに、各特長あり。北都丸は總噸數三千二百八十二噸純然たる貨物船にして、貨物の積載量最も多く、船齡は十五歳にして三船中比較的最新造に係る。純粋の貨物船なれば乗客に對する設備に於て最も劣り、此點は半貨物半客船たる旅順丸最も優り、萬里丸之に次ぐ。速力は十浬九にして、是亦船脚最も遅し、然れども堅牢にして動揺少なきは此船の特色たり。

北都丸船主板谷宮吉氏は越後柏崎の産で徒手空拳にして夙く小樽に出米穀肥料海産菜を營業し、日露戦争前海運業を兼營し、現に資産數百萬圓に及ぶ。年齡尚五十二三歳左右、一代にして此成功を博したるは慥かに立志傳中の一人たるに恥ぢず。

本船オツフィサーは船長西川幸太郎、機關長露木清、一等運轉士森田嘉蔵の三氏にして、乗組船員は凡て四十九名。

と記されている。北都丸は、総屯数3,282屯の貨物船で、建造以来すでに15年を経過したものではあったが、他の萬里丸や旅順丸に比較すると新しい船であった。しかし貨物船であったために乗客を搭乗させるには十分な設備が無かった。他の2隻、旅順丸と萬里丸は「半貨物半客船」であったことから、北都丸はこの2隻に劣っていたようである。さらに北都丸の速力は10.9海里で、陸上の速度にすれば時速20kmほどで決して早いとは言えなかった。ただ船体は「堅牢」であったため、大海原においても揺れが少ない船であったことが知られる。

『神戸又新日報』では、日本が新たに注視した南洋に特派員を派遣している。その記事が、第9456号、第9457号、1912年（大正元）11月14、15日に掲載されている。

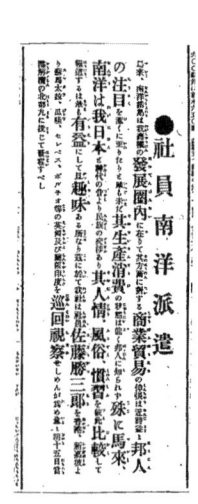

●社員南洋派遣

馬來、南洋諸島は我商権の發展圏内に在りて、其方面に對する商業貿易の伸張は、近時益々邦人の注目を惹くに至りたりと雖も、未だ其生産消費の状態は能く邦人に知られず、殊に馬來、南洋は我日本と神代の昔より民族の交渉あり、其人情、風俗、慣習を彼此比較し

て報道するは最も有益にして、且趣味ある所なり。茲に於て我社は社員佐
藤勝三郎を香港、新嘉坡より蘇馬太拉、爪哇、セレベス、ボル子オ等の英
領及び蘭領印度を巡回視察せしめんが爲め、愈々明十五日當港解纜の北都
丸に投じて發程すべし。

　この記事から、先に掲げた北都丸乗船の記事を書いた「佐藤南洋生」とは神
戸又新日報社の佐藤勝三郎記者であったことがわかる。

　こうして開始された南洋郵船組の南洋航路ではあったが、経営は困難であっ
た。『神戸又新日報』第9666号、1913年（大正2）6月23日の「南洋郵船不振」
との記事が掲載された。

　　客歳十月南洋郵船組をして南洋航路開始以來、稍や我貿易發展の餘地ある
　　事認められたるが、同航路開始前躍起運動をなせる京濱の貿易業者は、該
　　航路の定期終點が神戸（横濱は不定期寄港）となり居る結果にや、爾來我
　　輸出物資は専ら阪神方面に限られ、時々横濱に寄港するも殆んど積取貨皆
　　無の有様なるのみならず、同航路の成績は概して良好ならず、現に熱帯地
　　航行船としての船内の施設も不完全なれば當局者は、此際十分是等の點に
　　改善を命ずると共に、一層同方面の貿易事業を周知せしむる方法を講じ、
　　且来年爪哇島サマランに開かれんとする南洋博覧會を期し、大に我貿易品
　　の出陳紹介をなす等の方法に出でずんば、七萬五千圓乃至十五萬圓の國費
　　を補助せるが該航路中依然支那人の勢力に壓統され、其前途悲観せざるを
　　得ずと云ふ。

　神戸港を起点とする南洋郵船組による南洋航路が開始されるが、東京・横浜
を中心とする京浜間の商人からは等閑視され、横浜に不定期に寄港する南洋航
路の汽船では、前途多難であった。

　その後、翌年の『神戸又新日報』第10000号、1914年（大正3）5月23日付
に「南洋航路有望」の記事が掲げられている。

　　政府は一昨年南洋航路を命令航路として、緒明外二名に之を許可し、此三
　　名は各一隻宛所有船を出して組合を組織し、南洋郵船組合と稱して本航路
　　に従事したるが、當初政府及び營業者は當分の間は多少の損失は免る可ら

ずと信じ居たるに、適其當時臺灣よりシヤバ方面へ包種茶の輸出盛んとな
りしと、阪神地方の雑貨も輸出せらるるに至り、又其復航には當時臺灣の
不作なりし爲めシヤバ糖を積載し來る等四圍の事情頗る順調なりし爲め豫
期の損失を招かざりしのみか却て収益を見るを得たり。然れども本航路に
使用せる船舶は如上の懸念ありし事とて、有來りの船を用ひたると（開航
當初は貨物に重きを置きたるが爲もあらん）又歐洲航路の船舶にして此航路
を通過するものあり、是等歐洲船に慣れたる船客は本邦船員の待遇振りに
苦情ある模様なれば政府は、其後適切なる改良施設を講ずる様、之に命じ
同組合に於ても昨今定期命令航路の面目を恥めざる様努力を加へつつあり。
而して補助期限は來年四月を以て満了すべきを以て、之が賛否は目下調査
中なるが若し續いて命令航路に入るを得ば、今後有望なる航路の一たるべ
し。尚本年はシヤバのスマランに博覧會ありて我國の商品を南洋に紹介す
るには絶好の時期たるを以て郵船組合に於ても運賃を割引し、又農商務省
に於ても在留出品協會に對して五萬圓の補助金を與へたれば、之亦南洋貿
易、延ては本航路の隆盛を誘致するの一助たるを失はざるべし。來年四月
各近海航路共補助金満了後の善後策に就て當局は詳細なる調査をなしつつ
あるが、本航の如きに對しては最も愼重に精査を加へつつあり云々（湯川
管船局長談）

　南洋航路の前途に不安があったが、1913年当時台湾から東南アジアへの包種
茶の輸出が盛んとなり、この南洋航路の汽船がその輸送に従事するようになっ
た。包種茶は東南アジアに在住する華人の間で好まれた半発酵茶の一種で、台
湾で盛んに生産されていた[17]。さらに台湾における砂糖不足からインドネシア
産の砂糖が、この南洋航路の汽船でインドネシアから台湾へ搬送されていたこ
となどで、南洋航路の経営が有望視されたのであった。

　南洋郵船組の運航に関して、香港の英字新聞にその足跡の一端を見ることが
できる。"*The Hong Kong Telegraph*", No. 8995, Jan. 16 , 1913, p. 10, 'Shipping
News', Arrived.

　Hokuto Maru, Jap. s. s., 3,282, K. Nishikawa, 15th Jan.-Sourabaya 3rd Jan.,

Coal.-D. & Co[18].

とあるように、北都丸が1913年（大正2）1月3日にスラバヤを出港し1月15日に香港に到着している。積荷は石炭とあり、荷受け会社は D. & Co. であったが詳細は不明である。北都丸は同紙、No. 8998, Jan. 20の 'Clearances at the Harbour Office' Jan. 20 'Hokuto-maru, for Kobe.'、'Departed' Jan. 20 'Hokuto-maru, for Kobe.' [19]とあるように、1月20日に神戸に向けて香港を出港している。

　ついで "*The Hong Kong Telegraph*", No. 9005, Jan. 28 , 1913, p. 10, 'Shipping News', Arrived. に、

Banri Maru, Jap. s. s., Mosi, 28th Jan.-Kutchmotuzu 21st Jan., Coal.-M. B. K. [20]

とあり、萬里丸が1月21日に門司を出港し、28日に香港に入港した。この積荷も石炭とある。荷受け会社は M. B. K. とあることから三井物産会社が引き受けていたものと思われる。そして萬里丸は、同紙 No. 9007, Jan. 31, 'Clearances at the Harbour Office' Jan. 31 'Banri, for Singapore.' 'Departed' Jan. 31 'Banri-maru, for Straits.' [21]と見られるように、シンガポールに向けて1月31日に香港を出港しているが、目的地は海峡地域とあることから、インドネシア方面であったことは確かであろう。

　このように南洋郵船組の定期航海が漸次運航されていた。

3　南洋郵船会社の設立

『神戸又新日報』第10022号、1914年（大正3）6月14日付の「南洋郵船擴張」の記事に、南洋郵船組の組織変更が行われたことが見られる。

　　南洋郵船組は原田、緒明、板谷三氏の匿名組合組織を以て政府より毎年十五萬圓の補助金を得、南洋航路に從事しつつあるが、其實質は兎に角表面匿名組合に對し、補助金を更付するは政府として都合が悪きを以て株式組

織に變更し、之と同時に現在使用の船舶は年齢二十年に達せる老朽船なれ
ば、少くも一千九百年代の建造船を以て就航せしむべしとの遞信省の内命
に接せしを以て、這般來内部組織の變更をなすべく計畫しつつありしが、
此程略案成り名稱を南洋郵船株式會社と改め資本金は百五十萬圓とし、株
式は公衆募集をなさず、關係者に於て引受け政府豫算の關係もあれば、遲
くも本年八月頃までには新會社設立の運びに至るべしとのことなるが一方
同航路の成績を見るに今日の處にては、經營容易ならず。動もすれば不引
合を見んとする折柄更に政府の命令するが如き新造船を使用するに於ては、
益經營困難を免れざるを以て一面政府の要求を容れると同時に現在の補
助金十五萬圓を倍額して少くも三十萬圓前後の補助金を請求する計畫なり
と。

　緒明、原田、板谷三名によって組織された匿名組合組織である南洋郵船組合
は岐路にあった。政府からの毎年15万円という補助金を受けて南洋航路を維持
してきたが、匿名組合組織では補助金の拠出に問題があるとして、株式会社組
織への編成替えを余儀なくされていたのである。

　『中外商業新報』1914年（大正３）６月16日付の「南洋郵船の新発展　管船
局長の意見　[南洋航路の整理 [南洋郵船組の組織改革] (其一)]」の記事によ
れば次のように見られる。

　　南洋郵船組にては、現在旅順丸其他二艘の船舶を以て各月一回の航海に従
　　事しつつあるを更めて、航海度数を増加し、更に現在の就役船は旅順丸の
　　四千八百噸を除き、他の二艘は孰れも三千二百噸級の船舶なるを悉く四千
　　噸級以上となし、且つ三艘の悉くが千九百年以前の建造にして比較的頽齢
　　船なれば、千九百年以後の建造船を以て之に代え、艘数も三艘を四艘に増
　　加すべき内意を有せりと伝う。而して以上就役船舶の改良は現在に於てさ
　　え不足勝ちの補助費に一層の不足を告ぐる事とて、政府に対し船舶の改善
　　を機会に補助金の増額を希望し居れりと云う。即ち南洋組の補助金は当年
　　度末限りを以て終りを告ぐる勘定なれば、之が継続に際し補助金を現在の
　　年額十五万円より相当増加せしめんとするものにして、現在の補助金額は

一噸一千海里当り僅かに十五銭未満に過ぎず、之を南洋航路と稍々事情を斉しくする南米航路の如きに比すれば少からぬ懸隔あり。必ずしも同じ割合の補助金を得ざる迄も、引合う程度の増額を希求しつつあるは事実也。役船の改善は多少此辺の事情を含み居れる形跡なきに非らざれど、政府に於ても多少此点を諒するものの如ければ増額の望みなしと言う可らず。問題は南洋航路が如何程迄必要なるかを先決し、其程度に応じて補助金を塩梅すべきものなるが、愈々増額の見込立つに至らば、商船会社の如き或は受命運動を開始せずとも限らず、南洋組が其組合組織を変じて株式組織とするに内定せるは多少是等の場合に備うる下準備とも受取らるべし。例えば南洋組を朝鮮郵船、樺太汽船の如からしめ大汽船会社をも加えて株主となし、其後援を得る事が得策なりと云う事情あらん乎と也。

湯川管船局長談

南洋航路は、数年前迄は余り世人の注意を惹かず殆んど地平線下にありたるものにして、従て其の補助額も僅々十五万円に過ざりしかば、奮って之れが航路に当らんとするものなき状態なりしに依り、同組合が匿名にして而かも船齢十五年以上の老朽船なりしにも不拘、政府は海運保護奨励の目的を以て補助金を交付せる訳なり。今や同組合が進んで組織を改めて、更に増資の計画を樹てんとしつつあるは、即ち老朽船を廃して新造船舶を増さんとするものなれば、新組織の暁に於て営業上の収支到底決済し難きものあれば、多望なる南洋航路と及び同航路の今日を築き元勲者たる功績とに対して、政府は財政の許す限り之が補助を増給せん考えなり云々。

南洋郵船組合が運航させていた旅順丸、萬里丸、北都丸の3隻は老朽船で、旅順丸の他は4,000屯級には達していないため、4,000級の汽船を4隻にして運航する政府側の意見であった。

こうして南洋郵船会社が設立される。『神戸又新日報』第10134号、1914年（大正3）10月4日付の「南洋郵船會社設立」の記事に次のようにある。

南洋郵船組にては豫て組織變更の計畫中なりしが、今回資本金百五十萬圓の株式組織とし、社名を南洋郵船會社と改稱するに決し客月三十日を以て

設立の登記を了したり。而して重役に取締役に緒明圭造、松本良太郎、佐伯俊太郎の三氏、監査役に原田十次郎、杉谷寅吉の両氏當選就任したるが、右資本額は現在使用の船舶評價額を基礎とせるにあらずして、全く今後發展の見地より決定せるものにて使用船舶の更新は勿論諸般の設備に互り漸次改善を施すべしと。

この記事に見られるように、南洋郵船株式会社は1914年（大正3）9月30日に設立されたのである。

『時事新報』1914年（大正3）10月4日付の「南洋郵船新組織　百五十万円の株式会社」の記事にも次のようにある。

一昨年四月より政府の命令を受け蘭領東印度爪哇へ月一回の定期航海を為し居たる南洋郵船組は、従来組合間に於て会社組織を為す必要を認め協議中なりし所、議一決せるより、夫れ夫れ規定の手続を経て、去月三十日設立総会を開き、本月一日逓信省へ届け出で、同日より旧南洋郵船組の権利義務一切を継承営業し居れり。会社資本金百五十万円にして、一株の額面を百円とし、四分の一の二十五円を払込み、本店を東京市木挽町十丁目七番地に置き、会社を代表すべき取締役に緒明圭造氏、専務取締役に松本良太郎氏、取締役に佐伯俊太郎氏を選任したり。

『蘭領東印度之産業』(1915年(大正4))

南洋郵船会社は10月1日に逓信省に届け出で、南洋郵船組の営業を引き継ぎ、150万円の資本金を有する株式会社となったのである。

南洋郵船会社が成立して一年余り後に外務省通商局がまとめた『在バタビヤ帝國領事館調査報告　蘭領東印度之産業』を南洋郵船株式会社から1915年に出版している。

その「蘭領東印度之産業」飜刻之序を南

洋郵船株式会社社長の緒明圭造が認めている。

　　本邦ノ對蘭領東印度貿易ハ所謂南洋貿易ノ呼唱ノ下ニ世上ニ喧傳セラルル
　ト同時ニ、是レニ伴フ諸般ノ施設モ逐年擴張改善セラルルニ至リ、近時通
　商貿易ノ趨勢頓ニ好調ヲ呈シ來レルト共ニ彼我物資ノ呑吐額遞次増進シツ
　ツアルハ、本邦對蘭領東印度ノ爲メニ同慶ニ堪ヘサル所ナリ。然レトモ運
　輸交通機關ノ擴張改善ヲ企及セントスルモ之レニ對スル生産ノ分布、物資
　ノ需給、集散ノ關係ヲ悉知シ依テ以テ資源ノ涵養ヲ計リ、投資企業ヲ善導
　シ、彼我通商貿易ノ振作ニ力ムルニ非スンハ、此好調ヲ呈シツツアル日蘭
　通商關係ヲシテ豈終ニ跛行的施設タルニ終レシムルナキヲ保テンヤ。
　　今ヤ弊社ハ昨大正三年十月、南洋郵船組ノ經營ヲ承繼シ、既ニ三星霜ヲ經
　ヌ。而カモ其間敢テ長シト謂フヘカラサルモ、彼等同志ノ鋭意策畫ニ因リ、
　又幸ニ江湖ノ高庇ニ依リ、近時漸ク其緒ニ着クヲ得タリト雖モ、而カモ尚
　向後益々奮励努力シテ以テ斯業ノ進善ヲ企及セントスルニ方リ、該地方ニ
　於ケル産業状態ニ關シ汎ク之ヲ紹介シ、以テ堅實有爲ナル企業ノ啓發ニ資
　シ、又以テ彼我通商貿易ノ伸展ニ寄與スヘク、幸ニ當局ノ許可ヲ得テ在巴
　城浮田領事ノ精査ニ係ル「蘭領東印度之産業」ヲ翻刻シ、茲ニ世上同望ノ
　士ニ頒ツノ光榮ヲ有スルハ弊社ノ恐悦ニ禁ゼサル所ニシテ、切ニ是ニ依テ
　本邦斯業關係者各位ノ今一層ノ奮励努力ヲ希及シテ止マサル所以ナリ。敢
　テ希望ヲ叙シテ翻刻頒兌ノ序トナスト云爾。

　　　　大正四年十月

　　　　　　南洋郵船株式會社

　　　　　　　社長　緒明圭造[22]

とあるように、南洋郵船会社の経営の発展を企図して同書を翻刻したもので
あった。同書は、第一章産業ノ發達、第二章産業指導機關、第三章地理概要、
第四章住民、第五章日本人ノ現状、第六章重要貿易港、第七章農産及林産、第
八章、牧畜及野禽野獣畜、第九章鑛業、第十章工業、第十一章水産業、第十二
章通商貿易、第十三章貨幣、銀行及金融、第十四章運輸交通、第十五章移民及
労働、附録[23]から構成されている。

　南洋郵船に関しては、第十四章運輸交通、第六節海運の十、南洋郵船會社として、

　　大正元年開始、神戸ヲ起點トシ基隆、香港、「ばたびや」、「すまらん」、「すーらばや」、「まかっさー」、「ばりくぱぱん」ニ寄港シ、歸航ニ於テハ再ヒ香港ニ寄港ス[24]。

と記されている。1912年（大正元）開始とあるのは南洋郵船組として創業した時点であり、神戸からインドネシアへの航路を運航していたが、寄港地として香港が重要な港であった。

　『香港華字日報』第15851、1916年3月1日の「各國租家郵船開行日記」の「各行輪船由港開行前往各埠列左」として南洋郵船の船名が見られる。

　　八打威井裡文三序冷泗水孟家錫　　北都丸　初五　祥發公司
　　神戸横濱　　　　　　　　　　　　萬里丸　初拾　祥發公司
　　神戸　　　　　　　　　　　　　　齊安　　拾弐　祥發公司

とあり、さらに同欄に、

　　啓者本公司茲有堅固快捷火輪船名
　　○萬里丸　前往神戸横濱　准初玖落貨初拾開行
　　○齊安　　前往神戸　　　准拾壹落貨拾弐開行
　　○北都丸　往八打威井裡文三孖冷泗水孟家室　　准初三落貨初五開行
　　貴客如欲搭船附貨請至文威東門牌廿六號本公司面議此佈祥發公司林暉庭謹啓[25]

と見られるように、北都丸、萬里丸は香港の祥發公司の林暉庭の手配によって、香港に寄港して、日本への航路そしてインドネシアへの航路を運航していたことがわかる。

　『神戸又新日報』第10706号、1916年（大正5）4月28日付の「南洋郵船總會」に記事に、

　　南洋郵船は二十七日總會を開き、年一割の利益配分案を可決したる後、重役の改選を行ひ、板谷富吉氏取締役に新任、辭任せる原田十次郎、板谷富吉氏の後任に原田六郎、板谷順助の兩氏新任せり。

とあるように、南洋郵船会社の新体制が決定している。取締役に板谷寅吉と原田六郎が就任している。辞任した原田十次郎は原田汽船会社の社長であったが、原田六郎は彼の息子である[26]。十次郎にかわって原田六郎が取締役となったのであった。

『香港華字日報』第15992、1920年 1 月 1 日付の「天祥洋行船期告白」には次の記事が見られる。

啓者本行茲有堅固快捷輪船名

　　　○往門司　神戸　横濱

○旅順丸　　十月拾壹日落貨十叁開行

○萬里丸　　十一月廿八日落貨三拾開行

○北都丸　　明年正月初壹落貨初叁開行

　　　○往八打威三孖冷泗水孟家室

○北都丸　　十一月十陸落貨拾八開行

○旅順丸　　十弐月拾四落貨十五開行

○萬里丸　　明年正月初五日落貨初七開行

貴客如欲搭船附貨請至本行辦房面議

　　　電話一零三零　干諸道阜行天祥公司辦房室謹啓[27]

とあり、天祥洋行が北都丸、旅順丸、萬里丸の南洋郵船の香港での手配をしていたことが知られる。天祥洋行は、林暉庭が経営していたと見られる公司である。林暉庭は先の祥發公司の責任者でもあったようである。このことから、林暉庭は、最初は祥發公司から新たに天祥洋行に名称変更したものと思われる。

『神戸又新日報』第12510号、1921年（大正10） 4 月10日付の「新定期命令航」に、

逓信大臣は十年度より南洋郵船に對し南洋航路即ち神戸スラバヤ航路、……以上の十一線に對し、大正十年四月一日以降、十二年三月三十一日に至る二箇年間の補助命令を、……夫々命令書を交付、其旨公表せり。命令航路に配船されたる船舶左の如し。南洋スラバヤ船チエリボン丸、マカツ

　　サ丸、サマラン丸、ボル子オ丸四隻（以下略）

とあるように、1921年（大正10）4月1日以降から2ヶ年にわたり南洋郵船会社の南洋スラバヤ線が逓信省から命令航路に指定された。その航路に就航する汽船も指定され、チエリボン丸、マカツサ丸、サマラン丸、ボルネオ丸の4隻がこの航路の命令航路の汽船として運航されることになった。

　発行年が不明であるが、南洋郵船株式会社が発行した「南洋航路案内」の「當社の南洋航路瓜哇線」につぎのようにある。

　　南洋開発の目的を以て大正元年十月から開始した帝國政府命令の瓜哇直通
　　定期航路で、現在の就航船はチエリボン丸（六三二八噸）マカツサ丸（六
　　二九六噸）サマラン丸（六三一五噸）バンドン丸（六三一七噸）の四隻で、
　　大正九年の建造であります。瓜哇日本間の航海日数を短縮する爲め昭和二
　　年十月から従来の航路を變更し、約十八日毎に神戸を出帆いたします（定
　　期發着表を御覧下さい）。

　　航路は、往航神戸を發しセレベス島のマカツサーに寄港し、海上僅か十三
　　日にして瓜哇第一の商港スラバヤに着き、それからサマラン、バタビヤ、
　　チエリボンに寄港し、復航はスラバヤより神戸に直航致します。それから
　　内地は大阪、門司、名古屋、横濱等に廻航いたします。スラバヤ着からス

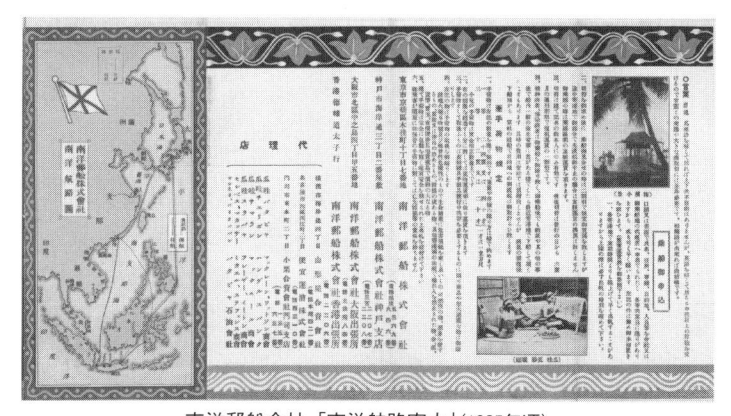

南洋郵船会社「南洋航路案内」(1935年頃)

　　　　ラバヤ發まで瓜哇に約二十日の日數がありますから島内の視察には同一船
　　　　で日本に歸られます。當社は最も古き歴史を有する瓜哇線受命會社であり
　　　　ますから、社員や各船の乗組員は馬來語に熟達し且つ南洋諸般の事情に精
　　　　通して居りますので、初めての渡航者などには至極御便利であります。乗
　　　　客の取扱ひなど到つて叮嚀懇切で船内の設備も熱帯本位で航海中慰安の設
　　　　備もあります。

　このように述べている。この記述からこの「南洋航路案内」は少なくとも
1927年（昭和２）10月以降のものであることがわかる。この航路に就航したチ
エリボン丸（6,328屯）、マカツサ丸（6,296屯）、サマラン丸（6,315屯）、バンド
ン丸（6,317屯）の４隻は1920年（大正９）に建造され、のちに南洋海運会社の
所有船となり、その後、アジア太平洋戦争時期に徴用され輸送船となり、チエ
リボン丸は1942年11月27日にアッツ島で米軍の空襲を受け、マカッサル丸は、
1944年10月７日にルソン島西方で触雷により、バンドン丸は1942年12月17日に
ラバウル東方で触雷により沈没している[28]。

　「南洋航路案内」の内容は、さらに次のように構成されている。

　　　　瓜哇の観光（バタビヤ、バイテンゾルフ、バンドン、チエリボン、サマラン、
　　　　ソロ、ジョクジヤ、ボロブドウル、スラバヤ、トサリの10ケ所について説明さ
　　　　れている）、渡航書の御注意、旅具及携帯品、乗船御申込、手荷物規定

　本社は東京で、神戸支店と大阪出張所と香港出張所があった。香港の出張所
は徳輔道太子行にあった。

　1921年（中華民国10）３月18日付の香港の『華字日報』につぎの記事が見ら
れる。

　　　　南洋郵船公司委托得人　南洋郵船公司創辦十有餘年、生意素稱發達。査該
　　　　公司本港營業向委天祥洋行代理、現該公司爲擴充業務起見、特設支行於本
　　　　港專聘林暉庭君經理辦房事務、査林君於航業經理廿有餘載、經驗極深久爲
　　　　社會所稱許、今該公司聘任得人、將來營業發達當未有艾也。

　南洋郵船会社が香港で代理店を依頼したのが天祥洋行であった。天祥洋行は
1880年から香港で汽船航運業の代理店を行っていたことが知られる[29]。この天

祥洋行に依頼し、ついで1921年に航運業に豊富な経験を有する林暉庭に依頼したことが知られるのである。

　南洋郵船会社の終焉は1935年（昭和10）12月のことである。『神戸又新日報』第17847号、1935年（昭和10）12月23日付の広告欄に次の公告が掲載された。

　　　　公告

　南洋郵船株式會社ハ昭和拾年拾月参拾日開會ノ臨時株式總會ニ於テ會社ヲ解散スル事ニ決績相成、既ニ登記モ相濟ミ候ニ付、同會社ニ對シ償還ヲ有セラルル方ハ、昭和拾壹年四月拾五日限リ左記同會社内精算人等ニ對シ御申出相成度、若シ同期間内ニ御申出無之時ハ、精算ヨリ排斥可致、此段及公告候也。

　　　　昭和拾年拾貳月貳拾参日

　　　東京市京橋區木挽町六丁目三番地

　　　　南洋郵船株式會社

　　　　　清算人　原田六郎

　　　　　同　　　板谷　富吉

　　　　　同　　　長井芳太郎

　この公告から明らかなように、南洋郵船会社は1935年（昭和10）10月30日の臨時総会によって会社の解散を決定したのであった。

　1912年（大正元）10月に南洋郵船組として成立し、1914年（大正3）9月に南洋郵船株式会社となり、1935年（昭和10）まで日本から東南アジアへの定期航路を運航してきたが、終焉を迎えたのであった。

4　小　　結

　上述したように、緒明圭造、原田十次郎と板谷宮吉らによって1912年（大正元）10月に南洋郵船組が創業し、1914年（大正3）9月に南洋郵船株式会社となり、1935年（昭和10）7月まで23年にわたり日本から東南アジアへの定期航

路を運航してきたが、国策により南洋海運株式会社が1935年 7 月に設立され
る[30]と、その事業が同社に引き継がれることとなって終焉を迎えたのであった。

　南洋郵船組として成立した当初は、経営上の不安を抱え、日本郵船会社、大
阪商船会社の巨大船会社いわゆる社船に対する弱小の社外船の船主の共同出資
を中心とする運航であったが、 2 年後には株式会社となり21年にわたって日本
の南洋航路の一端を維持してきた南洋郵船会社であった。南洋郵船会社の残さ
れた「南洋航路案内」は、その数少ない歴史資料として貴重と言えるであろう。
その後を引き継ぐ南洋海運株式会社も1945年までの10年の短い運命であった。
本章は南洋郵船組と南洋郵船株式会社の23年にわたる日本から南洋方面への航
運事業の残された数少ない記録の一端から再現を試みたものである。

〔注〕

1 ）　南洋庁、拓務省の監督下にあり、1922年に設立、1945年に消滅。
2 ）　吉野作造『現代叢書　南洋』民友社、1915年12月、 1 ～ 2 頁。
3 ）　片山邦雄『近代日本海運とアジア』御茶の水書房、1996年 3 月、第八章「東南ア
　　　ジアへの航路」のなかで第四節、第二項に「南洋郵船組の設立とジャワ航路」
　　　（278～281）として取り上げているが、南洋郵船組の時期のことにとどまっている。
4 ）　松浦章「原田汽船会社と青島航路」（本書第 4 編第 1 章）。原田十次郎は、大阪で
　　　起業した海運業者で、原田汽船会社の創業者である。
5 ）　「故緒明圭造位記追賜ノ件」アジア歴史資料センター、レファレンスコード：
　　　A11114583500（全28葉）。
6 ）　同上、 9 ～11葉。
7 ）　菅谷甚三郎編『日本汽船件名録』海運週報編輯部、1913年 9 月、405～406頁。
8 ）　同書、「汽船總噸數五千噸以上所有者調（大正六年末日現在調）」。
9 ）　松浦章「原田汽船会社と青島航路」（本書第 4 編第 1 章）。
10）　畝川鎮夫『海事要覧』海事彙報社、1937年 5 月、76～77頁。
11）　菅谷甚三郎編『日本汽船件名録』59～60頁。
12）　同書、405～406頁。
13）　同書、129～130頁。
14）　同書、59～60頁。
15）　同書、405～406頁。
16）　同書、129～130頁。
17）　松浦章『近世東アジア海域の文化交渉』思文閣出版、2010年11月、394～414頁。

18)　"*The Hong Kong Telegraph*" 1881年創刊。香港公共図書館多媒体資料による。

19)　"*The Hong Kong Telegraph*", Jan. 20, 1913, p. 10.

20)　"*The Hong Kong Telegraph*", Jan. 25, 1913, p. 10.

21)　"*The Hong Kong Telegraph*" Jan. 31, 1913, p. 10.

22)　外務省通商局編『在バタビヤ帝國領事館調査報告　蘭領東印度之産業』南洋郵船
　　株式会社、1915年11月、序。

23)　同書、1 ～ 4 頁。

24)　同書、122頁。

25)　『香港華字日報』第15851、1916年 3 月 1 日、 6 頁。

26)　本書第 4 編第 1 章、231～232頁。

27)　『香港華字日報』第15992、1920年 1 月 1 日、 7 頁。

28)　宮本三夫『太平洋戦争　喪われた日本船舶の記録』成山堂書店、2011年 3 月、77、
　　91、86参照。

29)　香港『循環日報』1880年10月15日、10月30日の記事など。

30)　南洋海運株式会社は、日本郵船会社、大阪商船会社、石原産業海運会社と南洋郵
　　船会社の四社が、逓信省の斡旋により、1935年（昭和10） 7 月 6 日に設立された
　　（日本郵船株式会社編『日本郵船株式會社五十年史』日本郵船株式会社、1935年12月、
　　870頁）。畞川鎮夫『海事要覧』海事彙報社、1937年 5 月、57～59頁。

補論　大阪鉄工所造船"浅吃水船"と中国内河航行

1　緒　　言

　1894年（明治27、光緒20）に発生した日清戦争・甲午中日戦争の後の"媾和條約、馬關條約、下關条約"の中国語の条文第六款に、「日本輪船得駛入下開各口、附搭行客、装運貨物：一、従湖北省宜昌遡長江以至四川省重慶府。二、従上海馳進呉淞江及運河以至蘇州府、杭州府」[1]とあるように、日本国籍汽船の湖北省宜昌より四川省重慶までの長江上流、上海より蘇州、杭州への運河域への航行が認められ、日本汽船が中国の内河河川の一部を航行することが可能となった。それにともない20世紀前半において大阪の造船所で建造された平底型汽船が中国国内の内河などで使用されていたことはほとんど看過されている。

　1879年（明治12、光緒5）に大阪で設立された大阪鉄工所は、造船業に乗り出し、20世紀初頭には、三菱造船所、川崎造船所につぐ日本第三位の造船所に成長していった。しかし第一次世界大戦後の不況により1936年（昭和11、民国25）に日立製作所となり、1943年（昭和18、民国32）には社名を日立造船株式会社と改称して現在に到っている[2]。

　大阪鉄工所に関する研究として、社史に稿本の『株式会社大阪鉄工所六十年史』の他に『日立造船株式會社七十年史』[3]及び『社史付表』、『日立造船株式會社七十五年史』[4]、『日立造船百年史』[5]などがある。研究成果として杉山和雄「造船企業金融史の一考察—大正前期の大阪鉄工所を中心に—」[6]があり、大阪鉄工所が、大正期（1912〜1926年）にどのように資金調達したかについて詳細に検討しているが、杉山和雄は造船された汽船については探求していない。

　この大阪鉄工所が、1902年（明治35、光緒28）当時、中国の内河を航行するための汽船を建造した。日清戦争によって日本は中国の内河航行の利権をえた

が、その内河航行の汽船が必要となり、そのための数艘が、1879年（明治12、光緒5）設立の大阪鉄工所において建造された。しかしその事実はほとんど忘却されている。

　そこで大阪鉄工所で建造された、比較的水深の浅い水域の航行に適した日本で呼称される「浅吃水船」すなわち平底型汽船が、日清戦争後の下関条約によって中国の内河航行権を得た日本の汽船として、長江水系に連なる水域で航行していたことについて述べてみたい。

2　大阪鉄工所建造の"平底型汽船"

　浅吃水船は、「shallow draft vessel：比較的吃水の浅い型の船。河川など水深の浅い水域を航行する船に多い」[7]とされる水深の浅い水域の船舶として知られている。明治期の大阪鉄工所ではそのような船舶を建造していた。

　大阪鉄工所は、1881年（明治14、光緒7）4月1日に大阪の安治川の河口付近において造船鉄工業を創始した会社である[8]。この大阪鉄工所は、E・H・ハンター（Edward Hazlett Hunter）と秋月清十郎が中心となり、1879年（明治12、光緒5）2月に洋式造船所を開設し大阪鉄工所（Osaka Iron Works）としてとして創立し、大阪の安治川と中津川の合流点に近い地に造船所を設け、木造汽船を建造したが、工場建築と機械設備が完備して開業式を挙行したのは1881年（明治14、光緒7）4月1日であった[9]。

　E・H・ハンターはアイルランドのロンドンデリーからオーストラリアに渡り、その後、香港、上海を経て1865年（慶応元、同治4）に横浜に来航し、神戸でキルビー（Edward Charles Kirby）のキルビー商会に勤務するが、小野浜鉄工所との関係から木造汽船の建造に関与した人物であった。秋月清十郎は紀州藩士の出身で、西洋事情を研究する目的でキルビー商会に勤めていた時に、ハンターと知遇を得ることになって、後に共同で事業をおこなったのである[10]。しかし、この造船事業は不振におちいり、1885年（明治18、光緒11）にハン

ターによって再興される[11]。その後の大阪鉄工所は、海運界の好転の追い風を受け、また1884年（明治17、光緒10）5月から営業を開始した大阪商船会社からの造船依頼[12]を受けるなどにより、1888年（明治21、光緒24）より鉄船、鋼鉄船などを建造するようになっていった[13]。

　大阪鉄工所が、1897年（明治30、光緒23）代中葉に建造した浅吃水船について、大阪鉄工所を継承した日立造船会社の社史に次のように記している。

　　航洋船の建造　大阪商船の注文の大義丸（総屯一、五六六屯）は航洋船の条件をそなえた浅吃水の鋼製貨客船で、もちろん造船奨励法合格船であり、同社所有船の中でも異彩を放っていたものである。本船は三十三年十二月に進水し、翌年三月に竣工した。また同年大義丸の姉妹船大吉丸（総屯数二、〇七六屯）を建造した。大吉丸は大義丸とならんで南支那沿岸と揚子江に就航した。ここに当所は創業以来はじめての航洋船二隻を完成し、海運界の要望にこたえることができた。

　　浅吃水船の建造　明治三十五、六年における当所の記録すべき業績の一つは浅吃水船の完成である。わが国造船所のうち、浅吃水船の建造に関してはやくから研究に着手し、また最も多くの経験を積んだのは実に当所である。すでに明治二十六年に当所はロシアから河川航行用の浅吃水汽船二隻の注文を受けたことがある。これが浅吃水船の第一歩である。同船は全長四十フィート、幅八フィート。吃水一フィート、速力七ノット五の外車船で、石炭の代りに木材を燃料に用いた特殊船であった。当所は大義丸・大吉丸につづいて三十六年湖南汽船（のちの日清汽船）の湘江丸・沅江丸（各総屯九三五屯）の二隻を建造した。この二船は揚子江・洞庭湖を航行する浅吃水船で、同航路の外国船よりも優秀な性能をそなえていた[14]。

　大阪鉄工所は1901年（明治34、光緒27）に大義丸1,568.00総屯数、大吉丸2,076.00総屯数を大阪商船会社からの注文により、1903年（明治36、光緒29）には湘江丸935.42総屯数と沅江丸935.42総屯数の浅吃水型船を湖南汽船会社からの注文で建造したのであった[15]。

3　湖南汽船会社

　日清戦争後の中国でいち早く汽船事業を展開した白岩龍平が校閲した安井正太郎編著の『湖南』は湖南の地理や沿革、産業、水路と航業、名勝、人物などがまとめられ、1905年（明治38、光緒31）に出版されている。同書の第三編、水路及航業、第二章航業、第一編汽船航業、第四に「湖南汽船會社の組織及營業」に湖南汽船会社の沿革が見られる。

　　湖南汽船株式會社は資本金額を壹百五十萬圓とし、清國内地各省の湖河諸線を開通するを以て目的となし、湘江航路即ち漢口、岳州、長沙、湘潭線約（三百二十哩）を其第一線とし、沅江航路即ち漢口、岳州、常徳線（約四百浬）を其第二線と豫定せり。湘江丸及沅江丸の二船は最輕吃水二呎九吋の淺底姉妹船にして大坂鐵工所の製造とす。明治三十五年八月工を起し、翌年十一月工を竣る。その總噸數は各九百三十噸、乘客二百五十人を容るべし、聞く本船を營業地に回航するには黄海を横きらざるべからざるを以て頗る冒險の業たり。而も恰も冬季風浪激し季節に際したるを以て長崎に風待ちすること五十餘日、最後に辛ふじて無事彼岸に達することを得、しかも倖にして少しの損壞なかりしは回航の衝に當れる大阪商船會社の清水、大阪鐵工所の坂井二船長の熟練に由るといふ[16]。

　湖南汽船会社は1904年（明治37、光緒30）3月に湘江丸、沅江丸の2隻を用いて湖南航路とりわけ漢口・岳州・長沙・湘潭線の運航を開始した。[17]さらに沅江線として漢口・岳州・常徳への航路を予定していた。これらの航路に就航するのはいずれも大阪鉄工所において建造された吃水の浅い汽船で、両船ともに総屯数が930屯で搭乗客250名が可能であった。大阪で建造された2隻の吃水の浅い船であっため、長崎から上海への航行に苦労したのであった。その運航を大阪商船会社と大阪鉄工所の熟練船長が担当したのであった。

　湖南汽船会社が操業を開始する以前の1902年（明治35、光緒28）6月にはイ

ギリスの怡和洋行が昌和号、総屯数1,056屯が、1903年（明治36、光緒29）には同じくイギリスの太古洋行の沙市号、総屯数1,030屯が運航していた[18]。その他に清国の両湖公司の湘泰号、総屯数95屯が旅客輸送を中心に運航していた[19]。湖南汽船会社の本店は東京にあり、漢口に支店を、長沙に出張所を設け、漢口支店は大阪商船会社の漢口支店がその代理事務を行っていた[20]。

　湖南汽船会社に関して、同社の船長であった小関世男雄が編述した『海事要綱』に詳しく述べられているので、以下に引用してみたい。

　　此ノ湖南汽船會社ハ明治三十二年ノ比ヨリ、故近衛公爵ヲ始メ渋澤男爵、近藤廉平、岩永省一氏等首トシテ、之カ設立ノ急要ヲ唱導シ、次デ郵船會社副社長加藤正義氏清國漫遊ノ途次、湖南ヲ視察シ歸テ具ニ其状況ヲ報導セシカハ、當路諸公モ亦大ニ其必要ヲ認メ、議遂ニ熟ス。三十五年上下両院ハ、補助法案ヲ可決シ、同年九月會社ノ成立トナリ。社長トシテ加藤正義氏、副社長トシテ白岩龍平氏（大東汽船會社ノ創立者）ヲ推シ、清國人株主ノ内ニハ侯爵曾國藩氏ノ孫曾廣鑾氏兄弟ヲ見ルニ至レリ[21]。

とあるように、1902年（明治35、光緒28）9月に湖南汽船会社が成立したのであった。

　漢口・湘潭航路は、漢口から湖北・湖南省の各港である新堤・宝塔州・城陵磯・岳州府・蘆林潭・湘陰・靖港などにも停船し、減水期を除き毎月8航海を行って洞庭湖を航行していたのである。

　1906年（明治39、光緒32）には大型の武陵丸1,458屯の建造を決定し、1907年（明治40、光緒33）2月より就航している。しかし、同年4月には新会社である日清汽船会社に合同している[22]。このため湘江丸、沅江丸と新造の武陵丸の3隻は湖南汽船会社から日清汽船会社に出資されたのである[23]。

4　浅吃水船の中国内河航行

　大阪鉄工所建造の浅吃水船を導入した湖南汽船会社の湖南航路に就航したの

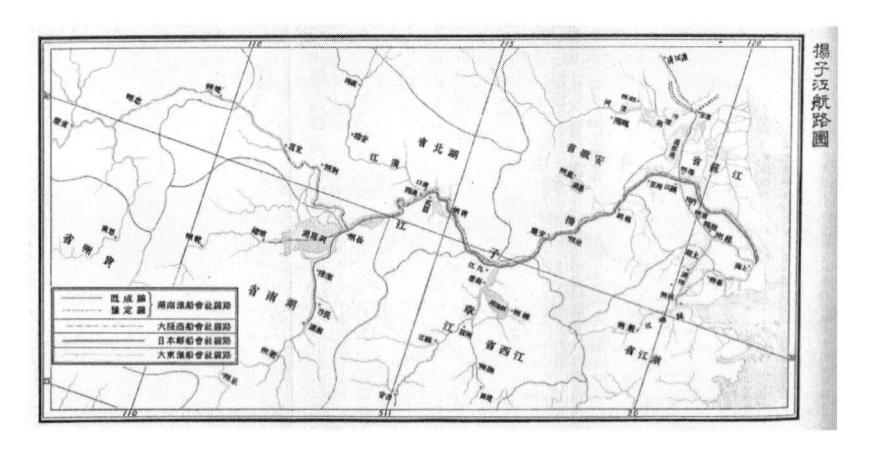

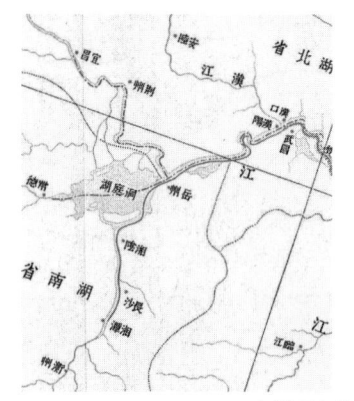

景之船泊外門西大沙長

安井正太郎編『湖南』(1905年(明治38))
(上・左下、80頁地図　右下、口絵による)

が、大阪鉄工所で建造された次の汽船であった。小関世男雄が編述した『海事
要綱』に、

　　同會社ノ汽船湘江、沅江ノ両船ハ何レモ大阪鐵工場ノ建造ニシテ、長二百
　　尺、^(ママ)巾四十吠、水面上最高十八尺、輕吃水三吠、二百噸ノ重量ヲ積載シテ
　　吃水四吠、速力拾海里、總噸數千噸弱、船内ノ装飾設備ハ美麗ニシテ爽快、
　　船底ハ新式ニシテ車軸二個、推進器二個宛ヲ有シ、舵ハ三個ヲ具シ、船橋
　　ニ電話器ヲ備フル等、造船家ノ成効シタルモノト謂ハザルベカラス。然レ
　　トモ石炭ノ消費割合ニ多キト、遡航ニ際シテ速力ノ得ラレザルト「ツウイ

ン、スクルー」ノ効毫モナク、從テ強流アル狹キ河中ニ於テハ回轉操縦甚ダ困難ナルアリ。特ニ速力ニ至リテハ湖南航路船中最遲イモノタリ。併シ船内ノ設備ニ依リテ他船ト營業上ノ競争ヲ爲シ得、開業當時ノ繁盛ナル實ニ驚クノ外ナカリキ[24]。

とあるように、湖南汽船会社の就航船は湘江丸と沅江丸の2隻でいずれも大阪鉄工所において建造された「水面上最高十八尺、輕吃水三呎」と、水面から最高位が約5.5m、軽吃水約0.9mと明らかに浅吃水船であった。

1905年（明治38、光緒31）3月付の「湖南汽船株式會社初航状況報告」によれば、湖南汽船会社の会長加藤正義から海軍大臣山本權兵衛宛に次の届けが出された。

今般、江河用浅吃水同形ノ汽船湘江丸、沅江丸ノ貳艘別紙記載事項ノ通リ製造ニ着手仕候間、明治三十一年七月、御省令第七號ニ據リ此段御届仕候也。

　　明治三十六年七月十八日

　　　湖南汽船株式會社

　　　　取締役會長　加藤正義　印

　海軍大臣男爵山本權兵衛殿[25]

明治36年（光緒29、1903）7月に湖南汽船会社は湘江丸と沅江丸の2隻の浅吃水船を建造する届けを海軍大臣の山本權兵衛に届けた。こうして、浅吃水船の建造が開始されることになる。

1）湘江丸

湘江丸について『東京朝日新聞』第6109号、1903年（明治36、光緒29）7月24日付に「湘江丸」[26]の図が掲載されている。

●湘江丸　一昨日大阪鐵工所に於て進水したる湖南汽船會社汽船湘江丸は特に船底を淺くしたる河蒸汽にして總噸數九百噸、船質鋼、長百九十五呎、幅三十八呎、深七呎、吃水（滿載）四呎、甲板數二層、發動機三聯成雙暗車、汽船船方多嘴式、速力十海里、載貨量二百噸、船客定員歐人一等六人、

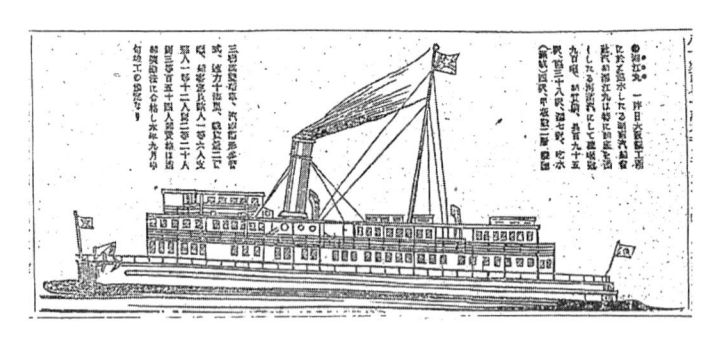

　　支那人一等十二人、同二等二十人、同三等百五十四人。船資格は遺船奨励

　　法に合格し本年九月中旬竣工の豫定なり[27]。

と見られるように、大阪鉄工所で建造された湘江丸について図入りで説明され

ている。湘江丸は総屯数が900屯で、長さ195フィート、約59.5m で、船腹が

約11.6m に対し、深さが約2.13m、満載時の吃水が約1.22m であったように

まさに浅吃水船であることが数字からも明らかであった。

　　防衛省防衛研究所の海軍省の公文備考の記録に「汽船製造届出ノ件」があり、

湘江丸の詳細と図面が残されている。

　　今般江河用浅吃水同形ノ汽船湘江丸、沅江丸ノ貳艘別紙記載事項ノ通リ製

　　造ニ著手仕候間、明治三十一年七月、御省令第七號ニ據リ此段御届仕候也。

　　明治三十六年七月十八日

　　　湖南汽船株式會社

　　　　　取締役會長　加藤正義　印

　　　海軍大臣男爵山本権兵衛　殿

　　一　船名　湘江丸。沅江丸

　　二　製造所名　　　　　　　大坂鐵工所

　　三　造船規定合格ノ等級　　第二級船

　　四　上甲板・種類　　　　　木甲板

　　五　船籍港名管轄廳名　　　東京　東京府

　　六　船主ノ氏名　住所　　　湖南汽船株式會社

東京市日本橋区本材河岸五十四號地^{（ママ）}

七　甲板ノ曾数　檣ノ数　　上甲板及遊歩甲板　　壱

　　索具ノ装置　　　　　　「スループ」

　　船体ノ材料　　　　　　鋼

八　船体ノ長、幅及深　　　長壱百九拾五呎、幅参拾八呎、深七呎

九　船体ノ大体面及中央切断面　　別紙ノ通リ

十　機関ノ種類及数　　　　三聯成冷汽汽機貳個

十一　汽罐ノ種類及数　　　單口甬形　壱個

十二　船艤ノ数　　　　　　貳

十三　二重底ノ長　　　　　無シ

十四　各船艙ノ荷積噸数　　第一艙　貳百貳拾噸

　　　　　　　　　　　　　第二艙　貳百三拾六噸

十五　總噸数　　　　　　　約九百

十六　全速力　　　　　　　十節

十七　使用ノ目的　　　　　清國湖南省河川湖江航運業

十八　飲料水ノ貯量高　　　淡水上ノ航海ニ付、適宜河水ヲ濾過シテ使

　　　　　　　　　　　　　用ス。

十九　竣工豫定年月　　　　明治三十六年九月[28]

とあり、さらに 'Proposed Steel Twin Screw River Steamer for Konan Kisen Kaisha.' とある図面が付されている。Ａ３サイズで９分割されているのを吃水上の部分のみを合成したのが次の図である。

外務省外交史料館所蔵の1905年（明治38）3月の「湖南汽船株式会社初航状況報告」に、

> 當下旬湖南航路ノ水量漸次増加ノ報告ニ接シ候ニ付、當會社社船ハ浅吃水ナルヲ利用シ、他會社ニ先ンジ同航路ニ於ケル初航船トシテ汽船湘江丸ヲ二月二十八日湖南ヘ向ケ、漢口ヲ出帆爲致、三月二日長沙著、續イテ湘潭ニ遡航致候、初航路ニ對スル地方ノ人氣ハ良好ニシテ貨客殆ント満載ノ状況ニ有之候趣、營業地ヨリ報告ニ接シ候間、右不取敢爲御參考上申仕候也。

> 追テ其御急速ニ増水致候モノト相見ニ同業者太古洋行ノ沙市号ハ一昨日四日漢口出帆、湖南航ニ上リ、又怡和洋行ノ昌和号ハ明七日漢口出帆、湖南航ニ上ル由ニ有之候。

> 明治三十八年三月六日

> 湖南汽船株式會社

> 取締役會長　加藤正義

> 外務大臣男爵小村壽太郎殿[29]

とある。浅吃水船である湘江丸の湖南航路への就航を伝えている。

『東京朝日新聞』第6273号、1904年（明治37、光緒30）1月10日に「湖南汽船開業と湘江丸」の記事が見られ、

> 湖南汽船會社は遅くも去る十一月頃には開業の筈なりしが、新造船湘江丸の回航遅延に加へて、生憎減水期に際するを以て二月末から三月頃ならでは開業の運びに至らざる可し。但し湘江丸は舊曆廿三日漸く上海に到着したれば、試みに其儘長江を遡らしめ、此程無事漢口に着したりと云ふ[30]。

とあるように、建造された湘江丸は日本を出発して、上海へ至り長江を遡航して漢口へ到っている。

さらに『東京朝日新聞』第6373号、1904年（明治37、光緒30）4月22日付の「湖南通信」に、

> ▲湖南濵船開通　待ちに待たる湖南汽船會社の初航路は、永瀧漢口領事、白岩同社専務取締役之に搭乗して、三月十四日無事長沙に到着せり、其漢口を發せしは三月十日にして、次に來りし湘江丸は、十五日なりしと云ふ。

而して航行何の故障なく湘潭迄遡航するを得れば、寧ろ豫想外の幸なりと
云ふべし。

▲日清萬歳　當地官民の湖南汽船會社に對する人氣は實に非常のものと云
ふべく、長沙に於ては三月廿三、廿四日の兩日湘潭に於ては二十五日各航
路開始披露の爲め官民の重なる人々を湘江丸に招待せしに、巡撫趙爾巽氏、
侯爵曾廣鑾氏以下皆招きに應じて來會、日清兩國　皇帝陛下の萬歳を祝し
湖南汽船會社の隆盛を祈りて祝盃を擧ぐること數回主客共に歡を盡して散
ぜり。當日宴席に充てられたる湘江丸は滿船飾をなし、新に我技師の設計
に成りたる湖南汽船會社の碼頭前に繫留せる蔓船に横付けして晝夜烟火を
打ち揚げ、又差支なき限り一般公衆の縦覧を許したれば、士女絡繹として
去來し實に未曾有の盛況なりき。（下略）[31]

と見られるように、湘江丸は1904年（明治37、光緒30）3月15日の予定で漢口
から湖南航路に就航する予定であった。湖南汽船会社の就航に関して、湘江丸
が3月23、24日は長沙で、25日は湘潭で、湖南巡撫の趙爾巽等を招待して披露
され、人々から歓迎を受けたとある。

　この頃の湖南の汽船交通の事情に関して、1905年（明治38、光緒31）3月30
日付の在長沙帝国領事館分館報告の「清國湖南省湘潭商業視察復命書」[32]に見
る「交通」によれば次のようにある。

交通　目下ノ交通機關トシテハ汽船・民船ノ二種ニシテ、汽船ニテハ湖南
汽船會社ノ沅江丸、湘江丸ノ二隻定期ニ漢口湘潭間ヲ往復シ、太古・怡和
ノ兩洋行各一隻（昌和、沙市）ノ汽船ハ不定期ニ漢口・湘潭間ヲ往復ス。
此外長沙・湘潭間ノミヲ往復スル小汽船三隻アリ。即チ兩湖汽船會社ノ所
有小汽船湘靖、及ヒ漢口ニ在ル清國人所有ニ係ル江天、鴻昇ノ二小汽船ニ
シテ、右三隻ハ專ラ長沙・湘潭間、乗客ノ輸送ニ従事シ、毎日各汽船共、
兩地一回宛往復ス。其航行時間ハ上水即チ長沙ヨリ湘潭ヘ約五時間、下水
即チ湘潭ヨリ長沙ヘ約四時間ヲ要シ、一人前一個ノ荷物ヲ携帯スルコトヲ
得ル者ニシテ、乗客賃錢二百四十文、輸送乗客數ハ、湘靖一日平均約百七
八十人、他ノ二隻ハ平均三四十人ニ過キストニ云フ。此等諸小汽船ハ何レモ

吃水六七尺ヲ有スルガ故ニ、減水期ニ入ルトキハ、長沙・湘潭間ノ二淺灘
即チ巴焦灘泥鰍ノ水深僅カニ二、三尺ニ至ルヲ以テ、早ク其航行ヲ停止シ、
湖南汽船會社汽船ノ如キ特別ノ構造ヲ有スル汽船ヨリモ遙カニ、其航行期
ヲ短縮。尚ホ漢口・湘潭間ノ交通ニ至テハ、岳州・湘潭間ニ數ヶ處ノ淺
灘アリテ、冬期減水期中ハ各淺灘共僅カニ二、三尺ニ過キサルニ至ルガ故
ニ、毎年冬期三、四ヶ月間ハ漢口・湘潭間汽船ノ交通ヲ杜絶スル者トス。
（下略）[33]

漢口と長沙、湘潭を結ぶ汽船は湖南汽船会社の他に太古洋行の昌和号と怡和
洋行の沙市号の2隻があった。湖南汽船会社は湘江丸と沅江丸による定期運航
であったが、太古洋行も怡和洋行も不定期運航であった。太古洋行は Butter-
field & Swire[34]、怡和洋行が Jardine, Matheson & Co.[35] でいずれもイギリスの
企業であった。

このうち太古洋行であるが、John Samuel Swire 兄弟が1866年に中国に来航
し、同年12月に Richard Butterfield と共同組合契約を締結し、1867年1月に
Butterfield & Swire として上海に事務所を設立した。同社の主要業務は茶、絹、
木綿や砂糖等の貿易であった[36]。1867年に上海に設立された後の1907年には発
展して、1914年頃には「今や大小の船舶六十餘隻、其總噸數八十二萬四千噸を
越ゆる汽船を有し、北は天津より南は安南の海防に至る沿岸航路及長江航路の
航業を營むのみならず、更に麻尼剌濠州に延長せる大航路を營むに至れり」[37]
とされる航運企業であった。

怡和洋行こと Jardine, Matheson & Co. は1832年7月1日に広東で設立され
た、永い歴史を有する企業で、中国で多様な産業を起業し展開した企業として
も知られている[38]。

2） 沅江丸

外務省外交史料館が所蔵する「湖南汽船會社汽船湘沢遡航開始ニ関スル報
告」に、沅江丸が漢口・湘潭航路に就航することが見られる。

當會社漢口湘潭線ハ航路減水ノ爲メ客歳以來休航致居候処、昨今稍々增水

ノ報ニ接シ候ニ、來ル十九日ヲ以テ社船沅江丸ヲ初航ノ途ニ上ラシメ、續

テ二十四日ヲ以テ社船湘江丸ヲ初航ノ途ニ著カシメ、次航ヨリハ毎週二回、

漢口出帆定期發著ヲ爲サシムル豫定ニ有之候間、此段御届仕候也。

　　　明治三十九年二月十七日

　　　　　　湖南汽船株式會社

　　　　　　　　取締役會長　加藤正義　印

　　　外務省通商局長石井菊次郎殿[39]

　1906年（光緒32、明治39）２月19日より沅江丸が初航に就航し、それについ
で24日からは湘江丸が就航し、毎週２回の漢口・湘潭線を運航することになっ
ていた。

　「湖南航路ノ開始並ニ湖南溽船會社所属新造溽船武陵丸ノ來漢」に次のよう
に見られる。

　　昨三十九年ニ於ケル湖南航路ノ減水ハ前年ニ比シ、均一ヶ月早ク各溽船ノ
　　終航モ甚シク其期ヲ早メ、太古洋行ノ湘潭號ハ十一月二日漢口入港ヲ以テ
　　終航トシ、怡和洋行ノ昌和號及両湖公司ノ湘泰、湘慶ハ十一月五日乃至十
　　一月七日漢口入港ヲ以テ終航トシ、我湖南溽船会社船沅江丸ハ十一月十日
　　漢口入港ヲ以テ終航トナリ。其後湖南貿易ハ一時休止ノ姿ナリシカ、頃ロ
　　揚子江ノ水量増加ノ期ニ際シ、洞庭湖中最浅所タル冬季水深三呎五吋ノ所
　　ハ既ニ八呎ノ水量ヲ有スルニ至リタルカ故ニ、我湖南溽船会社ノ沅江丸ハ
　　昨十九日夜半ヲ以テ湖南初航ノ途ニ就ケリ。サレド搭載貨物ハ折柄旁ヲ旧
　　暦深淵ニ当リ支那商買一般ニ休業ノ際ナルガ爲メ、至テ少量ニシテ僅々綿
　　糸・砂糖等小額ノ雑貨ニ過キスシテ、乗客ハ皆無ナリキ。亦客年八月長沙
　　碇泊中、火災ノ厄ニ罹リタル同社船湘江丸モ上海ニ於テ殆ンド其修繕ヲ了
　　へ、來ル三月中旬頃ニハ該航路ニ従事スベク、加之今回新造ノ武陵丸モ亦
　　今二十日未明、当地ニ回航シ來リ、不日長沙ニ向ケ出帆ノ豫定ニテ、彼是
　　三隻ニテ我溽船ハ湖南航路ニ配置セラレ、暫ラク杜絶シタル漢口・長沙間
　　ノ交通モ茲ニ漸ク旧ニ復シ、湖南貿易モ漸次活況ヲ呈スルニ至ラン。尚ホ
　　地ノ汽船会社モ旬日中ニ該航路ヲ開始スル豫定ナリ。右及報告候。敬具。

明治四十年二月二十日

　　　　　　　　　在漢口帝國領事館事務代理

　　　　　　　　　領事官補　　山崎聲一

　外務大臣子爵　林　董　殿[40]

　湖南会社の沅江丸は、1907年（明治40、光緒33）2月19日の夜半より湖南航路に就航している。しかし中国は旧暦で2月13日が正月元旦に当たり、この時期は商人が休業しているため搭載貨物は少なく、僅かに綿糸・砂糖等の雑貨のみで、乗客もほとんど無い状況であった。

3）　鳳凰丸

　大阪鉄工所が日清汽船会社の求めにより建造した浅吃水船に鳳凰丸がある。鳳凰丸は1915年（大正4）4月に進水し、同年7月29日に就航した総屯数3,977.12屯の貨客船である、全長320フィートで最高速度が13.66ノットで、昭和14年（1939）8月に東亜海運会社に出資されるまで、上海・漢口間の長江航路に就航していた[41]。

　　浅吃水船鳳凰丸　　鳳凰丸は、日清汽船が揚子江の上海・漢口線に使用するために計画した浅吃水貨客船で、総屯数三千九百七十七屯、わが国で建造した浅吃水船中最大のものであった。そのころ上海の造船所において建造された五隻の浅吃水貨客船が同じく就航したが、運航成績はわが鳳凰丸が断然優秀であった[42]。

総屯数が約4,000屯になる鳳凰丸であるが、日清汽船会社の記録では、

　　鳳凰丸　1915年7月29日竣工

　　総噸数3,977.13噸

　　長329呎、幅47呎、深14呎

　　最高速力　13.66ノット[43]

とある。日清汽船会社の上海漢口線は、1914年（大正3）には7隻の汽船を使って平均260航海を実施し、さらに大正4年に鳳凰丸が加わって1年平均300航海に近い実績を示している[44]。しかし1932年（昭和7）には、鳳凰丸も含め

鳳　凰　丸（『日清汽船株式会社三十年史及追補』1941年、74頁）

４隻の汽船で111航海を行ったのみであった。その最大の原因が排日による貨
客の激減であった[45)]。

4）　華山丸・唐山丸の建造

　大阪鉄工所は日清汽船会社に、1926年（大正15）に華山丸と唐山丸のいずれ
も総屯数2,089屯を納めている[46)]。日清汽船会社の記録では、華山丸は大正15
年３月30日竣工で、総屯数2,089.96屯、唐山丸は同年５月３日竣工の同屯数で
あった[47)]。

　大阪鉄工所では日清汽船会社の依頼を受けて２隻の2,000総屯数級の浅吃水
船を大阪の桜島工場において建造した[48)]。それが1926年（大正15）３月30日に
竣工した華山丸と同年５月３日に竣工した唐山丸である。その２隻の浅吃水船
の性能は以下のようであった。

　　華山丸　1926年３月30日竣工

　　　総噸数2,089.96噸　長280呎、幅41呎、深21呎　最高速力　13.06ノット[49)]

　　唐山丸　1926年５月３日竣工

　　　総噸数2,089.96噸　長280呎、幅41呎、深21呎　最高速力　13.16ノット[50)]

　この２隻の浅吃水船として、上海から烟台、威海衛を経て天津に到る航路に
就航していた[51)]。日清汽船会社の北方線すなわち上海天津線は1926年（大正
15）４月に日本政府の補助命令を受けて、2,000屯以上の12海路以上の汽船２
隻によって、毎月３回、１年に36航海を行うものであって、既存の巴陵丸に加

え新汽船として投入されたのが華山丸と唐山丸であった。この3隻によって1926年に52航海を実践している[52]。

5　小　　結

　大阪鉄工所が建造した5隻の浅吃水船のその後であるが、湘江丸は1904年（明治37、光緒30）に湖南汽船の所有船となり、1907年（明治40、光緒33）に日清汽船が成立すると同社の汽船として活動していたが、1933年（昭和8、民国22）10月に中国の大遠輪船公司[53]に売却されている[54]。沅江丸は1904年に湖南汽船の所有船となり、日清汽船を経て1939年（民国28、昭和14）8月に東亜海運へ出資された[55]。神戸・川崎造船所において建造され、1906年（光緒32、明治39）進水し湖南汽船の浅吃水船であった武陵丸1,458.56総屯、長220フィート、幅40フィート、深10フィートも1939年8月に東亜海運会社に出資された[56]。

　1907年（光緒33、明治40）に日清汽船が創立以降に大阪鉄工所が注文を受けて建造した鳳凰丸は、1915年に日清汽船の所有船となり1939年（昭和14、民国28）8月に東亜海運会社へ出資され[57]、華山丸は1926年（大正15・昭和元、民国15）に日清汽船の所有船となり、1939年8月に東亜海運会社へ出資され[58]、唐山丸は1926年に日清汽船の所有船となり1939年8月に東亜海運会社へ出資された[59]。

　大阪鉄工所が建造した中国の内河を航行した浅吃水船の最初の湘江丸は、約30年にわたり、沅江丸は35年にわたり、鳳凰丸は22年、華山丸と唐山丸は12年にわたり中国の内河における航運活動を展開したのであった。

〔注〕
1）　王鉄崖編『中外舊約章彙編』第一冊、生活・讀書・新知三聯書店、1982年10月、616頁。
2）　寺谷武明「大阪鉄工所」、丸山雍成・小風秀雄・中村尚史編『日本交通史辞典』吉川弘文館、2003年9月、135〜136頁。

3）　日立造船株式会社編『日立造船株式會社七十年史』日立造船株式会社、1955年 1
　　　月、 1 〜195（全470頁）頁。本書の編纂には日本経済史の泰斗黒羽兵治郎、本庄栄
　　　治郎が関与し、社史としてのみならず、日本の造船史の視角からも叙述されている。
　　　同書には日立造船株式会社『社史付表』（ 1 〜95頁）が付されている。

4）　日立造船株式会社編『日立造船株式會社七十五年史』日立造船株式会社、1956年
　　　4 月、（全485、付表56頁）は、ほぼ『七十年史』を踏襲している。

5）　日立造船株式会社編『日立造船百年史』日立造船株式会社、1985年 3 月、 3 〜227
　　　（全805）頁。

6）　杉山和雄「造船企業金融史の一考察—大正前期の大阪鉄工所を中心に—」、『金融
　　　経済　創刊100号記念号』第100号、有斐閣、1966年10月、163〜189頁。

7）　東京商船大学船舶用語辞典編集委員会編『和英・英和船舶用語辞典』成山堂書店、
　　　1975年 7 月、改定初版、311頁。

8）　日立造船株式会社編『日立造船株式會社七十五年史』松下與之松の序 1 頁による。

9）　同書、 7 〜 8 頁。

10）　同書、 2 〜 4 頁。

11）　同書、12〜13頁。

12）　同書、16〜17頁。

13）　同書、20〜21頁。

14）　同書、38〜40頁。

15）　同書、73頁。

16）　白岩龍平校閲、安井正太郎編著『湖南』博文堂、1905年 8 月、134〜135頁。

17）　同書、132頁。

18）　同書、132〜133頁。

19）　同書、133頁。

20）　同書、136頁。

21）　小関世男雄編『海事要綱』台北・日本物産合資会社台北支店、1907年 1 月、320頁
　　　（全483頁）。同書の「湖南及楊子江航路（此ノ稿ハ明治卅七年ノ交、本航路ニ従事中
　　　見聞セル所ニ係リ、今回多少ノ修正ヲ施シタルモ尚ホ或ハ、現在ト異ナル所アラン。
　　　讀者幸ヒ諒セヨ）」307〜355頁。

22）　浅居誠一編『日清汽船株式會社三十年史及追補』日清汽船株式会社、1941年 4 月、
　　　31〜32頁（425頁）。

23）　同書、43頁。

24）　小関世男雄編『海事要綱』320頁。

25）　アジア歴史資料センター、レファレンスコード：B11092412900による。

26）　『東京朝日新聞』第6109号、1903年（明治36） 7 月24日、 2 面。

27）　同上。

28）　アジア歴史資料センター、レファレンスコード：C0609148110による。

29）　同上：B1092412900による。

30）　『東京朝日新聞』第6273号、1904年（明治37） 1 月10日、 2 面。

31）『東京朝日新聞』第6373号、1904年（明治37）4月22日、4面。

32）『通商彙纂』1905年（明治38）第41号、23〜44頁。

33）同上、24頁。

34）黄光域編『近代中国専名翻譯詞典』四川人民出版社、2001年12月、37頁。

35）同書、183頁。

36）Francis E. Hyde, *Blue funnel; A History of Alfred Holt and Company of Liverpool from 1865 to 1914*, Liverpool University press, 1957, p. 30（1 -201）.

37）「太古洋行（一）」、『支那』第5巻第2号、1914年1月、19〜20（19〜24）頁。

38）Robert Blake, *Jardine Matheson ; Traders of the Far East*, London, 1999, p. 1 （1 -280）.

39）アジア歴史資料センター、レファレンスコード：B11092365900による。

40）同上：B11092420900による。

41）浅居誠一編『日清汽船株式会社三十年史及追補』239頁。

42）日立造船株式会社編『日立造船株式会社七十五年史』94頁。

43）浅居誠一編『日清汽船株式會社三十年史及追補』239頁。

44）同書、193〜194頁。

45）同書、195頁。

46）日立造船株式会社編『日立造船株式會社七十年史』148頁。
日立造船株式会社編『日立造船株式會社七十五年史』151頁。

47）浅居誠一編『日清汽船株式會社三十年史及追補』日清汽船株式会社、1941年4月、243〜244頁。

48）日立造船株式会社編『日立造船株式會社七十五年史』145、151頁。

49）浅居誠一編『日清汽船株式會社三十年史及追補』243頁。

50）同書、244頁。

51）「調査　二十四年我國各航綫中外輪船行駛概況」、『航業月刊』第3巻第12期、調査、26頁。

52）浅居誠一編『日清汽船株式會社三十年史及追補』214頁。

53）大達輪船公司は1905年に上海で設立され、総経理は杜月笙であった。（『航業月刊』第3巻第12期、1936年6月、「上海華商各輪船公司概況」3頁。廣告之三）杜月笙は上海の青幇の首領であり実業家としても知られた人物である。大達輪船公司の主要な航路として、上海から揚州への路線があった（『航業月刊』第3巻第12期、調査9〜10頁）。

54）浅居誠一編『日清汽船株式會社三十年史及追補』229、237頁。

55）同書、238頁。

56）同書、236頁。

57）同書、239頁。

58）同書、243頁。

59）同書、244頁。

初出一覧

序　章　アーカイヴズとしての航路案内

「アーカイヴスとしての航路案内」『関西大学アジア研究センター　ディスカッションペーパー』Vol. 12、2016年2月、3〜25頁を改稿

第1編　汽船の時代と文化交渉の変容

第1章　近代中国における汽船時代の到来と文化交渉の変容

「輪船時代的海上絲綢之路」"2015年北京論壇歴史學分論壇"、北京大学、2015年11月7日（6〜8日）の発表原稿にもとづく。

第2章　19世紀末の北アメリカと上海間の定期航路

"絲路的延伸：亞洲海洋歴史與文化"国際学術研討会、上海中国航海博物館2015年8月20日（20〜21日）の発表原稿にもとづく。

第3章　20世紀初期の日中幹線航路の展開

第8回東アジア文化交渉学会、関西大学百周年記念館、2016年5月8日（7〜8日）の発表原稿にもとづく。

第2編　日本郵船会社と航路案内

第1章　20世紀前半における日本汽船会社の中国への航路案内

「近代日本汽船会社の中国への航路案内」として『臺大東亞文化研究』（國立臺灣大學文學院《臺大東亞文化研究編輯委員會》）、2014年6月、第二期、51〜66頁の原稿を改稿。

第2章　中国沿海港市と日本郵船会社の定期航路

"中國的沿岸城市及其近代轉型"國際學術會議、香港城市大学中文及歴史系、2015年6月16日（16〜17日）の発表原稿にもとづく。

第3章　1930年代日本郵船会社の「上海航路案内」

「1930年代日本郵船会社の『上海航路案内』」『東アジア文化交渉研究』第9号、2016年3月、335〜346頁を改稿。

第4章　日本郵船会社の台湾航路案内

「日本郵船会社の台湾航路案内」南島史学、第83号、2015年11月、54～66頁を改稿。

第3編　大阪商船会社と航路案内

第1章　大阪商船会社の北米航路案内

松浦章編『北太平洋航路案内のアーカイヴズ―船舶データベースの一端―』関西大学アジア文化研究センター、2015年6月、75～84頁（328頁）の第5章を改稿。

第2章　大阪商船会社の「台湾航路案内」について

「大阪商船会社の「台湾航路案内」について」南島史学、第82号、2014年12月、25～43頁を改稿。

第3章　野村治一良と日本海航路―大阪商船・北日本汽船・日本海汽船

「野村治一良と日本海航路―大阪商船・北日本汽船・日本海汽船―」『関西大学　東西学術研究所紀要』第49輯、2016年4月、37～60頁を改稿。

第4編　社外船と航路案内

第1章　原田汽船会社と青島航路

「原田汽船会社と青島航路」『或問』第26号、2014年12月、1～22頁を改稿。

第2章　阿波国共同汽船会社の中国東北沿海航運

「阿波國共同汽船会社の中国東北沿海航運」『関西大学アジア文化研究センター　ディスカッションペーパー』Vol. 10、2015年3月、51～71頁を改稿。

第3章　嶋谷汽船会社と日本海定期航路

「嶋谷汽船会社と日本海定期航路」『或問』第28号、2015年12月、1～14頁を改稿。

第4章　南洋郵船会社の航路案内

「南洋郵船会社の航路案内」『或問』第27号、2015年7月、1～20頁を改稿。

補　論　大阪鉄工所造船の"浅吃水船"の中国内河航行

"東亞視域下的海上交通及異域認識"国際学術研討会、南京大学民族與辺境研究中心、2016年8月20日の発表原稿に依拠した。

<h1 align="center">後　記</h1>

　2011年5月から2016年3月まで文部科学省「私立大学戦略的研究基盤形成支援事業」により関西大学東西学術研究所に設立された「アジア文化研究センター」によるプロジェクト「東アジア文化資料のアーカイヴズ構築と活用法の研究拠点形成」の代表者に任ぜられるとともに、個人としては東アジアの船舶資料のアーカイヴズに関する研究に従事することとなった。

　このプロジェクトの期間中に『近世東アジア海域の帆船と文化交渉』（関西大学出版部、2013年10月）、『近代東アジア海域の人と船—経済交流と文化交渉—』（関西大学出版部、2014年12月）、『近代日本の中国・台湾汽船「航路案内」—船舶データベースの一端—』（関西大学アジア文化研究センター、2015年2月）、『北太平洋航路案内のアーカイヴズ—船舶データベースの一端—』（関西大学アジア文化研究センター）、『日本台湾統治時代のジャンク型帆船資料—中国式帆船のアーカイブス—』（関西大学出版部、2015年6月）、『『海上の道』の汽船航路—沖縄航路案内を読む—』（榕樹書林、2016年2月）を上梓することが出来た。

　さらに、1969年より大学院に進み、江戸時代の日中関係の研究を開始して以来、来年2017年3月に退職を迎えるまでの半世紀に及ぶ研究生活の一区切りとして、また上記のプロジェクトのまとめとも言うべき著作として清文堂出版の前田正道氏にお願いしたところ出版を引き受けてくださることとなった。それが本書である。本書の内容に多くかかわっているのが、日本の汽船会社が20世紀の汽船航行の盛時に発行していた「航路案内」である。「航路案内」の存在に気づいた契機は、同じく清文堂出版から刊行した『近代日本中国台湾航路の研究』（2005）である。同書のカバーにも最初に蒐集した日清汽船会社の航路案内をあしらい、その後も折に触れ蒐集していたが、このプログラムの開始によって一層蒐集に力が入り、意識して冊子体の「航路案内」を蒐集した結果、

既に数十点が集まった。それらの一部を使って、プログラム期間中に船舶データベースとして3冊の成果を上梓できたのは幸甚であった。

「航路案内」は、冊子体で図書館などの所蔵資料として適しにくいためか、所蔵される機関が極めて少なく、研究にはさまざまな障害がつきまとった。しかし、その資料としての価値には時代を反映する極めて興味深いものである。「航路案内」から汽船が繁栄していた時代を彷彿とさせられ、気持ちが高揚し得られた成果が本書である。

忘却されていた古代の資料が発掘され注目されることも多いが、今から100年ほど前の資料にも忘れさられた時代の繁栄が垣間見られるおもしろさが、冊子体の「航路案内」にあるのである。

関西大学就職後まもなく、改革開放経済が開始される頃の中国調査に同行する機会を得ることができ、まだ残存していた1981年当時の中国帆船の姿に魅せられ、中国帆船の航運活動の資料として中国域外資料に漂着史料があることに気づき蒐集を始め、ここ5年有余は「航路案内」に魅せられ、歴史研究者の一人として史料収集の楽しみを謳歌出来た生活であった。

このようの自由な研究生活を育んで頂いた関西大学並びに同僚の諸先生方そして家族に感謝する次第である。また、本書の編集並びに校正に御尽力たまわった清文堂出版の前田正道氏に末筆ながら謝意を表したい。そして本書に関して諸賢の御批正を希う次第である。

2016年10月　　　　　　　　　　　　　　松　浦　　章

索　引

【 ナ 行 】

松浦　章（まつうら　あきら）

〔略　　歴〕
1947年　奈良市生まれ
1969年　関西大学文学部卒業
1976年　関西大学大学院文学研究科博士課程単位取得退学
現　在　関西大学文学部教授・関西大学アジア文化研究センター長

〔主要論文〕
『清代海外貿易史の研究』（朋友書店、2002年）
『近代日本中国台湾航路の研究』（清文堂出版、2005年）
『近世中国朝鮮交渉史の研究』（思文閣出版、2013年）
『汽船の時代〈近代東アジア海域〉』（清文堂出版、2013年）
　　　　　　　　　　　　　　　　　　　　　など著書多数

汽船の時代と航路案内

2017年2月4日　初版発行

著　者　松浦　　章
発行者　前田　博雄
発行所　清文堂出版株式会社
　　　　　〒542-0082　大阪市中央区島之内2 - 8 - 5
　　　　　電話06-6211-6265　FAX06-6211-6492
　　　　　http://www.seibundo-pb.co.jp
印刷：亜細亜印刷株式会社　製本：株式会社渋谷文泉閣

ISBN978-4-7924-1062-9　C3021